Karl Schenkl

Griechischdeutsches und deutschgriechisches

Schul-Wörterbuch

Karl Schenkl

Griechischdeutsches und deutschgriechisches Schul-Wörterbuch

ISBN/EAN: 9783744603362

Hergestellt in Europa, USA, Kanada, Australien, Japan

Cover: Foto ©Paul-Georg Meister /pixelio.de

Weitere Bücher finden Sie auf **www.hansebooks.com**

Griechisch-Deutsches und Deutsch-Griechisches

SCHUL-WÖRTERBUCH.

II.

Deutsch-Griechisches Schul-Wörterbu‹

Von

Dr. KARL SCHENKL.

LEIPZIG.
DRUCK UND VERLAG VON B. G. TEUBNER.
1866.

DEUTSCH-GRIECHISCHES

SCHUL-WÖRTERBUCH.

VON

DR. KARL SCHENKL.

LEIPZIG.
DRUCK UND VERLAG VON B. G. TEUBNER.
1866.

Vorwort.

Das vorliegende Buch ist, wie dies schon der Titel besagt, zunächst für die Bedürfnisse der Schule bestimmt. Damit sind auch schon die Grundsätze angedeutet, welche bei der Ausarbeitung desselben befolgt wurden. Was erstlich den deutschen Wörtervorrath anbetrifft, der in diesem Buche Aufnahme fand, so ergibt sich von selbst, dass der Verfasser sich hierbei bloss auf das Wichtigere und in der Schriftsprache allgemein Uebliche beschränken musste. Es ist daher alles, was mehr mundartlich oder ganz vereinzelt ist, übergangen worden; auch sind von den zahllosen Ableitungen und Zusammensetzungen nur diejenigen berücksichtigt worden, welche häufiger vorkommen oder für welche ein entsprechendes griechisches Wort aufzufinden war. Wörter, welche bloss dem Vorstellungskreise des modernen Lebens angehören, blieben in der Regel ausgeschlossen und wurden meistens nur dann aufgenommen, wenn sie in gewissen der alltäglichen Sprache angehörigen mehr übertragenen Wendungen erscheinen. Eine zweite Anforderung, die man mit Recht an ein deutsch-griechisches Schulwörterbuch stellt, ist diese, dass darin vor Allem die gute attische Prosa berücksichtigt werde. Demgemäss hat der Verfasser bloss diejenigen Wörter, welche dem mustergültigen Atticismus angehören, einfach ohne weitere Bezeichnung aufgeführt; dagegen diejenigen Wörter, die sich nur in den späteren Sprachkreisen oder in der ionischen Prosa nachweisen lassen, durch ein beigesetztes *sp.* oder *ion.* (auch *unatt.*) als solche bezeichnet. Eine Ausnahme von dieser Regel fand nur bei den Wörtern statt, die der wissenschaftlichen Terminologie, z. B. der Medicin oder Botanik angehören, wo aus sehr begreiflichen Gründen eine solche nähere Bezeichnung in der Regel hinwegfiel. Diejenigen Wörter, die sich in der attischen Prosa nur vereinzelt finden, sind durch ein beigefügtes „selten" oder „mehr poetisch" als solche gekennzeichnet. Wörter endlich, die nur dem poetischen Sprachkreise angehören, sind in der Regel nicht aufgenommen worden; nur dann, wenn kein anderes Wort zu Gebote stand oder es wünschenswerth erschien ein dichterisches Wort zum Zwecke einer Anspielung an dichterische Stellen zu berücksichtigen, sind auch solche mit der Bezeichnung „poetisch" und bisweilen unter Angabe der betreffenden Dichterstelle aufgeführt worden. Eine dritte Anforderung an ein solches Schulwörterbuch geht dahin, dass der Unterschied sinnverwandter Wörter in möglichster Kürze verdeutlicht werde. Wo daher mehrere Wörter als Uebersetzungen eines deutschen Wortes angeführt sind, die verschiedene Arten oder Abstufungen eines und desselben Begriffes ausdrücken, so hat der Verfasser dieselben entweder durch deutsche Umschreibungen verdeutlicht oder bisweilen auch dem betreffenden Worte mit dem Zeichen *opp.* das ihm gerade entgegengesetzte Wort beigefügt, wodurch ein richtiges Verständniss leicht ermöglicht wird. Uebrigens war der Verfasser möglichst bemüht dem deutschen Worte vor allem das ihm am meisten entsprechende griechische Wort gegenüberzustellen und bei der Anführung mehrerer gleichbedeutender Wörter neben einander dieselben so anzuordnen, dass diejenigen, welche sich durch ihre Bedeutung und ihren Gebrauch besonders empfehlen, immer an die erste Stelle gesetzt wurden.

Was die Eigennamen anbetrifft, so sind nur einige wenige berücksichtigt worden, z. B. wichtigere geographische Namen, wo die gegenwärtig übliche Bezeichnung von der bei den Griechen gebräuchlichen abweicht, oder mythologische Namen, an welche sich Redensarten knüpfen. Alles andere ist dem griechisch-deutschen Wörterbuche oder auch einem ganz besonders für Eigennamen bestimmten Werke zu überlassen.

Bei der Ausarbeitung des Buches hat der Verfasser natürlich die Arbeiten aller seiner Vorgänger auf diesem Gebiete gewissenhaft benutzt. Jedoch hat er keine Angabe ohne sorgfältige Prüfung hingenommen, was um so nothwendiger war, als in die jetzt gangbaren Wörterbücher sich häufig Wörter, Wortformen und Redensarten eingeschlichen haben, die sich überhaupt in der griechischen Sprache nicht nachweisen lassen. Uebrigens wird, wie der Verfasser bestimmt erwartet, jeder Beurtheiler des Buches anerkennen, dass in den einzelnen Artikeln eine grosse Zahl von Wörtern oder Redensarten und zwar von sehr wichtigen aufgeführt sind, die noch in allen bisherigen Wörterbüchern fehlen. Der Verfasser hatte sich schon bei der Ausarbeitung seines griechisch-deutschen Schulwörterbuches, das zuerst im Jahre 1859 zu Wien erschien, reiche Sammlungen für das vorliegende Werk angelegt und hat dann später, um dieselben zu ergänzen, eine Reihe von griechischen Schriftstellern aus den verschiedenen Gebieten der Literatur durchgelesen und excerpiert. Bei dieser Gelegenheit kann er auch nicht umhin, seinem Freunde und früheren Schüler, Herrn Alois Goldbacher, gegenwärtig Professor am Gymnasium in Troppau, der ihm eine Reihe werthvoller Beiträge geliefert hat, seinen aufrichtigen Dank auszusprechen.

Was die Sorge für die Correctheit des Druckes anbetrifft, so sind von jedem Bogen vier Correcturen und zwar zwei in Leipzig, zwei von dem Verfasser selbst gelesen worden. Demgemäss darf der Verfasser wol hoffen, dass die Zahl der Druckfehler nur eine sehr geringe sein wird. Einiges dieser Art, was er bei gelegentlicher Durchsicht der Aushängebogen bemerkt hat, ist nebst einigen Nachträgen am Ende des Buches verzeichnet.

Nach allem diesem darf der Verfasser wol die Hoffnung aussprechen, das vorliegende Buch werde, wenn es auch, wie alle Wörterbücher, im Einzelnen manche Mängel an sich tragen mag, doch als ein brauchbares Schulbuch und gleichberechtigt mit den besten Leistungen auf diesem Gebiete anerkannt werden.

Grâz im Juni 1866.

Dr. Karl Schenkl.

Verzeichniss der Abkürzungen.

A. = Activum.
abg. = abgeleitet.
abh. = abhängig.
abs. = absolut, absolutus.
acc. = accusativus.
act. = activisch.
adj. = adjectivum.
adv. = adverbium.
ä. = ähnliches.
aor. (selten ao.) = aoristus.
aor. M. = aoristus medii.
aor. P. = aoristus passivi.
Arist. = Aristoteles.
Aristoph. = Aristophanes.
att. = attisch.
Bdtg. = Bedeutung.
bes. = besonders und besonderes.
Bes., im Bes. = im Besonderen.
betr. = betreffend.
Bez. = Beziehung.
bildl. = bildlich.
bisw. = bisweilen.
Com. = Comiker.
comp. = comparativus.
Compos. = Compositum, Composita u. s. w.
conj. = conjunctivus.
conjunct. = conjunctio.
Constr. = Construction.
correl. = correlativum.
d. = der, die, das u. s. w.
dah. = daher.
dat. = dativus.
dh. = daher.
d. h. = das heisst.
d. i. = das ist.
dem. = deminutivum.
demonstr. = demonstrativum.
Demosth. = Demosthenes.
dep. = deponens.
dgl. = dergleichen.
DM. = deponens medium.

DP. = deponens passivum.
e. = einer, eine, eines u. s. w.
eig. = eigentlich.
encl. = enklitisch.
entspr. = entsprechend u. s. w.
ep. = episch.
erg. = ergänze.
etw. = etwas.
f. = folgende.
F. = Form.
fem. = femininum.
folg. = folgend, folgende u. s. w.
FF. = Formen.
FM. = futurum medii.
gebr. = gebräuchlich.
gen. = genitivus.
gew. = gewöhnlich.
Gramm. = Grammatiker.
Griech., im Griech. = im Griechischen.
Hdt. = Herodot.
histor. = historisch.
Hom. = Homer.
Il. = Ilias.
imp. = imperativus.
imperf. = imperfectum.
ind. = indicativus.
indecl. = indeclinabel.
indir. = indirekt.
inf. = infinitivus.
intr. = intransitiv.
ion. = ionisch.
Jmd. = Jemand u. s. w.
K. S. = Kirchenschriftsteller.
körperl. = körperlich.
kom. = komisch.
Lex. = griechisch-deutsches Lexikon.
math. = mathematisch.
milit. = militärisch.
m. = mit.
M. = Medium.
masc. = masculinum.

VIII

Metr. = Metrici.
moral. = moralisch.
n. p. = nomen proprinm.
Neugr. = Neugriechen, neugriechisch.
neutr. = neutrum.
Neutr. = Neutra.
nom. = nominativus.
N. T. = Neues Testament.
od. = oder.
Od. = Odyssee.
ö. = öfters.
opp. = opponitur, oppositum est.
opt. = optativus.
orat. obl. = oratio obliqua.
part. = participium.
Participialconstr. = Participialconstruction.
pass. = passivum, passivisch.
perf. = perfectum.
pers. oder persönl. = persönlich.
Pers. = Person, Personen.
philos. = philosophisch.
phys. = physisch.
pf. = perfectum.
pl. = pluralis.
poet. = poetisch.
praep. = praepositio.
praes. = praesens.
pron. oder pronom. = pronomen.
s. = siehe.
snchl. = sachlich.
sämmtl. = sämmtlich.
sc. = scilicet.
selt. = selten.
simpl. = simplex oder simplicia.
sing. = singularis.
sow. = sowol.
sp. = später.
Sp. = Spätere.
st. = statt.

subst. = substantivum.
sup. = superlativus.
temp. (Temp.) = tempus.
tempp. (Tempp.) = tempora.
t. t. = terminus technicus.
tr. = transitiv.
u. = und.
u. a. = und anderes, andere.
u. ä. = und ähnliches, ähnliche.
u. dgl. m. = und dergleichen mehr.
übh. = überhaupt.
übtr. = übertragen.
umschr. = umschrieben.
Umschr. = Umschreibung.
unatt. = unattisch.
ungebr. = ungebräuchlich.
ungew. = ungewöhnlich.
u. ö. = und öfters.
urspr. = ursprünglich.
u. s. w. = und so weiter.
verb. = verbunden, verbinde.
verb. = Verbum, Verba.
v. = von.
Verbaladj. = Verbaladjectiv.
verst. = verstärkt.
verw. = verwandt.
vgl. = vergleiche.
vhg. = vorhergehend.
voc. = vocativus.
W. = Wort.
w. s. = wo siehe.
WW. = Wörter.
z. = zu.
z. B. = zum Beispiel.
zsgz. = zusammengezogen.
zsgstzt. = zusammengesetzt u. s. w.
Zshg. = Zusammenhang.
Zsstzg. = Zusammensetzung.
zw. = zwar.

Wenn in einem Verbum compositum die Präposition mit Klammern eingeschlossen ist, s wird damit angedeutet, dass neben dem Compositum auch das Simplex gebraucht werden kann z. B. aufwenden (κατα)δαπανᾶν d. i. καταδαπανᾶν u. δαπανᾶν.

Endlich ist noch zu bemerken, dass, wenn bei einem Verbum über die Rection desselbe nichts näheres angegeben wird, die Construction mit dem Accusativ anzunehmen ist.

A

Aal (*A*), τὸ ἄλφα indecl.
Aal ἡ ἐγχέλυς, *pl.* ἐγχέλεις, εων. — vom Aale ἐγχέλειος; **2** — kleiner A. τὸ ἐγχελύδιον.
Aalfang 1) als Handlung: ἡ τῶν ἐγχέλεων θήρα.
— 2) als Ort: τὸ χωρίον, καθ' ὃ τὰς ἐγχέλεις ἁλίσκουσι τὰ ἐγχέλεια. [θηρῶνται.
Aalhaut τὸ ἐγχέλειον δέρμα.
Aalraupe ἡ μύραινα.
Aar ὁ ἀετός.
Aas 1) todter Körper eines Thieres: τὸ σῶμα, od.
näher bestimmt σῶμα μυδῶν (σηπόμενον) καὶ
ἐρριμμένον. — Fleisch v. e. Aase τὰ κενέβρεια. —
2) als Nahrung für Thiere: ἡ βορά.
Aasfliege ἡ στρατιῶτις μυῖα.
Aasgeruch ἡ ἀπὸ σωμάτων σηπομένων δυσωδία.
Aasgrube τὰ κενέβρεια.
ab 1) *adv.* a) = hinab, z. B. Berg ab κάτω od. κατὰ
τοῦ ὄρους, Strom ab κατὰ τὸν ποταμόν. — Berg
auf u. ab ἄνω καὶ κάτω τοῦ ὄρους. — auf- u. ab-
gehen περιπατεῖν. — auf u. (od.) ab = ungefähr
πλίον ἔλαττον. b) hinweg, z. B. Seit ab παρά
τὴν κλινράν: rechts ab παρὰ τὴν δεξιάν; ab- u.
zugehen bei E. θαμίζειν ἐπί τινα (τινί), φοιτᾶν
(προσφοιτᾶν) πρός od. παρά τινα; ab u. zu =
dann u. wann ἔστιν ὅτε, ἐνίοτε. c) gew. in Zu-
sammensetzgen, wobei d. zweite Bdtg. d. herr-
schende ist, ἀπό, παρά, ἐκ, κατά, μετά. — 2)
praep. veraltet u. dialektisch = von, von ... her-
ab, z. B. ab dem Baume = v. d. B. (herab).
abackern ἀποτέμνειν od. ἀφαιρεῖν τῷ ἀρότρῳ
(τι γῆς). — übtr. ἐξαιρεῖσθαί τί τινος.
abächzen ἐκκάμπτειν ὀλοφυρόμενον od. ὑπ' ὀλο-
abändern, s. ändern. [φυρμῶν.
Abänderung, s. Aenderung.
abängstigen 1) a) Einen: περίφοβον od. περιδεῆ
ποιεῖν τινα, εἰς φόβον καὶ ἀγωνίαν καθιστάναι
τινά, ἄγχειν τινά. b) etw. Einem = gewaltsam
abnöthigen: βία (πολλῶν φόβων προσαγομένων)
ἀφαιρεῖσθαί τινά τι. — 2) sich abängstigen: ἀγω-
νιᾶν περί τινος od. ἐπί τινι, ἀθημονεῖν τὴν ψυ-
χήν, περίφοβος od. περιδεῆς εἶναι, ἐκθνήσκειν
φόβφ. [ἀγανακτοῦντα.
abärgern sich κατατρίβεσθαι (P.) ἀχθόμενον od.
abäsen s. abwelden. [κλαδεύειν sp.).
abästen περιαιρεῖν κλάδους τοῦ δένδρου (ἀπο-
abarbeiten 1) durch Arbeit wegschaffen: πονούμε-
νον ἀφαιρεῖν. — 2) e. Schuld mit seiner Arbeit
bezahlen: τῇ ἐργασίᾳ ἀποτίνειν. — 3) durch
Arbeit abnützen: κατα-, ἐκ-τρίβειν; durch A.
abmüden, entkräften: κατακοπεῖν; sich a. κατα-
poneisthai P., ἀποκάμνειν πονοῦντα od. ἀπα-
γορεύειν ὑπὸ πόνων.

Abart, z. B. e. A. v. Pferden ἵπποι ἐξηλλαγμένοι
τῆς ἀρχαίας φύσεως, der Söhne A. υἱοὶ ἐξεστῶ-
τες τῆς τῶν πατέρων ἀρετῆς; = erblich gewor-
dene Spielart: εἶδος ἐξηλλαγμένον.
abarten ἐκπίπτειν εἰς ἀλλότριον εἶδος, ἐξί-
στασθαι od. ἐξαλλάττεσθαι (P.) τοῦ γένους (εἴ-
δους), τῆς φύσεως.
abbalgen ἀποδέρειν.
abbefehlen κελεύειν, προστάττειν (auch φράζειν,
λέγειν) μή m. entspr. infin., z. B. Arbeiter μὴ πα-
ραγενέσθαι ἐργάτας, e. Jagd μὴ ποιεῖσθαι θήραν.
abbeissen ἀποδάκνειν, ἀποτρώγειν; trivial auch
abbeizen, s. wegbeizen. [ἀπεσθίειν.
abbekommen ἀπολαύειν τί τινος, φλαυρόν τι.
abberufen, s. abrufen.
abbestellen, s. abbefehlen.
abbeugen, s. abbiegen.
abbezahlen ἀπο-, ἐκ-τίνειν.
abbiegen 1) *tr.* μετα-, παρα-κλίνειν. — 2) *intr.*
ἀποκλίνειν, ἐκτρέπεσθαι, παρεκτρέπεσθαι.
Abbild ἡ εἰκών, ὄνος, τὸ ἀπείκασμα, ὁ τύπος,
τὸ ἀποτύπωμα, ἐκτύπωμα, μίμημα, ἀφομοίωμα,
εἴδωλον. — vgl. Ebenbild.
abbilden 1) eig. εἰκάζειν, ἀπ-, ἐξ-εικάζειν, ἀφο-
μοιοῦν, μιμεῖσθαι; spec. in Wachs, Thon, Gyps:
πλάττειν) μή m. entspr. infin., z. B. Arbeit
ἐκτυποῦν u. M. — vgl. abmalen. — 2) uneig. εἰ-
κάζειν, ἀπεικάζειν.
Abbildung 1) als Handlung: ἡ εἰκασία, ἀπείκασία,
μίμησις; spec. ἡ πλάσις, ἀποτύπωσις. — 2) als
Sache = Abbild w. s.
abbinden 1) losbinden: λύειν, ἀπολύειν. — 2)
unterbinden: ἀποβροχίζειν, ἀπολινοῦν.
Abbitte ἡ παραίτησις; A. thun s. d. f. W.
abbitten παραιτεῖσθαι, συγγνώμην αἰτεῖσθαί
τινος od. ὑπέρ τινος.
abblättern ἀποφυλλίζειν, περιαιρεῖν τὰ φύλλα
(κλαδεύειν sp.); d. Weinstock οἰναρίζειν.
abblasen 1) wegblasen: ἀποφυσᾶν. — 2) e. Stück
od. Lied a.: μέλος αὐλεῖν, σαλπίζειν. — 3) zum
Rückzug blasen: τὸ ἀνακλητικόν (τῷ κέρα, τῇ
σάλπιγγι) σημαίνειν.
abblassen, s. verblassen.
abblatten, s. abblättern.
abbleichen, s. verbleichen.
abblühen, s. verblühen.
abborgen δανείζεσθαί τι παρά τινος.
abbraten ἐξοπτᾶν.
abbrechen 1) *tr.* a) wegbrechen: ἀπορρηγνύναι,
ἀποσπᾶν (abreissen), ἀποκρούειν (abschlagen);
ἀποκλᾶν, περικλᾶν (bes. Zweige), ἀποκαυλίζειν

(e. Stengel): δρέπειν u. gew. *M.* (Früchte). *b*) ein-
reissen, niederreissen: καθαιρεῖν, κατασκάπτειν,
καταβάλλειν; c. Brücke λύειν (καταλύειν, ἀπο-
κόπτειν) γέφυραν; vgl. Lager, Zelt. *c*) unter-
brechen, e. Rede od. e. Gespräch: (μεταξὺ) τὸν
λόγον καταλείπειν, παύεσθαι μεταξὺ λέγοντα,
auch διαλύειν συνουσίαν; e. Erzählung ἐφιστά-
ναι διήγησιν. *d*) entziehen: ὑφαιρεῖν od. ἀφαι-
ρεῖν τινός τι, παραιρεῖσθαί τινός τι. — 2) *intr.*
a) eig. ἀπορρήγνυσθαι, ἀπο- u. περι-κλᾶσθαι *P.*
b) in d. Rede: παύεσθαι μεταξὺ λέγοντα, ἀπο-
σιωπᾶν; wo ich in d. Rede abbrach ἔνθεν (λέγων)
ἀπέλιπον.
Abbrechung (in d. Rede) ἡ ἀποσιώπησις.
abbrennen 1) *tr.* ἀπο-, κατα-καίειν. — 2) v. Sa-
chen durch d. *P.*; v. Menschen τῶν ὑπαρχόντων
ἀποστερεῖσθαι (*P.*) διὰ πυρός (πυρκαϊᾶς); abge-
brannt im übtr. Sinne ἐνδεὴς ἁπάντων.
abbringen 1) eig. losbringen: λύειν, ἀπολύειν.
— 2) übtr. *a*) abwendig machen: ἀπάγειν, ἀπο-
τρέπειν τινά τινός, ebenso ἀφιστάναι, ἀπο- u.
κατα-παύειν τινὰ τινός; μεταπείθειν τινά; v.
d. rechten Richtung παράγειν τινά, ἀποπλανᾶν
τινά τινος od. ἀπό τινος. *b*) abschaffen: (κατ᾽
ὀλίγον) λύειν, καταλύειν.
Abbringung ἡ ἀποτροπή.　　　　　[durch d. *P.*
abbröckeln 1) *tr.* ἀποψῆν, ἀποθραύειν. 2) *intr.*
Abbruch 1) eig. ἡ καθαίρεσις, κατασκαφή (e.
Gebäudes); ἡ λύσις, διάλυσις (e. Brücke); ἡ ἀναί-
ρεσις (e. Zeltes); τὸ μετασταατοπέδευεσθαι (e.
Lagers). — 2) übtr. ἡ μείωσις, ἐλάττωσις, τὸ
ἐλάττωμα, auch ἡ βλάβη, ζημία; A. thun ἐλατ-
τοῦν, ἔλαττον ποιεῖν τι, auch βλάπτειν, ζημιοῦν
τι, ζημίαν ποιεῖν τινι; Einem an Etw. ὑφαιρεῖν τι-
νός τι, an seiner Ehre διαβάλλειν τινά, διαβολὴν
παρέχειν κατά τινος (v. Sachen); A. leiden ἔλαττον
ἔχειν, βλάπτεσθαι *P.*, an d. Ehre διαβάλλεσθαι
P., an seinem guten Rufe τῆς εὐκλείας ἀπο-
θραύεσθαι *P.*
abbrühen ὕδατι ζέοντι ἀφαιρεῖν z. B. τὰς τρί-
χας; e. Thier z. B. ὕδωρ ζέον καταχεῖν τινος, ὕδατι
ζέοντι ἐκπλύνειν τι.
abbürsten ἀποκαθαίρειν, ἀπομάττειν.
abbüssen τὴν τιμωρίαν (δίκην) τινὸς ἀντιδι-
δόναι.
A B C τὰ γράμματα, τὰ στοιχεῖα (ἡ u. ὁ ἀλφάβη-
τος sp.); der nicht einmal das ABC kennt, ganz
unwissend ἀναλφάβητος 2.
ABC-Lehrer ὁ γραμματιστής, ὁ γραμματοδι-
δάσκαλος.
ABC-Schüler ὁ τὰ γράμματα μανθάνων.
ABC-Tafel τὸ γραμματεῖον.
abdachen 1) = abdecken. — 2) abhängig machen:
ἐγκλίνειν τι, κατωτές τι ποιεῖν.
Abdachung ἡ ἔγκλισις; τὸ κάταντες.
abdämmen ἀπογοῦν (ἀπογεύγρουν Hdt.); auch
χώματι εἴργειν, χῶμα περιβάλλειν τινί.
Abdämmung ἡ χῶσις, ἀπόχωσις.
abdämpfen ἀναθυμιᾶν, ἀπ- u. ἐξ-ατμίζειν.
abdampfen ἀπ- u. ἐξ-ατμίζειν (u. *P.*); ἀναθυ-
μιᾶσθαι u. ἀποψύχεσθαι *P.*
abdanken 1) *tr.* ἀφιέναι, ἀποπέμπειν, ἀπολύειν
(v. Soldaten, sp. ἀποζωννύναι), διαλύειν (e. Heer).
— e. Beamten παύειν τινὰ ἀρχῆς, καταπαύειν
τινὰ τῆς ἀρχῆς. — 2) *intr.* sein Amt niederlegen:
ἀπειπεῖν (κατατίθεσθαι) τὴν ἀρχήν; ἐξίστα-
σθαι, ἀπαλλάττεσθαι od. ἀπολύεσθαι (*P.*) τῆς ἀρ-
χῆς. — öffentlich a. ἀποκηρύττειν τὴν ἀρχήν.
Abdankung 1) *tr.* ἡ ἄφεσις, ἀπόλυσις; e. Heeres
ἡ διάλυσις. — 2) *intr.* s. abdanken.
abdarben, sich, τῶν ἀναγκαίων τι ὑφαιροῦντα
ἑαυτοῦ καρτερεῖν.

abdecken 1) die Decke wegnehmen: e. Haus
ἀποστεγάζειν, τὴν ὀροφὴν ἀποσκευάζειν; d. Tis
ἀπαίρειν (ἀφαιρεῖν) τὴν τράπεζαν. — 2) d. Ha
abziehen: δέρειν, ἀποδέρειν.
Abdecker, s. Schinder.
abdingen τὸν μισθὸν (τὴν τιμὴν) ἐλάττω ποι
od. ὁμολογεῖν.
abdörren ἀποξηραίνειν.
abdörren ἀποξηραίνεσθαι od. ἀπομαραίνεσθ
abdringen, s. abdringen.
abdrechseln ἀποτορνεύειν (auch übtr.).
abdrehen 1) durch Drehen absondern: στρέφοι
ἀπορρηγνύναι od. ἀποσπᾶν. — 2) = abwin
w. s.
abdringen, Einem etw. κατ᾽ ἀναγκάζειν (βίᾳ
ᾶθαι) τινὰ ὥστε ἀποδοῦναί τι od. ὁμολογεῖν
u. dgl. — es wird mir etw. abgedrungen: e.]
sitzthum βίᾳ ἀφαιροῦμαί (*P.*) τι, e. Leistung ｜
προάγομαι (*P.*) πρός τι.
Abdruck 1) als Handlung: ἡ ἀπο- u. ἐκ-τύπω
— 2) als Resultat ders.: τὸ ἐκμαγεῖον (in Wa
od. Gyps), τὸ ἀπο- u. ἐκ-τύπωμα, ὁ τύπος (in
haberer Arbeit); e. Siegels τὸ ἀποσφράγισμα,
δακτυλίου ἀπόμαγμα). — 3) = Exemplar ｜
abdrucken ἀπο-, ἐκ-μάττειν (in Wachs od. Gyp
ἐκτυποῦν (u. *M.*), ἀποτυπούσθαι (in erhaber
Arbeit).
abdrücken *a*) e. Geschoss ἀφίναι. *b*) e. Schl
τὴν κλεῖν ἐφίλνεσθαι. *c*) = abdrucken w. s.
abdünsten s. abdunsten, s. abdämpfen u.]
abebnen διομαλύνειν.　　　　[dampf
Abend 1) Abendzeit: ἡ ἑσπέρα, ἡ δείλη, genau
ἡ ὀψία δείλη u. ἡ ὀψία ὥρα bei sp. — später
βαθεῖα ἑσπέρα — des Abends, am A. ἑσπέρα
καθ᾽ od. πρὸς ἑσπέραν, δείλης — gegen A. πρ
ἑσπέραν, ἀμφὶ τὴν ἑσπ., περὶ δείλην. — bis z
A. εἰς ἑσπέραν. — da es A. wurde ἐπεὶ πι
ἑσπέραν ἦν. — A. des Lebens τὸ τοῦ βίου ἑσπέ
am A. des Lebens ἐν δυσμαῖς τοῦ βίου. —
Abendgegend: αἱ (ἡλίου) δυσμαί, ἡ (ἡλίου) δύσ
gegen A. gelegen πρὸς δυσμὰς ἡλίου, πρὸς ἡλί
δύσιν, auch durch das *adi.* ἑσπέριος 3.
Abendbrot τὸ δειλινόν.
Abendessen τὸ κνέφας, -ους; er kam
der A. κνεφαῖος ἦλθεν.
Abendessen τὸ δεῖπνον (die Hauptmahlzeit ｜
Griechen), τὸ δόρπον. — ὁ δορπηστός (d. Zeit
Abendessens).
Abendgegend, s. Abend 2).
Abendkühle τὸ ἑσπερινὸν ψῦχος.
abendländisch ὁ. ἡ. τὸ πρὸς ἡλίου δυσμάς.
Abendland τὸ καθ᾽ ἡλίου δυσμάς.
abendlich 1) am Abend geschehend ἑσπερινός
— 2) gegen Abend gelegen: s. Abend 2).
Abendluft ἡ ἑσπερινὴ (πρὸς ἑσπέραν) αὔρα.
Abendmahl 1 s. Abendessen. — 2) d. christl.
τὸ κυριακὸν (δεῖπνον), ἡ εὐχαριστία.
Abendmahlzeit, s. Abendessen.
Abendröthe (-roth), dafür besitzt d. gr. Spr. k
neu hes. Ausdruck, da diese Erscheinung ent
gar nicht am Himmel sichtbar ist od. sehr flücht
vorübergeht; umschr. οὐρανὸς ἐρυθραινόμε
περὶ δυσμὰς τὸν ἥλιον.　　　　　　[νύκτ
Abends ἑσπέρας, καθ᾽ (πρὸς) ἑσπέραν, περὶ ε
Abendseite τὰ πρὸς ἡλίου δύσιν (δυσμάς) κ
κλιμένα, τὰ ἑσπέρια.
Abendsonne ἡ ἥλιος δυσμῶν (καταφερόμενο
Abendstern ὁ ἑσπερος.
Abendstunde ἡ ἑσπερινὴ ὥρα; in den A. s. Aben
Abendthau ἡ ἑσπερινὴ (καθ᾽ ἑσπέραν) δρόσος.
Abendunterhaltung ἡ ἑσπερινὴ (καθ᾽ ἑσπέρα
ὁμιλία (συνουσία, διατριβή).

abendwärts πρὸς ἡλίου δυσμάς (δύσιν). — [w. s.
Abendwind ὁ ζέφυρος.
Abendzeit ἡ ἑσπερινὴ ὥρα; zur A. = am Abend
Abenteuer τὸ παράδοξον (θαυμάσιον, τεράστιον)
ἔργον od. πρᾶγμα; auch τὸ ἐπικίνδυνον (παράβο-
λον) ἔργον od. πρᾶγμα. τὸ κινδύνευμα. — A. er-
lühlen τερατεύεσθαι, — e. A. bestehen κίνδυ-
νον κινδυνεύειν od. ἀναρρίπτειν.
abenteuerlich παράδοξος 2., θαυμάσιος 3., τε-
ράσιος u. τερατολόγος 2., ἀλλόκοτος, ἄτοπος,
παράλογος 2.; auch ἐπικίνδυνος u. παράβολος 2.
Abenteuerlichkeit ἡ παραδοξία, ἀτοπία.
abenteuern κίνδυνον ἀναρρίπτειν, ὁρμᾶσθαι
ἐπὶ τεράστια (παράβολα) ἔργα.
Abenteurer ὁ ῥιψοκίνδυνος, φιλοκίνδυνος, κιν-
δυνευτής. — vgl. Landstreicher, Gauner.
aber 1) conj. δέ (d. schwächste advers. Partikel,
welche sehr häufig m. e. vhg. μὲν verbunden ist
u. nie am Anfange d. Satzes steht), ἀλλά (e. schär-
feren Gegensatz einleitend, immer als erstes Wort),
μέντοι (bei Einwürfen). — aber doch ἀλλά μήν.
aber dennoch ἀλλ᾽ ὅμως. — nun aber ἀλλὰ δή. —
aber … ja ἀλλὰ γάρ. — 2) adv. wiederum αὖθις,
πάλιν αὖθις. αὖθις πάλιν. — tausend u. aber
tausend μύριοι 3. — glücklich u. aber glücklich
τρισευδαίμων 3. u. 3.
aberben, Einem etw. κληρονομεῖν τί τινος.
abergläubig, - bisch δεισιδαίμων 2.; ab. sein
δεισιδαιμονεῖν, δεισιδαιμόνως ἔχειν περί τι.
Aberglaube ἡ δεισιδαιμονία.
aberkennen, s. absprechen.
aberklug, s. überklug.
abermalig οἱ, ἡ, τὸ ἀποκρίπτειν, ἔκκοψειν, ἀπο-, ἐκ-, ἐκ-,
abermals πάλιν, αὖθις, πάλιν αυ od. αὖθις, αὖ
od. αὖθις πάλιν, δεύτερον.
abernten θερίζειν u. M., ἐκθερίζειν (Feldfrüch-
te), — ὀπωρίζειν u. M. (Baumfrüchte), auch τρυ-
γᾶν (bes. v. Trauben). — d. Felder sind abgeern-
tet ἐσιώληνται οἱ σῖτος ἐκ τῶν ἀγρῶν.
aberweise, s. überweise.
Aberwitz ἡ παράνοια, παραφροσύνη.
aberwitzig παράφρων 2., ὁ, ἡ παραπλήξ, -ηγος.
— s. sein παραφρονεῖν, παρακαίειν, παραληρεῖν.
abessen 1) tr. ἀπ-, ἐξ-εσθίειν. — 2) intr. ἀπε-
σθίειν, παύεσθαι δειπνοῦντα. — abgegessen ha-
ben ἀπὸ δείπνου γίγνεσθαι.
abfällig (v. e. Meinung) ἐναντίος 3. — a. über
etw. urtheilen ἐναντίαν γνώμην ἀποφαίνεσθαι
περί τινος.
abfärben 1) d. Farbe wechseln ἀποχραίνεσθαι
P. — 2) d. Farbe mittheilen συγχρώζειν.
abfahren 1) tr. a) durch Fahren abreissen od. ab-
brechen: ἐλαύνοντα (ἐπελαύνοντα) ἀπορηγνύ-
ναι, ἀποσπᾶν, συντρίβειν. b) durch Fahren ab-
nützen: ἐλαύνοντα καταρρίβειν. — 2) intr. a) weg-
fahren: ἀπ-, ἐξ-ελαύνειν, ἀπο-, ἐξορμᾶν. — zu
Schiffe ἀπο-, ἐκ-πλεῖν, auch ἀπαίρειν u. ἀνάγε-
σθαι P. b) abfahren (vom rechten Wege): ἀπο-
πλανᾶσθαι (P.) ἐλαύνοντα. c) abgleiten: ἀπο-
λισθάνειν. d) übtr. ἀποσφάλλεσθαι (P.) τῆς ἐλ-
πίδος, ἁμαρτάνειν τῆς γνώμης; E. abf. lassen, s.
abfertigen 3).
Abfahrt 1) eig. ἡ ἔξοδος, ὁρμή, ἐξέλασις. — zu
Schiffe ὁ ἀπό-, ἐκ-πλοῦς, ὁρμή, ἀναγωγή. — gew. durch
d. unter „abfahren" angef. Verba. — 2) übtr. =
Abgang ἡ ἀπαλλαγή.
Abfall 1) d. Niederfallen (s. abfallen) — des
Wassers ἡ καταφορά. — 2) Abgang: τὸ ἀπό-
θραυσμα, ἀπότριμμα; gew. durch spec. Aus-
drücke, z. B. A. beim Schaben τὸ ἀπόξυσμα, beim
Sägen τὸ παράπρισμα, beim Feilen τὸ ἀπορρίνη-
μα, beim Behauen τὸ πελέκημα. — 3) v. e. Par-

tei: ἡ ἀπόστασις. — zum A. bewegen ἀφιστάναι
τινά τινος od. ἀπό τινος. — zum A. geneigt ἀπο-
στατικός 3., z. A. g. sein ἀποστατικῶς ἔχειν,
νεωτερίζειν. — 4) Abweichung: ἡ παραλλαξις,
παραλλαγή; vgl. Unterschied. — 5) Verminde-
rung: ἡ ἐλάττωσις, τὸ ἐλάττωμα. — e. A. erlei-
den ἐλαττοῦσθαι P.
abfallen 1) niederfallen: ἀπο-, κατα-πίπτειν,
κατολισθάνειν, καταφέρεσθαι P. — v. Blättern,
Federn ἀπορρεῖν. καταρρεῖν; d. Fesseln fallen
v. selbst ab αἱ πέδαι αὐτόματοι περιρρέουσιν. —
Blüthen u. angesetzte Früchte a. lassen ψίνεσθαι
(bes. v. d. Rebe); e. Rebe dieser Art ἡ ψινάς od.
ῥυὰς ἄμπελος. — 2) abtrünnig werden: ἀφίστα-
σθαί τινος od. ἀπό τινος, ἀποστατεῖν τινος; κατα-
λείπειν od. ἀποδιδόναι τινά. — 3) verschieden
sein: διαφέρειν, ἐξαλλάττεσθαί (P.) τινος. —
4) abnehmen: ἐλαττοῦσθαι P., χείρω γίγνεσθαι,
v. Körper τήκεσθαι od. ἀπαίνεσθαι P. auch
φθίνειν (mehr poet.). — er ist ganz abgefallen
κατεσκλήκεν ὅλως. — b) sich den Hals abf.: ἐκτρα-
χηλίζεσθαι P.
abfangen 1) ἀποτέμνοντα od. ἀποκλείοντα (z. B.
τῆς ὁδοῦ) καταλαμβάνειν. — 2) = d. Fang geben
ἀποσφάττειν, ἀναιρεῖν.
abfassen (eine Schrift) συντιθέναι, συντάττε-
σθαι, συγγράφειν.
Abfassung (einer Schrift) ἡ σύνθεσις, συγγραφή.
abfaulen ἀποσήπεσθαι P. — e. Mensch, dem die
Fusszehen abgefault sind ἀποσεσηπὼς τοὺς δα-
κτύλους τῶν ποδῶν.
Abfaulen, das ἡ ἀπόσηψις. [ρειν.
abfegen ἀποματτειν, ἐκκορεῖν, ἀπο-, ἐκ-καθαί-
abfeilen ἀπορρινᾶν, ἀποπρίειν. — durch Feilen
glätten πρίοντα διομαλύνειν.
abfertigen 1) absenden: ἀποστέλλειν, ἀποπέμ-
πειν. — m. Aufträgen entlassen: ἐπιστείλαντα ἄ
χρὴ ἀποπέμπειν. — E. kurz a. βραχέα διαλε-
χθέντα ἀποπέμπειν τινά. — 2) e. Arbeit, e. Ge-
schäft: ἀπεργάζεσθαι, περαίνειν, χρηματίζειν.
— 3) übtr. Jmd. a.: ἐπιστομίζειν, ἐξελέγχειν;
übel abgefertigt werden κακῶς ἀπαλλάττειν.
Abfertigung 1) ἡ ἀποπεμψις. — 2) ὁ χρηματι-
σμός. — Gew. aber durch d. vhg. Verba.
abfinden Einen ἀπαλλάττειν τινά, διοικεῖν
τὰ πρός τινα. — 2) sich m. Einem διαλύεσθαι
πρός τινα, διαλλάττεσθαί (P.) τινι od. πρός
τινα, διαλλαγῆναι πρός τινα.
Abfindung ἡ διαλλαγή, ἡ διάλυσις. [τινα.
abfliegen ἀποπέτεσθαι.
abfliessen ἀπορ-, ἐκ-, καταρ-ρεῖν, καταφέρεσθαι
abflössen διακομίζειν κατὰ τὸν ποταμόν. (P.)
Abfluss ἡ ἀπορροή, ἡ ἀπόρροια; A. haben d.
ἀπόρρυτος 2.
abfluten ἀπορρεῖν, διαρρεῖν.
abfordern ἀπαιτεῖν τινά τι, ἐξαιτεῖσθαί τι παρά
τινος, ἀξιοῦν τινά τι ἀποδιδόναι.
Abforderung ἡ ἀπαίτησις, τὸ ἐξαιτεῖσθαι.
abformen ἀποτυποῦν u. M.; s. abbilden.
abfragen ἐκπυνθάνεσθαί τινος; ἀν-, δι-ερωτᾶν,
ἐξετάζειν τινά τι.
abfrieren ἀποκαίεσθαι P., ἀποσήπεσθαι (P.)
ὑπὸ ψύχους. — Leute, denen d. Fusszehen abge-
froren sind ἀποσεσηπότες ὑπὸ ψύχους τοὺς δα-
κτύλους τῶν ποδῶν.
abführen 1) wegführen: ἀπάγειν, ἀποφέρειν,
ἀπο-, ἐκ-κομίζειν. — zum Tode ἀπάγειν (τὴν ἐπὶ
θανάτῳ). — Wasser durch e. Kanal ἀποχετεύειν.
— Unreinigkeiten aus d. Leibe ἐξάγειν, ἐκκρίνειν,
ὑποθέραπεύειν, od. λαπάττειν od. ὑπάγειν τὴν κοι-
λίαν od. γαστέρα. — abführend ὑπαγωγός 2; abf.

Mittel τὸ ὑπαγωγὸν γαστρός, τὸ ἐλατήριον od. ὑπήλατον. — 2) abbringen: ἀπάγειν, ἀποτρέπειν τινὰ τινος. — 3) = abfertigen 3) w. s.

Abführung 1) ἡ ἀπαγωγή, ἐκκομιδή. — v. Unreinigkeiten ἡ ἐκκρισις (ὑπαγωγὴ τῆς κοιλίας). — 2) abführendes Mittel s. abführen 1).

abfüllen ἀπο-, μετα-χεῖν.

abfüttern 1) d. Magen, e. Gast: ἐμπιπλάναι τὴν κοιλίαν, τινὰ τινος. — 2) d. letzte Futter (dem Vich) reichen: προσφέρειν τελευταίαν τὴν τροφήν τινι.

Abgabe 1) d. Abgeben: ἡ ἀπόδοσις, παράδοσις; e. Stimme ἡ ψῆφου φορά, ἡ ψηφοφορία. — 2) das was entrichtet wird: ἡ ἀποφορά (bes. Naturalabgabe); ὁ φόρος, δασμός, ἡ σύνταξις (Tribut); τὰ τέλη (Abgaben an d. Staat, bes. Zölle); ἡ εἰσφορά (ausserordentl. Vermögenssteuer). — Abgaben entrichten τελεῖν, ἀπο-, ἐπι-, ὑπο-τελεῖν φόρον, ἀποφέρειν od. ἀποδιδόναι δασμόν, δασμοφορεῖν; καταβάλλειν od. κατατιθέναι τέλη; χρήματα εἰσφέρειν (v. ausserordentl. A.). — A. auferlegen τάττειν od. ἐπιτιθέναι τινὶ φόρον (δασμόν). δασμολογεῖν τινα. — A. einnehmen δασμολογεῖν, ἐκλέγειν δασμοὺς ἔκ od. παρά τινος. — A. zu entrichten verpflichtet ὑποτελής 2., δασμοφόρος 2. — frei v. A. ἀτελής 2., v. ausserordentl. A. ἀνείσφορος 2. — Freiheit v. A. ἡ ἀτέλεια, v. ausserordentl. A. ἡ ἀνεισφορία.

abgabenfrei, s. Abgabe.

abgähren παύεσθαι ζυμούμενον (P.); übtr. v. Leidenschaften ἀποξεῖν.

abgängig ἐλλείπων 3., abg. sein od. werden ἐλλείπειν, ἀπογίγνεσθαι. — v. Waaren διάθεσιν ἔχων 3. — abgenützt κατατετριμμένος 3.

Abgang 1) das Weggehen: ἡ ἀποχώρησις, ἀπαλλαγή; gew. durch d. entspr. Verba. — vgl. Absatz. — 2) d. Mangel e. Sache od. d. mangelnde Sache selbst: τὸ ἐλλείπειν, ἡ ἔλλειψις; od. ἐλλεῖπον, τὸ ἔλλειμμα. — 3) Verminderung: ἡ ἐλάττωσις, τὸ μείωμα. — A. leiden an etw. ἐλαττοῦσθαι (P.) τι. — 4) = Abfall w. s.

abgeben 1) eig. a) weg-, übergeben: ἐκ-, παραδιδόναι; ἀποδιδόναι (bes. etw. Empfangenes od. Schuldiges). — e. Brief ἀποπέμπειν. — e. Urtheil ἀποφαίνεσθαι γνώμην. — e. Amt, s. niederlegen. — seine Stimme, s. abstimmen. b) e. Theil v. etw.: μεταδιδόναι τινί τινος. c) entrichten, erlegen: ἀποφέρειν, τελεῖν, ὑποτελεῖν. — 2) übtr. a) sich m. etw.: διατρίβειν ἔν od. ἐπί τινι, περί τι, ἔχειν (εἶναι) ἀμφί od. περί τι, ἅπτεσθαι od. ἀνθάπτεσθαι τινος, ἐπιτηδεύειν τι (als Geschäft betreiben). — sich m. Kleinigkeiten ἐμικρολογεῖσθαι. — sich m. Einem a. = umgehen ὁμιλεῖν, προσομιλεῖν τινι, συνεῖναί τινι, συνδιατρίβειν τινί, χρῆσθαί τινι (οἰκείως, φιλικῶς u. dgl.); (u. mehr im üblen Sinne) φύρεσθαι (P.) πρός τινα. b) etw. abgeben = sich dazu hergeben, sich als etw. gebrauchen lassen: γίγνεσθαί τι od. εἶναι ἀντί τινος, auch bloss εἶναι; v. Pers. auch παρέχειν ἑαυτὸν z. B. τινι χρῆσθαι (e. Diener abg.). — du würdest e. guten Soldaten abg. εὐφυῶς ἂν εἴχες πρός τὸ στρατιώτης εἶναι. c) etw. Einem a.: ἐπικλήττειν τινί u. τινά, καθάπτεσθαί τινος, auch milder: παρρησιάζεσθαί τινι od. πρός τινα, παρρησίᾳ χρῆσθαι πρός τινα.

Abgebot, e. A. thun ὑπερβάλλεσθαι τὴν τιμήν.

Abgebung, s. Abgabe 1).

abgebrochen s. abbrechen); v. d. Rede ἀτελής 2.

abgedroschen übtr. πολυνίκατητος 2., καθημαξευμένος 3., τεθρυλημένος 3., auch ἀγοραῖος 2., κοινός 3.   [Mensch τὸ περίτριμμα.

abgefeimt ἐπίτριπτος; od. πανοῦργος 2.; e. a.

abgehen I) intr. 1) weggehen: ἀπέρχεσθαι (ἀπιέναι), ἀποχωρεῖν, ἀπαλλάττεσθαι P. — zu Wagen od. Pferde ἀπελαύνειν, zu Schiffe ἀπο-, ἐκ-πλεῖν, auch ἀπαίρειν, ἀνάγεσθαι P. — v. Sachen ἀποκομίζεσθαι, ἀποστέλλεσθαι, διαπέμπεσθαι P. — a. lassen ἀπο-, δια-πέμπειν. — aus d. Leben, m. Tode a. ἀπαλλάττεσθαι P. (auch ἀπαλλάττειν) τοῦ ζῆν od. τοῦ βίου, ἀποθνήσκειν. — v. d. Schule a. ἀπαλλάττεσθαι ἐκ διδασκάλου (-λων). — sich ablösen absondern: ἀπολύεσθαι, ἀποχωρίζεσθαι P., v. Blute od. dgl. ἀποχωρεῖν, ἐκποίνεσθαι P. — 2) v. einer Meinung, Sitte u. dgl.: ἐξίστασθαι od. ὑφίεσθαί τινος, μεθίστασθαι (τῶν τρόπων), μεταλλάττειν τὴν γνώμην, μετακεῖθεσθαι P. — v. d. Meinung Jmds. οὐχ ὁμολογεῖν τινι, διαφωνεῖν τινι. — 3) v. Waaren, s. Absatz. — 4) es geht mir etw. ab: ἐλλείπω τινός, ἀπολείπει μέ τι, ἐνδέομαί (ao. P.) τινος, ἐνδεῖ μοί τινος, ἐνδεῖς; εἰμί τινος. — es lassen χαρίζεσθαι πάντα ἑαυτῷ (χαρ. τῇ γαστρί), ἐν ἀφθόνοις βιοτεύειν. — Einem nichts a. lassen ἐν ἀφθόνοις τρέφειν τινά, ἀφθόνως χορηγεῖν τινι. — es geht etw. ab ἐλλείπει τι, ἄπεστί τι. — es geht kein Ifeller v. Preise ab οὐδὶ κόψεον κέφμα ἔστιν ἀφαιρεῖσθαι τῆς τιμῆς. — 4) e. Ausgang nehmen: ἀποβαίνειν. — es geht schlecht für Einen ab κακῶς (οὐ ῥᾳδίως) ἀπαλλάττει τις. — II) tr. durch's Gehen abnützen: περιτρέχοντα, περιπατοῦντα od. dgl. κατατρίβειν. — ich habe mich ganz abgegangen ἀπείρηκα ἤδη περιτρέχων u. dgl.

abgeizen, s. abkargen.

abgelebt 1) verlebt. — 2) matt u. kraftlos (bes. vor Alter): ἀπείρηκώς 3. u. παρηγμακώς 3. (m. d. Zusatz τῷ σώματι, ὑπὸ γήρας). — 3) = veraltet ἀπηρχαιωμένος 3., ἀρχαιότροπος 2.

abgelegen ἀφ-, δι-εστώς 3., κεχωρισμένος 3. τινός od. ἀπό τινος. — v. Verkehre getrennt: ἔρημος 2. u. 3.

Abgelegenheit ἡ διάστασις, τὸ διάστημα; ἡ ἐρημία.

abgeloben ἀπεύχεσθαι.

abgemessen ἔμμετρος, σύμμετρος, εὔρυθμος 2. — s. abmessen.

abgeneigt 1) nicht wolwollend: δυσμενής, δύσνους, κακόνους 2., ἀλλότριος 3., ἀλλοτρίως διακείμενος 3. — Einem a. sein κακόνουν εἶναί τινι, δυσμενῶς ἔχειν τινί od. πρός τινα, δυσκόλως od. ἀλλοτρίως ἔχειν od. διακεῖσθαι πρός τινα, ἀπέχθεσθαί τινι. — e. Sache a. sein ἀλλοτρίως ἔχειν πρός τι. — Einen a. machen ἀλλοτριοῦν τινα. — 2) nicht willig zu etw.: ἀπόθυμος 2.; a. sein ἀπρο θύμως ἔχειν πρός τι, οὐ βούλεσθαι m. f. inf.

Abgeneigtheit 1) ἡ δυσμένεια, δύσνοια, κακόνοια, ἀλλοτριότης (πρός τινα). — 2) ἀπρόθυμον.

Abgeordneter ὁ πρεσβευτής, pl. οἱ πρέσβεις. — A. sein πρεσβεύειν u. M. — e. A. senden πρεσβεύεσθαι.   [(P.) τινός.

abgerathen ἀποκλανᾶσθαι u. ἀποσφάλλεσθαι

abgerben εὖ δέψειν; übtr. δέρειν (δαίρειν), ἐκδέρειν; ἀπολέπειν (τῇ μάστιγι τὸ νῶτον).

Abgesandte, s. Gesandte.

abgeschabt 2. abschaben.

abgeschieden s. abscheiden.

Abgeschiedenheit ἡ ἀπαλλαγή, ἐρημία; vom polit. Leben ἡ ἀπραγμοσύνη.

abgeschmackt 1) eig. ἕωλος 2. — 2) übtr. ἀηδής 2., ψυχρός 3., ἀνεπιτήδειος 3. (v. Pers. u. Sachen), ἀλλόκοτος 2., ἄτοπος 2. (gew. v. Sachen), ἀπειρόκαλος 2. (v. Pers.), a. sein ἀπειροκαλεῖν, σθαι; a. reden ψυχρὰ λέγειν.

Abgeschmacktheit ἡ ἀηδία od. τὸ ἀηδές; ἡ ψυχρότης: τὸ ἄτοπον od. ἀλλόκοτον; ἡ ἀπειροκαλία.
Abgeschnittenheit und Abgesonderthelt, s. Ver-
abgespannt, s. abspannen. (lassenheit.
Abgespanntheit, s. Abspannung.
abgestanden ἕωλος 2., ἐξεστώς od. παρεξεστώς 3.
abgestorben, s. absterben.
abgestumpft ἀμβλύς 3. (v. Pers. u. Sachen);
ἀπειρηκώς 3. (v. Pers.).
Abgestumpftheit ἡ ἀμβλύτης, vgl. abstumpfen.
abgetragen, s. abtragen.
abgewandt, s. abwenden.
abgewinnen, Einem etw., κρατήσαντα od. νικήσαντα λαβεῖν τι παρά τινος, πλεονεκτεῖν τί τινος.
— es Einem a. πλεονεκτεῖν od. πλέον ἔχειν τινός.
κρείττω γίγνεσθαί τινος od. περιγίγνεσθαί τινος.
— Einem a. Vorsprung a. s. zuvorkommen. —
Einem e. Lächeln γέλωτα ἔκ τινος ἐξάγεσθαι. —
e. Sache Geschmack ἀποδέχεσθαί τι, ἐραστὴν γίγνεσθαί τινος od. περί τι. — keinen Geschmack
a. können ἀηδῶς διακεῖσθαι πρός τι.
abgewöhnen παύειν τινά τινος od. τινὰ ποιοῦντά
τι, ἀπεθίζειν τινὰ μὴ ποιεῖν τι, ἀποτρέπειν τινὰ
τινος. — vgl. entwöhnen.
abgiessen ἀποχεῖν. — in e. and. Gefäss μετεγχεῖν. — bei e. Libation ἀποσπένδειν. — e. Figur
in Wachs od. Gyps ἐκμάττειν. — in Metall τορεύειν, χωνεύειν.
abglänzen ἀποστίλβειν, sp. ἀπαυγάζειν.
abglätten ἐκ-, ἀπο-λεαίνειν, ἀπο-, συγ-ξεῖν.
Abglanz ὁ ἀκαυγασμός u. τὸ ἀπαύγασμα (sp.).
abgleiten ἀπ-, ἐξ-, παρ-ολισθάνειν τινός. —
übtr. in den Gedanken ἀποκλανᾶσθαι (P.) τῆς
abglimmen, s. verglimmen. [διανοίας.
abgleitschen, s. abgleiten.
abglühen 1) tr. e. Metall πυρακτοῦν; e. Wein
ἀφύειν. — 2) intr. s. verglühen.
Abgötterei ἡ εἰδωλολατρεία; A. treiben εἰδωλολατρεῖν; der A. treibt ὁ εἰδωλολάτρης (sämmtl.
Abgott, s. Abgott. (lich bei K. S.).
abgöttisch, nur umschr., z. B. Einen a. verehren
θεραπεύειν τινά ὥσπερ θεόν, τιμᾶν τινα ἐξ ἴσου
τοῖς θεοῖς.
Abgott, nur umschr., z. B. er ist sein A. θεραπεύει (τιμᾷ, προσκυνεῖ) αὐτὸν ὥσπερ θεόν (ἐξ
ἴσου τοῖς θεοῖς), χρῆται αὐτῷ ὥσπερ θεῷ.
abgraben 1) eig. ἀπ-, κατ-ορύττειν, ἀποσκάπτειν. — 2) durch e. Graben ableiten: ἀπ-, παρ-
οχετεύειν (bes. heimlich od. auf e. unrechtmässige
Abgrabung ἡ παροχέτευσις. (Weise).
abgrämen, sich, κατατρύχεσθαι (P.) λύπῃ od. ὑπὸ
λύπης, ἐκπονεῖσθαι (P.) φροντίαν.
abgrasen ἀποβόσκεσθαι, ἀπονέμεσθαι.
abgreifen κατατρίβειν.
abgrenzen ἀφορίζειν u. M., διορίζειν.
Abgrund τὸ βάραθρον u. φάραγξ. — in den A.
stürzen καταχρημνίζειν, εἰς τὸ βάραθρον ἐμβάλλειν. — übtr. A. der Schlechtigkeit ὁ βυθὸς
τῆς κακότητος. A. d. Verderbens ἡ ἐξώλεια; in
d. Abgrund d. V. stürzen ἐξολλύναι τινά. — A.
v. Reichthum τὸ πλοῦτον βάθος.
abgucken, s. absehen.
abgünstig, s. missgünstig.
abgürten 1) d. Sattel λύειν τὸ ἔποχον; d. Schwert
λύειν τὸν τελαμῶνα. — 2) entgürten w. s.
Abgunst, s. Missgunst.
Abguss 1) das Abgiessen w. s. — 2) d. Abgegossene: τὸ ἀπόχυμα; in Bes. a) e. Flüssigkeit, die
durch d. Uebergiessen v. Wasser od. dgl. auf anderе Körper erzeugt wird: τὸ ἀπόλυμα, z. B.
A. v. Kalk ἀπ. τιτάνου. b) e. Form, die nach e.
Modell gegossen ist: τὸ ἐκμαγεῖον, χώνευμα.

abhaaren ἀποβάλλειν τὰς τρίχας, ἐκιχορρυεῖν.
abhaben, s. abnehmen u. abbekommen.
abhacken, s. abhauen.
abhängen 1) tr. λύειν, ἀπολύειν. — 2) intr. a)
eig. ἐξηρτῆσθαί (P.) τινος od. ἔκ τινος. b) übtr.
ἠρτῆσθαι ἔκ τινος, ἐξηρτῆσθαί τινος od. ἔκ τινος.
εἶναι ὑπό τινι, ὑποχείριον εἶναί τινι, ἀνηρτῆσθαι εἴς τινα (v. Pers.); εἶναι ἐπί τινι, ἀνηρτῆσθαι od. κρέμασθαι ἔκ τινος, ἀνηρτῆσθαι εἴς
τι, αἰωρεῖσθαι ἔν τινι, ἀνακεῖσθαι ἐπί τινι (v.
Sachen). — es hängt v. mir ab κύριος εἰμί τινος
od. m. f. inf., ἐπ' ἐμοί ἐστι m. inf. — davon hängt
es nicht ab οὐ παρά τοῦτ' ἐστιν.
abhängig 1) eig. τὸ κάταντες. — 2) übtr.
ἐπικλινής, κατάντης. καταφερής 2. — 2) übtr. v. etw. a. (dadurch
bedingt) sein εἶναι ἔκ (ἀπό) τινος, auch εἶναί
τινος; unterwürfig: ὑποτεταγμένος 3. — von
sich a. machen ἑαυτοῦ od. ὑφ' ἑαυτῷ ποιεῖσθαι,
ὑποτάττειν ἑαυτῷ, ἀναρτᾶσθαί τινα od. τι εἰς
ἑαυτόν. — sich v. Einem a. machen ἀναρτᾶν ἑαυτὸν εἴς τινα, ὑποτάττειν ἑαυτὸν τινι.
Abhängigkeit 1) eig. τὸ κάταντες. — 2) übtr.
s. abhängen, abhängig u. Unterwürfigkeit.
abhärmen, sich, s. abgrämen.
abhärten στερεοῦν u. M., καρτερὸν ποιεῖν, ποιεῖν
τινα ὥστε δύνασθαι καρτερεῖν; διαπονεῖν τινα
od. τὸ σῶμα; ἀνδρίζειν τινά. — abgehärtet καρτερός u. καρτερικός 3., gegen etw. πρός τι. — abg.
sein gegen etw. καρτερεῖν πρός τι, nicht abg.
sein gegen etw. ἀγυμνάστως ἔχειν πρός τι.
Abhärtung 1) als Handlung: ἡ τοῦ σώματος ἄσκησις. — 2) als Zustand: ἡ καρτερία od. καρτέρησις.
abhäuten s. abbalgen.
Abhäutung τὸ ἀπο-, ἐκ-δέρειν (ἡ δάρσις sp.).
abhalten 1) v. etw. entfernt halten: εἴργειν,
ἀπείργειν, ἀποτρέπειν τινά τινος od. ἀπό τινος,
ἀποκωλύειν, ἀμύνειν u. M., ἀπαμύνειν, ἀλέξεσθαι, ἀπωθεῖν. — 2) v. d. Ausführung e. Sache:
εἴργειν od. ἀπείργειν τινά (μὴ) ποιεῖν τι, ἐμποδὼν εἶναί τινι μὴ ποιεῖν τι, κωλύειν (ἀποκωλύειν) τινά τινος od. τινα (μὴ) ποιεῖν τι od. τινα
ποιοῦντα, ἐπέχειν τινά τινος; durch Vorstellungen a.ἀποτρέπειν τινὰ τινος od. m. f. inf. — Einen
a. = in Geschäften stören: ἀσχολον ποιεῖν τινα
od. παρέχειν τινα, ἀσχολίαν παρέχειν τινὶ τοῦ m.
entspr. inf. — Einen a.=machen dass er aufhört:
παύειν τινά τινος od. ποιοῦντά τι. — 3) e. Versammlung, e. Verhör a.: ἐκκλησίαν, ἀνάκρισιν
ποιεῖσθαι; e. Fest ἄγειν ἑορτήν. — 4) = aushalten w. s.
Abhaltung 1) als Handlung: ἡ κώλυσις, ἡ ἀποτροπή. — 2) d.Sache, welche abhält: τὸ κώλυμα,
τὸ ἐμπόδιον od. ἐμπόδισμα. — 3) als Zustand: ἡ
ἀσχολία; Ich habe e. A. ἀσχ. τίς ἐστί μοι, ἔχω
(ἄγω) ἀσχολίαν.
abhandeln 1) durch Kauf, Tausch od. dgl. an sich
bringen: ἀγοράζειν u. M. od. ὠνεῖσθαί τι παρά
τινος. — 2) vom Preise: ὑφαιρεῖν τῆς τιμῆς.—
3) v. einem geistigen Geschäfte: πραγματεύεσθαί
τι od. περί τι (περί τινος), διεξέρχεσθαί τι od.
περί τινος. — 4) e. Geschäft zu Ende bringen od.
fertig machen: διαπράττειν, περαίνειν, πραγματεύεσθαι.
abhanden kommen ἀπογίγνεσθαι, ἀφανίζεσθαι
P.; φανῆ γίγνεσθαι. — es ist etw. a. gekommen οὐκέτι πάρεστιν od. ὑπάρχει u. dgl.
Abhandlung 1) ἡ διάπραξις, πραγματεία. —
2) schriftliche A.: ἡ συγγραφή, ὁ λόγος, ἡ πραγματεία.
Abhang τὸ κάταντες, ὁ κρημνός, ἡ κρημνώδης.
abhangen, s. abhängen 2).

abhaspeln τολυπεύειν.
abhauen κόπτειν, ἀπο-, ἐκ-κόπτειν, τέμνειν, ἀπο-, ἐκ-τέμνειν. — es wird Einem d. Kopf abgehauen ἀποτέμνεταί τινος ἡ κεφαλή od. ἀποτέμνεταί τις τὴν κεφαλήν. — die äussersten Theile v. etw. a. ἀκρωτηριάζειν u. M.
Abhauen, das, ἡ ἀποκοπή, ἀποτομή.
abheben ἀπαίρειν, ἀφαιρεῖν, ἀναιρεῖν. — s. abbrechen u. abstechen.
abhellen ἐξυγιάζεσθαι P.
abhelfen ἐπανορθοῦν u. M., ἐξακεῖσθαι, ἰᾶσθαι; auch ἐπαμύνειν, ἐπικουρεῖν u. βοηθεῖν τινι.
abhellen, s. abklären.
abherzen, s. abküssen.
abhetzen, s. abjagen 2).
abhobeln ἀπο-, συγ-ξεῖν, ῥυκανᾶν.
abhören 1) etw.: ὑπακούσαντα μανθάνειν od. παραλαμβάνειν τι. — Einem etw. παρακούειν οὗ τινος od. παρά τινος. — 2) Einen: ἀνακρίνειν, ἐξετάζειν.
abhold, s. abgeneigt, 1).—dem weibl. Geschlechte a. ὁ ἀπονύμφης u. ἀπόνυμφος 2. (sp.); besser ὁ μισογύνης.
abholen μετέρχεσθαί τινα u. τι, ἔρχεσθαι ἄξοντά τινα; κομίζειν u. φέρειν (im M. für sich). — Einen a. lassen μεταπέμπεσθαί τινα. — Lohn a. ἀπολαμβάνειν.
Abholung ἡ κομιδή, sonst durch d. inf. d. entspr. Verba, s. abholen.
abholzen ἐκ-, κατα-κόπτειν; ξύλα τέμνειν κατά
abhorchen, s. abhören.   [ζωρίον τι.
Abhub (v. d. Tafel) τὰ λείψανα (ὑπολείμματα) τοῦ δείπνου.
Abhülfe ἡ ἐπικούρησις; τὸ ἐπικούρημα od. φάρμακον, gegen etw. τινός.
abhülsen ἀπολοπίζειν.
abhäten, s. abwelden.
abhungern λιμῷ καταπονεῖν od. κατατρύχειν, ἐκτρύχειν. — sich a. ἐκτήκεσθαι (P.) λιμῷ. — abgehungert λ. ἀπειρηκώς od. ἐκτετρυχωμένος 3.
abjagen 1) Einem etw. βίᾳ ἀφαιρεῖσθαί τινός τι od. gew. τινά τι, ἐξαιρεῖσθαί τινός τι; ἐξαρπάζειν τινί τι. — Einem Schamröthe a. ποιεῖν τινα ἐρυθριᾶσθαι (P.). — 2) Einen: καταπονεῖν, κατατρίβειν, z. B. δρόμῳ.
abjochen λύειν, ὑπολύειν.
abirren ἀποκλανᾶσθαι, ἀποσφάλλεσθαι (P.), ἁμαρτάνειν, v. etw. τινός.
abklimmen κτενίζειν.
abkämpfen Einem etw. διαγωνιζόμενον ἀποστερεῖν τινά τινος. — vgl. bekämpfen.
Abkäufer ὁ ὠνητής; s. abkaufen.
abkanzeln 1) abkündigen w. s. — 2) übtr. heruntermachen w. s.
abkappen, s. abhauen.
abkargen Einem etw. γλίσχρως ἔχοντα ὑφαιρεῖσθαί τί τινος. — sich etw. φθονεῖν ἑαυτῷ τι χαρίζεσθαι ὑπὸ γλισχρότητος. — s. abdarben.
abkarten, s. verabreden.
abkaufen ἀποπρίασθαι, ὠνεῖσθαι (ἐξωνεῖσθαι) τι παρά τινος. — übtr. ἐξωνεῖσθαί τι, παραιτεῖσθαι (ἀπολύεσθαι) τι χρήμασιν.
abkehren 1) wegwenden: ἀποστρέφειν, ἀπο-, παρα-τρέπειν. — sich v. etw. ἀποστρέφειν ἀπο-, P. τινός od. ἀπό τινος. — 2) = abfegen w. s.
abklären διυλίζειν, διηθεῖν; allg. καθαίρειν. — sich a. = sich aufheitern w. s.
abklauben, s. abbrechen; (in. d. Zähnen) ἀποκλοπίζειν ἀπο-, ἐκ-σείειν.   [τρώγειν.
abkneifen ἀπο-, περι-κνίζειν; das A. ἡ ἀπόκνισις.
abknicken ἀποθρύπτειν, ἀποκλᾶν, ἀποθρέπειν u. M., ἀποκαυλίζειν.

abknüpfen λύειν, ἀπολύειν.
abkochen ἀποζεῖν, ἀφίψειν. — abgekochter Trank τὸ ἀφέψημα od. ἀπόζεμα.
abkömmlich, s. entbehrlich.
Abkömmling ὁ ἀπόγονος, ἔκγονος, ὁ ἀπό τινος (γεγονώς).
abkommen 1) = abstammen w. s. — 2) sich entfernen v. etw.: ἀποκλανᾶσθαί (P.) τινος. ἀποσφάλλεσθαί (P.) τινος, ἔξω od. πόρρω γίγνεσθαί τινος, ἐκπίπτειν (τῆς ὁδοῦ); in d. Rede v. etw. ἐκπίπτειν τινός; v. e. Meinung od. Gewohnheit ἐξίστασθαί od. ἀφίεσθαί τινος, προΐεσθαί τι. — 3) = sich los machen: a. können σχολήν ἔχειν (ἄγειν, σχολή ἐστί μοι). — nicht a. können ἀσχολίαν ἔχειν od. ἄγειν. — 4) ausser Gebrauch kommen, s. veralten.
Abkommen, das, s. Vergleich. — e. A. mit Einem treffen συναλλάττειν τινί, ὁμολογεῖν τινι, συντράττεσθαι πρός τινα.
abkratzen 1) tr. ἀπο-, περι-ψῆν, ἀποξεῖν. — durch Kratzen absondern: ἀποκνίζειν, ἀποκναίειν. — 2) intr. = abziehen w. s.
abkriegen δέχεσθαι, ἀποδέχεσθαι, φέρεσθαι; er hat es brav abgekriegt od. χαίρων ἀπήλλαξεν.
abkühlen ἀνα-, ἀπο-, κατα-ψύχειν. — ganz a. περιψύχειν. — d. Luft kühlt sich ab ἀποψύχεται P. — abkühlend ἀποψυκτικός 3. — ganz abgekühlt περίψυκτος 2.
Abkühlung ἡ ἀναψυχή, ἡ ἀπο-, κατά-ψυξις.
abkümmern sich a. vgl. abgrämen; sich a. vgl. abgrämen.
abkündigen 1) etw. was man angekündigt od. versprochen hat: ἀπαγορεύειν. — 2) verkünden: ἀναγορεύειν, ἀνακηρύττειν, ἀναγγέλλειν.
Abkündigung ἡ ἀναγόρευσις od. besser τὸ ἀνακηρύττειν (als Handlung), τὸ ἀνακηρυχθέν (als Ereigniss).
abkürzen 1) v. d. Dauer: συν-, ἐπι-τέμνειν, συστέλλειν. — 2) v. Rede συντέμνειν ο. συστέλλειν λόγον, auch διὰ βραχυτέρων εἰπεῖν; um d. Rede abzukürzen od. διὰ βραχυτέρων. — 2) im Raume, z. B. beim Schreiben βραχυτέρως χρῆσθαι τοῖς γράμμασι, γράφειν συστέλλοντα τὰ γράμματα od. διὰ συντόμων τὰ γράμματα γράφειν, διὰ συμείων γράφειν. — e. Wort durch Ausstossung e. Vokales συγκόπτειν. — abgekürzt σύντομος 2., συνεσταλμένος 3., auch βραχύτερος 3.
Abkürzung ἡ συντομία; ἡ συστολή; ἡ συγκοπή, vgl. abkürzen. — Besser aber durch d. entspr. Verba.   [sp.
abküssen καταφιλεῖν. — das A. τὸ καταφίλημα.
Abkunft τὸ γένος (ἡ γένεσις). — v. guter A. sein γονέων ἀγαθῶν od. ἐξ ἀγαθῶν εἶναι. — Jmds. A. ausmitteln γενεαλογεῖν τινα.
abladen ἀποσκευάζειν, ἀποσάττειν; e. Schiff ἀποφορτίζεσθαι.
ablagern, s. absondern.
Ablass 1) das Ablassen; ohne A., s. unablässig. — 2) im kirchl. Sinne ἡ συγγνώμη.
ablassen 1) tr. a) Flüssigkeiten: ἀφιέναι, s. ableiten. b) überlassen: ἀπο-, συγ-χωρεῖν, παραδιδόναι; käuflich ἀποδίδοσθαι od. v) Preise etw. a. ἀνιέναι (ἵημι) τῆς τιμῆς, ἐλάττω τίθεσθαι (ἵημι). — 2) intr. a) v. etw. abstehen: ἀφ-ύφ-ίεσθαί τινος, ἀφ-, ἐξ-ίστασθαί τινος, καταπαύειν (ἵημι) ποιούντάς τι, λήγειν τινός, ἀποστείνειν (ἵημι) ποιούντάς τι, λήγειν τινός, ἀποστῆναί (P.) τινος, φεύγειν τι, ἰᾶν τι. b) = nachlassen w. s.
Ablativ, etwa ἡ ἀφαιρετική (πτῶσις).
ablauben, s. abblatten.
ablauern Einen od. etw. τηρεῖν, ἐπι-, παρα-τη- |

ρεῖν, φυλάττειν. — e. Gelegenheit ἐφεδρεύειν od.
ἐφορμεῖν τοῖς καιροῖς, καιροφυλακεῖν.
Ablauf 1) d. Wassers: ἡ ἀπορροή, ἀπόρροια. —
2) übtr. v. d. Zeit: ἡ ἔξοδος, τὸ τέλος. — dem A.
nahe sein ἐν ἐξόδῳ εἶναι. — mit A. d. Jahres re-
lirtörntος τοῦ ἔτους; nach A. d. J. ἐξεληλυθότος
τοῦ ἔτους. — vor A. des Waffenstillstandes πρὶν
ἐξήκειν (ἐξεληλυθέναι) τὰς σπονδάς.
ablaufen 1) intr. a) v. Wasser: ἀπορρεῖν; κα-
ταρρεῖν, καταφέρεσθαι P. b) v. d. Zeit: ἐξ-,
περι-, παρ-ιέναι (-έρχεσθαι); abgelaufen sein
ἐξήκειν. — vgl. Ablauf. — c) e. Ausgang haben:
ἀποβαίνειν, προχωρεῖν. — wie wird d. Sache ab-
laufen? πῶς ἀποβήσεται τὸ πρᾶγμα; τί γενήσε-
ται ἐκ τούτων; τί πεισόμεθα; — es läuft etw. für
mich gut (schlecht) ab εὖ od. χαίρων (κακῶς)
ἀπαλλάττω. — 2) tr. a) durch Laufen abnützen:
τρέχοντα κατατρίβειν; d. Husse τὰς ὁπλὰς ὑπο-
τρίβεσθαι. — sich d. Füsse a. τοὺς ὄνυχας ἀπο-
σποδεῖν. — sich a. ἀποκάμνειν od. ἀπαγορεύειν
τρέχοντα. κατακονεῖσθαι (P.) δρόμῳ. — b) Einem
etw. a. φθάνειν od. προφθάνειν τινὰ λαβόντα
τι, προκαταλαμβάνειν τι. — d. Weg a. προλαμ-
βάνειν. — d. Vortheil a. πλεονεκτεῖν τινος.
ablauschen παρακούειν (τι παρά τινος); s. ab-
Ableben, s. Tod.   [merken.
ablecken ἀπο-. περι-, δια-λείχειν, ἀπολάπτειν.
abledern ἀπο-, ἐκ-δέρειν (auch übtr. δέρειν).
ableeren, s. entleeren.
ablegen, 1) weg-od. niederlegen: ἀποτίθεσθαι
(für immer). κατατίθεσθαι (für e. Zeit); v. Klei-
dern: ἀπο-, ἐκ-δύεσθαι (ἀπο-, ἐκ-δῦναι); v.
e. Last ἀποσευάζεσθαι. ἀποφορτίζεσθαι. —
übtr. e. Ansicht, Gewohnheit u. dgl. ἀπο-, κατα-
τίθεσθαι. ἐξίστασθαί τινος, ἀπαλλάττεσθαί (P.)
τινος, ἀφίεσθαι u. ἀποβάλλεσθαί τι. — e. Mei-
nung μεταγιγνώσκειν. μετανοεῖν. — 2) darlegen
(verrichten): ἐπιδείκνυσθαι, ἀποφαίνεσθαι u. ty-
ben, häufig ποιεῖσθαι; e. Probe ἐπίδειγμα ἐπι-
δείκνυναι (u. M.), ἐπίδειξιν ποιεῖσθαί τινος.
vgl. Bekenntniss, Beweis, Eid. Rechnung. — 3)
Keiser, Pflanzen. s. absenken. — 4) abnehmen,
Ableger, s. Absenker.   [versagen w. s.
Ablegung 1) ἡ ἀπό-, κατά-θεσις; v. Kleidern ἡ
ἀπο-, ἐκ-δυσις. — 2) ἡ ἐπίδειξις; e. Rechnung
ὁ λογισμός. ἀπολογισμός, αἱ εὔθυναι.
ablehnen 1) verlehnen: ἀπο-, παρα-, μετα-, ἐκ-
κλίνειν. — 2) übtr. v. sich abwelsen: ἀπο-, δια-
λύεσθαι. ἀπο-, παρα-, δια-κρούεσθαι, ἀπωθεῖ-
σθαι; ἀπειπεῖν, ἀρνεῖσθαι DP. — höflich aus-
schlagen: παραιτεῖσθαι.
Ablehnung 1) τὸ ἀπο-, παρα-κλίνειν u. dgl., s.
ablehnen. — 2) ἡ διάκρουσις, διάλυσις, παραί-
ableiben, s. abborgen.   [τησις.
ableisten ἀποδιδόναι. — vgl. Eid.
ableiten 1) wegleiten: ὀχετεύειν, ἀπ-, παρ-
ἐξ-οχετεύειν (durch e. Kanal). — ἀπάγειν, παρα-,
ἐκ-τρέπειν (anders wohin); e. Krank-
heitsstoff ἀντισπᾶν (e. ableitendes Mittel τὸ ἀντι-
σπαστικὸν βοήθημα). — vgl. abführen. — übtr.
v. etw. abbringen, abbringen 2). — 2) herlei-
ten: ἄγειν ἐκ (ἀπό) τινος; sein Geschlecht ἀνα-
γειν od. ἀνατείνειν (τὸ γένος) εἰς Jmd. εἴς τινα;
übh. ἀναφέρειν εἴς τινα ἀρχήν. ἡγεῖσθαί τι
αἴτιον εἶναι. — e. Wort ἐτυμολογεῖν τι ἐκ τινος,
παρονομάζειν, παράγειν παρά τι. — abgeleitet
παρώνυμος. παράγωγος ἐξ.
Ableitung 1) ἡ ὀχετεία. ἐξοχετεία, ἡ ἀπο-, ἐκ-
τροπή; τὸ ἀντίσπασμα; übtr. ἡ παραγωγή (vgl.
ableiten). — 2) e. Wortes: ἡ παραγωγή, παρο-
νομασία. παρωνυμία, ἐτυμολογία.
Ableitungsgraben ὁ ὀχετός, ἡ διῶρυξ, υγος.

ablenken 1) tr. ἀποστρέφειν, ἀποκλίνειν, ἀπο-,
ἐκ-, παρα-τρέπειν, παράγειν (letztere auch =
verführen). — d. Gespräch παρατρέπειν τὸν λό-
γον, ἀπαρτᾶν τὸν λ. τινός. — d. Geist ἀπάγειν
τὴν γνώμην ἀπό τινος. — 2) intr. ἀποστρέφε-
σθαι u. s. w. im P., auch ἀποκάμπτειν, ἀποκλί-
νειν.   [ablenken.
Ablenkung ἡ ἐκ-, παρα-τροπή, παραγωγή; s.
ablernen μανθάνειν τι παρά τινος; παραλαμ-
βάνειν τι ἀπό τινος.
ablesen 1) abpflücken u. sammeln: ἀπο-, ἀνα-
συλ-λέγειν, ἀποδρέπεσθαι. — 2) vorlesen: ἀνα-
γιγνώσκειν, ἀναλέγεσθαι.
Ablesen, das, ἡ ἀνάγνωσις; gew. durch d. Verba.
ableugnen, s. leugnen.
Ableugnung, s. Leugnen.
abliefern παρα-, ἀπο-διδόναι; φέρειν, ἀποφέ-
ρειν, ἀπάγειν (wozu man verpflichtet ist). — εἰσ-
φέρειν (v. Abgaben). — ἀποκομίζειν (einsenden).
Ablieferung ἡ παρά-, ἀπό-δοσις; ἡ ἀποφορά
(sonst durch d. Verba).
abliegen 1) entfernt sein: ἀπέχειν, ἀπεῖναι, δι-
εστάναι, κεχωρίσθαι P., v. etw. τινός. — 2) e. Zeit
lang liegen: χρόνον τινὰ κεῖσθαι. — d. Wein
muss abl. τὸν οἶνον δεῖ καθαρὸν od. διαυγῆ γε-
νέσθαι; e. alter, abgelegener Wein σαπρὸς οἶνος.
— 3) durch Liegen abnützen: κείμενον ἐπι-, κα-
τα-τρίβειν.
ablisten δόλῳ ὑφαιρεῖσθαί τί τινος.
ablocken ἐξάγειν τινός τι; προάγειν τινὰ εἴς τι
ablockern ἐκ-, παρα-λύειν.   [od. m. inf.
ablösen 1) glühendes Eisen: ἀπο-, ἀνα-ψύχειν,
vgl. löschen. — 2) e. Schuld: ἐξαλείφειν (u. M.)
τὸ ὀφλημα.
ablösen 1) losmachen: λύειν, ἐκ-, ἀπο-λύειν. —
e. Glied v. Körper ἀποτέμνειν — sich a. (v. Glie-
dern) ἀναπλεῖν. — 2) an Jmds. Stelle treten:
διαδέχεσθαί τινα, διαδοχον γίγνεσθαί τινος. —
sich ablösend διαδοχῇ, κατὰ διαδοχήν, ἐκ διαδο-
χῆς (ἀλλήλοις).
Ablösung 1) ἡ λύσις, ἀπόλυσις; ἡ ἀποτομή (v.
Gliedern; das sich Ablösen ἡ ἀνάπλευσις). — 2) ἡ
διαδοχή. — d. ablösenden Soldaten: ἡ διαδοχή,
οἱ διάδοχοι.   [τινι.
ablohnen ἀποδιδόναι, ἀπο-, ἐκ-τίνειν μισθόν
abmachen 1) losmachen w. s. — 2) beendigen:
διαπράττειν u. M., περαίνειν, ἀποτελεῖν, ἀπ-,
κατ-εργάζεσθαι. — abgemachte Sachen τὰ εἰρ-
γασμένα. — das ist nun abgemacht τοῦτο μὲν
οὖν ἀπήλλακται. — 3) m. Einem etw. = überein-
kommen: συντίθεσθαί τινι od. πρός τινα περί
τινος, ὁμολογεῖν od. συνομολογεῖν τινι. — Ge-
schäfte m. Einem a. χρηματίζειν πρός τινα od.
abmähen θερίζειν, ἀπο-, ἐκ-θερίζειν.   [τινί.
Abmähen, das, ὁ θερισμός.
abmagern ἰσχναίνεσθαι, ἀπ-, κατ-ισχναίνεσθαι
P., καταλεπτύνεσθαι P.; abgemagert sein κατ-
εσχληκέναι (τὸ σῶμα); ἰσχναίνειν (τὸ σῶμα) tr.
Abmagerung durch d. entspr. Verba; vgl. Abzeh-
abmahlen παραινεῖν τινι μὴ ποιεῖν τι, παραιτεῖ-
σθαι.   [rung.
abmahnen παραινεῖν τινι μὴ ποιεῖν τι, παραι-
νεῖν τινά τινος od. μή m. inf., auch ἐναντιοῦ-
σθαι (DP.) τινι ποιεῖν τι.   [τροπή.
Abmahnung ἡ παραίνεσις (μὴ ποιεῖν τι), ἡ ἀπο-
abmalen ἀπεικάζειν, ἀποζωγραφεῖν, auch bloss
Abmalen, das, ἡ ἀπεικασία.   [γράφειν.
Abmarkung, Abmarkung, s. abgrenzen, Ab-
grenzung.
Abmarsch ἡ ἀποκομιδή, ἡ ἄφοδος, ἔξοδος.
abmarschieren ἀποκομίζεσθαι (DP.), ἀπέρχε-
σθαι, ἀποχωρεῖν; ἀπάγειν, ἀπαίρειν P.
abmartern, s. abquälen.

abmatten καταπονεῖν. — abgemattet κατάπο-
νος 2., ἀπειρηκώς 3.; a. werden καταπονεῖσθαι
P., κάμνειν, ἀποκάμνειν, a. sein ἀπειρηκέναι.
Abmattung ὁ κάματος, κόπος.
abmeissein ἀποτέμνειν od. ἀποκόπτειν τῷ ἐγκο-
πεῖ, ἀποκολάπτειν.
abmergeln ἀπισχναίνειν, ἐκμαραίνειν, ἐκτρύχειν,
κατασκελετεύειν. — abgemergelt ἐκτετρυχωμέ-
νος, κατεσκελετευμένος 3.
abmerken ἐνοράν τινί τι od. ἔν τινί τι, κατα-
γιγνώσκειν τινός τι; = lernen προσέχοντα μαν-
θάνειν τι.
abmessen 1) genau messen: μετρεῖν, ἀνα-, ἐκ-,
δια-μετρεῖν. — 2) etw. nach etw.: συμμετρεῖν u.
M., ὀνομίζειν. — abgemessen σύμμετρος, ἔμμε-
τρος 2. — übtr. beurtheilen (etw. nach etw.): με-
τρεῖσθαι od. ἀναμετρεῖσθαί τι πρός τι, σταθμᾶ-
σθαί τί τινι u. πρός τι, τεκμαίρεσθαί τι τινι od.
ἀπό (ἐκ) τινος u. πρός τι.
Abmessung ἡ μέτρησις, ἡ ἀνά-, συμ-μέτρησις.
abmiethen μισθοῦσθαί τι παρά τινος.
Abmiether ὁ μισθούμενος (μισθωσάμενος).
Abmiethung ἡ μίσθωσις.
abmüden, s. abmatten, ermüden.
abmühen καταπονεῖν, ταλαιπωρεῖν. — sich a.
καταπονεῖσθαι P., ταλαιπωρεῖσθαι P. u. ταλαι-
πωρεῖν, κάμνειν, πόνους od. πράγματα ἔχειν.
abmüssigen, sich, e. Augenblick σχολήν τινα
παρέχειν od. κατασκευάζειν ἑαυτῷ; ebenso „sich
abmüssigen."
abnagen ἀπο-, περι-, κατα-τρώγειν. — v. etw.
παρατρώγειν. — bildl. (d. Herz) δάκνειν, auch
ἐσθίειν.
Abnahme 1) d. Abnehmen, s. d. f. W. — 2) Ver-
ringerung: ἡ ἐλάττωσις, μείωσις; d. Körpers ἡ
φθίσις, d. Auges ἡ ἀμβλυωπία. — A. erleiden μειοῦ-
σθαι, ἐλαττοῦσθαι P. — 3) v. Waaren, s. Absatz.
abnehmen 1) tr. a) weg-, herunternehmen: καθ-,
ἀφ-, καθ-αιρεῖν u. M. — Früchte ἀπολέγειν,
ἀποδρέπεσθαι. — e. Glied ἀπαμύνειν, ἀποκό-
πτειν. — e. Siegel, d. Bart, s. Siegel, Bart. b) ge-
waltsam nehmen, entreissen: ἀφαιρεῖσθαί τινά
τι od. τινός τι, ἐξαιρεῖν τί τινος, ἀποστερεῖν τινά
τινος od. τινά τι. — Kleider u. Rüstung ἐκδύειν
τινά τι, συλᾶν, ἀποσυλᾶν. — Einem etw. durch
List a. ὑφαιρεῖσθαί τινός τι. c) übernehmen:
λαμβάνειν, παρα-, ἀπο-λαμβάνειν, δέχεσθαι,
ἀπο-, παρα-δέχεσθαι. — übtr. e. Rechnung, Eid,
s. d. betr. Subst. — Waaren a. = kaufen ἀνεῖ-
σθαί τι παρά τινος. d) urtheilen, schliessen,
erkennen, s. d. betr. Verba. — 2) intr. verringert
werden: ἐλαττοῦσθαι, μειοῦσθαι P. — v. Zu-
ständen παύεσθαι, ἀποπαύεσθαι, λήγειν, λωφᾶν,
auch χαλᾶν. — v. Körper μαραίνεσθαι u. ἐκμα-
ραίνεσθαι P., παρακμάζειν; meine Kraft nimmt
ab ἀσθενέστερος γίγνομαι. — a. so dass e. Man-
gel entsteht: ἐπι-, ἀπο-, ἐκ-, ὑπο-λείπειν. — d.
Mond nimmt ab (b. e. Mondesfinsterniss) ἡ σελήνη
ἐκλείπει, sonst ἡ σελήνη ἀπολείπει (φθίνει); b.
abnehmendem Monde μηνὸς φθίνοντος.
Abnehmen, das, 1) Wegnehmen: ἡ ἀφ-, καθ-
αίρεσις; e. Gliedes ἡ ἀποτομή. — 2) Uebernahme
ἡ ἀπο-, ἐκ-δοχή. — 3) Verminderung: ἡ ἐλάττω-
σις, μείωσις; d. Mondes ἡ ἐκ-, ἀπό-λειψις. — vgl.
Abnahme u. abnehmen.
Abnehmer ὁ δεχόμενος, παραλαμβάνων (s. ab-
nehmen). — vgl. Käufer.
Abneigung (Widerwille) ἡ δυσ-, κακό-νοια,
ἀπέχθεια. — A. gegen etw. haben δυσχεραίνειν
τι od. πρός τι, δυσκόλως ἔχειν πρός τι, gegen Ei-
nen δυσκόλως ἔχειν πρός τινα, δύσνουν εἶναί
τινι. — es erweckt etw. A. δι' ἀπεχθείας γίγνε-

ταί τι, ἀπέχθειαν ἔχει od. φέρει τι. — m. A. πρὸ
ἀπέχθειαν.
abnöthigen, s. abzwingen.
abnorm ἀλλόκοτος 2., ὁ, ἡ, τὸ παρὰ φύσιν.
Abnormität τὸ ἀλλόκοτον.
abnutzen ἀπο-, κατα-τρίβειν, ἐκτρύχειν; κατα
χρῆσθαί τινι. — abgenutzt κατατετριμμένος 3
u. Kleid ὁ τρίβων, ωνος (dem. τὸ τριβώνιον)
übtr. v. Aeusserungen καθημαξευμένος, τεθρυ
Abnutzen, das, ἡ ἀποτριβή.   [λημένος :
abordnen, s. absenden.
abortieren, Abortus, s. Fehlgeburt.
abpachten, s. abmiethen.
abpacken, s. abladen.
abpassen, s. ablauern.
abpeitschen, s. durchpeitschen.
abpflücken ἀποδρέπειν u. M., ἀπολέγειν.
abprechen ἀποκόπτειν, ἀποσείειν.
abpolieren, s. abglätten.
abprägen ἀποτυποῦν.
abprallen ἀφάλλεσθαι (ἀπό τινος),ἀποπάλλεσθα
Abprallen, das, ἡ ἀφαλσις, ὁ ἀποκαλμός.   [l
abpressen ἐκπιέζειν. — Einem Geld ἐκβιάζεσθα
τινι od. ἐκπράττειν τινὰ ἀργυριον.
abprügeln, s. durchprügeln.
abputzen ἀπο-, ἐκ-καθαίρειν.
abquälen ἀποκναίειν, ἀποκνήν, ταλαιπωρεῖν. —
sich a. ἀγωνιᾶν, ἀδημονεῖν.
abräumen ἀν-, ἀφ-αιρεῖν, ἐκ-, ἀπο-σκευάζειν,
κινοῦν, ἐκκινοῦν.
abraspeln τῷ ξυστῆρι ἀποξεῖν; s. abfeilen.
abrathen, s. abmahnen.
Abrathen, das, s. Abmahnung.
abrechnen 1)abziehen (in d. Rechng.): ὑφαιρεῖν,
ἀφαιρεῖν. — 2) m. Jmd.: διαλογίζεσθαι πρός τινα.
Abrechnung ὁ διαλογισμός; s. abrechnen 2).
Abrede 1) ἡ συνθήκη, ὁμολογία. — A. m. Einem
nehmen συντίθεσθαί τινι (δεχὰ) τινα, τάττεσθαι
πρός τινα od. περί τινος, ὁμολογεῖν τινι m. inf.
— d. A. gemäss ἐκ τῶν ὁμολογημένων, κατὰ τὴν
ὁμολογίαν. — 2) In A. stellen = leugnen: ἀρνεῖ-
σθαι DP., ἔξαρνον εἶναι od. γίγνεσθαι; wider-
sprechen ἀντιλέγειν, ἐναντιοῦσθαι 2ο. P.
abreden, s. verabreden.
abreiben 1) wegreiben: ἀπο-, ἐκ-, περι-τρίβειν.
— z. Reinigung: σμήν, σμήχειν (ἀποσμήχειν),
ἀποψήν, ψήχειν. — 2) durch Reiben abnützen:
κατα-, ἐπι-τρίβειν, ἀποθλίβειν.
Abreiben, das, ἡ ἀποτριβή, σμῆξις.
Abreise 1) ἡ ἔξοδος, ἀπαλλαγή, auch ἡ ὁρμή. —
zu Wasser ὁ πλοῦς, ἔκ-, ἀπό-πλους, ἡ ἀναγωγή
— Häufig durch Verba, z. B. vor d. A. πρὶν ἀπο-
θεῖν, auf d. A. ἀπαίρων ἤδη, sich zur A. anschi-
cken παρασκευάζεσθαι ὡς ἀπιόντα.
abreisen v. etw., ἐξ-ιέναι, -ίστασθαι, (-έρχεσθαι),ἐκπορεύεσθαι
DP., ἀπαλλάττεσθαι P., ἀπαίρειν, ὁρμᾶν. — zu
Wasser ἀπο-, ἐκ-πλεῖν, ἀνάγεσθαι (M. u. P.). —
abgereist sein οἴχεσθαι.
abreissen 1) tr. a) durch Reissen trennen: ἀπορ-
ρηγ-ρηγνύναι, ἀπο-, περι-σπᾶν, ἀφαιρεῖν. —
Zweige od. Blätter ἀπο-, περι-κλᾶν. b) nieder-
reissen: καθ-, ἀν-αιρεῖν. c) v. Kleidern: ab-
gerissen = völlig heruntergekommen
ῥάκος ἤδη γεγενημένος. d) e. Abriss entwer-
fen, s. Abriss. — 2) intr. ἀπορρήγνυσθαι P.
Abreissen, das, ὁ ἀποσπασμός, ἡ ἀπόρρηξις.
περίκλασις; ἡ καθαίρεσις; ἡ κατατριψις. — s.
abreissen.
abrennen (δρόμῳ) ἀπο-, περι-κόπτειν.
abrichten παιδεύειν, διδάσκειν, κατασκευάζειν
τινά m. inf. — v. Thieren: τιθασεύειν, auch δαμά-

ζειν. — e. junges Pferd πωλοδαμνεῖν. — e. Hund
ἐκπηδεύειν πρός τι.
Abrichten, das, ἡ παιδεία, παίδευσις, τιθασεία.
abrinden ἀπο-, ἐκ-λεπίζειν.   [τιθάσευσις.
abrinnen καταρρεῖν, καταφέρεσθαι P.
Abriss ἡ δια-, ὑπο-γραφή, γραφή, σκιαγραφία.
— e. A. v. etw. entwerfen δια-, ὑπο-γράφειν τι.
abrollen ἀν-, ἐξ-ελίττειν; vgl. herabrollen.
abrudern ταῖς κώπαις (τὴν ναῦν) ἀπελαύνειν.
abrücken 1)tr.wegrücken:ἀπο-,μετα-κινεῖν,ἀπο-,
μετα-τιθέναι. — 2) intr. abziehen, s. abziehen 2).
abrufen 1) laut rufen: βοᾶν, ἀναβοᾶν.— 2)weg-
rufen: ἀπο-, ἐκ-καλεῖν. — nach e. and. Orte μετ-
ακαλεῖν, μεταπέμπεσθαι. — zurück rufen ἀνα-
καλεῖσθαι περιτορνεύειν (auch übtr.). [καλεῖν.
abrupfen ἀποκνίζειν; Federn, Haare ἀπο-, περι-
ψιλὰ τῷ ξίφει ἀποκόπτειν.   [τίλλειν.
absägen ἀποπρίζειν.
absagen ἀπαγορεύειν, ἀποφάναι (ao. ἀπειπεῖν),
rew. m. f. inf. u. μή; auch ἀρνεῖσθαι DP. —
durch e. Herold ἀποκηρύττειν. — e. Besuch a.
lassen λέγειν μὴ παρέσεσθαι od. ἥξειν πρός τινα.
— e. abgesagter Feind ὁ ἔχθιστος, ὁ ἀδιάλλακτος
ἐχθρός. — e. abg. Feind v. etw., v. Einem sein
μισεῖν τι od. τινα εἰς τὰ ἔσχατα.
abstellen ἀποσκευάζειν, ἀποσάττειν, auch ἀφαι-
ρεῖν τὸ ἐφίππιον. — v. Pferde: den Reiter a. ἐκ-
τραχηλίζειν (τὸν ἐπιβάτην).
Absatz 1) Stelle, wo etw. absetzt od. abbricht: ἡ
ἐγκοπή, τὸ κῶλον (Glied). — am Halme τὸ γόνυ,
ατος, ἡ διαφυή. — an e. Mauer τὸ διειλημμένον
τοῦ τείχους. — Absätze an d. Schuhen τὰ ὑπὸ
ὑποδήματα ἴχνη. — Schuhe m. Absätzen ὑψηλὰ
ὑποδήματα. — übtr. Ruhepunkt: ἡ ἀνάπαυσις,
παῦλα, ἀνάπαυλα. — e. a. machen παῦλαν λα-
βεῖν, ἀναπαύεσθαι. — Ruhepunkt im Satze ἡ
ἀπόθεσις κώλου, περιόδου (dagegen κῶλον Glied
e. Periode). — e. Absatz in der Rede machen δια-
λαμβάνειν λέγοντα. — 2) Verkauf: ἡ πρᾶσις,
διάπρασις, ἡ διάθεσις. — A. finden διάθεσιν ἔχειν,
διαπιπράσκεσθαι P. (v. Waaren), ἔχειν ὅποι
διαθέσθαι (v. Verkäufer). — guten A. finden
πολλὰ πιπράσκειν (v. Verkäufer), ὠνητὰς ἔχειν
πολλούς (auch v. Waaren).— Mangel an A. ἡ
ἀπρασία.— 3) was sich bei e. Flüssigkeit absetzt,
Bodensatz: τὸ ὑπόστημα, ἡ ὑπόστασις, ἡ ὑπο-
στάθμη. — im Bes. h. Wasser ἡ ἰλύς, ύος, b.
Weine ἡ τρύξ, υγός, b. Oele ἡ ἀμόργη, b.d.Milch
ὁ ὀρός, b. Blute ὁ ἰχώρ, ῶρος.
Abscess τὸ ἀπόστημα, ἡ ἀπόστασις.
abschaben ἀποξέειν. — (Käse) ἀποκναίειν.— ab-
geschabt κατα-, περι-τετριμμένος 3. — abg.
kleid s. abnutzen.
abschälen ἐκ-λεπίζειν, ἀπο-, ἐκ-λέπειν;
φλοῖζειν (Bäume). — das Abgeschälte τὸ ἀπό-
λεμμα, ἀπολέπισμα.   [ἀποτιμᾶσθαι.
abschätzen τιμᾶν u. M. — sich (sibi) a. lassen
abschätzig = geringer an Werth, verworfen =
.. werden ἐλαττοῦσθαι P. τὴν τιμὴν od. τὴν
ἀξίαν. — a. Meinung v. etw. hegen, a. über
etw. urtheilen: παρ' ὀλίγον od. παρ' οὐδὲν ποι-
εῖσθαί τι.
Abschätzung ἡ τίμησις, ἀποτίμησις; [εἶσθαί τι.
abschäumen ἀπαντλεῖν τὸν ἀφρὸν (ἀπαφρί-
ζειν sp.).
abschaffen a) v.Einrichtungen: λύειν, καταλύειν,
ἀναιρεῖν (ἀναιρεῖν sp.); auch ἀποσύ-
εσθαι u. M. b) entlassen w. s. c) nicht mehr
behalten v..Besitzthümern: ἀποδίδοσθαι (ver-
kaufen), συνιέναι τρέφειν (v. Thieren).
Abschaffung a) ἡ κατάλυσις, ἀναίρεσις (ἀκύρω-
σις, ἀθέτησις sp.). b) ἡ ἀπόδοσις; vgl. Entlas-
sung u. abschaffen.

abschattieren σκιαγραφεῖν.
Abschattierung ἡ σκιαγραφία.
Abschaum, s. Auswurf 2) b).
abscheeren ἀποξυρεῖν, ἀποκείρειν (Schafe ἀπο-
πέκειν); sich absch. lassen M.
abscheiden, s. scheiden u. sterben; abgeschie-
den ὑποκεχωρηκώς 3., ἔρημος 2. — die Abge-
schiedenen s. todt.
Abscheiden, das, 1) Scheidung. — 2) excessus:
ἡ ἀπαλλαγή; vgl. Tod.
Abscheu ἡ βδελυγμία; Gegenstand d. A.: τὸ στύ-
γημα. — A. vor etw. haben, s. verabscheuen.
abscheuern περικλύνειν, περισμήν.
abscheulich βδελυρός 3., αἰσχρός 3. (v. Pers. u.
Sachen). — μιαρός 3., μυσαρός 3. (v. Pers.).
Abscheulichkeit a) als Eigenschaft: ἡ βδελυρία,
τὸ αἶσχος; ἡ μιαρία, b) abscheuliche Handlg.:
τὸ αἰσχρόν, μιαρόν, ἀνόσιον) ἔργον.
abschicken ἀφιέναι, ἀποπέμπειν, ἀποστέλλειν;
διαπέμπειν an verschiedeneOrte. — ἀπο-, ἐξαπο-
στέλλειν v. Heeren u. Flotten, ebenso ἐκπέμπειν
(vgl. Kolonie).
Abschickung ἡ ἀποπομπή, ἀποστολή, ἔκπεμψις
od. durch d. entspr. Verba.
Abschied 1)Entfernung: ἡ ἀπαλλαγή,ἀποχώρησις.
— A. vom Leben ἡ ἀπαλλαγὴ τοῦ ζῆν, vgl. Tod.
— A. v.Einem nehmen δεξιωσάμενον od. ἀσπασά-
μενον ἀπαλλάττεσθαί (P.) τινος, ἀσπάζεσθαί
τινα, für immer προσειπεῖν τινα τὰ ύστατα. —
2) Entlassung: ἡ ἄφεσις; ἀποπομπή, ἀπόπεμψις.
Einem d. A. geben ἀποπέμπειν τινά. — d. A.
nehmen, v. Soldaten: ἀποστρατεύεσθαι, ἐξίστα-
σθαι τῆς στρατείας, v. Beamten: ἐξίστασθαι τῆς
ἀρχῆς, ἀπειπεῖν τὴν ἀρχήν. — e. Sache d. A. ge-
ben ἀφιέσθαί τι, χαίρειν ἐᾶν τι, ἀποκινεῖσθαί
τινος.
Abschiedsnahme ἡ πρὸ τοῦ ἀπελθεῖν ἐντευξις.
Abschiedsbesuch s. d. vhg. W. — Einem e. A.
machen, s. Abschied (v. Einem nehmen).
Abschiedsfest, -schmaus ἡ πρὸ τοῦ ἀπελθεῖν
ἑστίασις.
abschliessen 1) tr. a) e. Geschoss: ἀφιέναι, ἀπο-
τοξεύειν, βάλλειν. b) wegschiessen: βάλλοντα
od. τοξεύοντα ἀποκόπτειν, ἀφαιρεῖν. — 2) intr.
καταφέρεσθαι P. — v. Farben ἀλλοχροεῖν, δια-
φθείρεσθαι P.
Abschiessen, das, ἡ ἄφεσις, βολή.
abschiffen ἀπο-, ἐκ-πλεῖν, ἀν-, ἐξαν-άγεσθαι M.
u. P., ἀναγωγὴν ποιεῖσθαι.
abschildern, s. abbilden, schildern.
abschinden ἀπο-, ἀπο-, ἐκ-δέρειν.
abschirren v. abjochen.
abschlachten σφάττειν, ἀπο-, κατα-σφάττειν.
abschlägig a. Antwort ἡ ἄρνησις, ἐξάρνησις; ἡ
ἀπότευξις (Misslingen) — e. a. Antw. v. Jmd.
bekommen ἀποραντειν od. ἀτυχεῖν παρά τινος,
ἀποτυγχάνειν τινός, ἄπρακτον ἀπαλλάττεσθαι
P. — e. a. A. geben ἄπρακτον ἀποπέμπειν τινά.
Abschlag 1) ἡ κάθεσις, ἐλάττωσις (bes. e. Preises).
— 2) auf A. bezahlen προκαταβάλλειν τι τῆς τι-
μῆς u. dgl. — Zahlung auf A. ἡ προκαταβολή, ὁ
ἀρραβών, ῶνος.
abschlagen 1) tr. a) wegschlagen ἀποκρούειν,
ἀποκόπτειν, ἀποπέμπειν). Gezelt u. dgl. καθ-
αιρεῖν, ἀποβάλλειν. b) zurückschlagen w. s.;
vgl. auch „Sturm". c) e. Fluss, s. ableiten; sein
Wasser a. pissen. d) Ei, s. quirlen. e) ver-
sagen: ἀρνεῖσθαι, ἀπαρνεῖσθαι, ἀπαγορεύειν
ἀποφαναι, ἀνανεύειν — ich werde dir nichts a.
οὐκ ἀτυχήσεις παρ' ἐμοῦ οὐδέν ὧν ἂν βούλῃ.
— 2) intr. s. Wege zu: ἐκτρέπεσθαι, παρεκτρέ-

πέσθαι τῆς ὁδοῦ. — zur Seite fliegen: παραφέρεσθαι P. b) vermindert werden: μειοῦσθαι, ἐλαττοῦσθαι P. — d. Getreide hat abgeschlagen ἐπανῆκεν ὁ σῖτος (ἐλάττονος πωλεῖται).

abschleifen, eig. τῇ ἀκόνῃ ὑφ-, περι-αιρεῖν, λεαίνειν. — abgeschliffen (übtr.) κομψός 3.

abschleudern σφενδονᾶν od. allg. ἀφιέναι.

abschliessen 1) verschliessen w. s. — sich a. v. d. Welt ἐξίστασθαι τῶν ἀνθρωπίνων σπουδασμάτων. — 2) z. Ende bringen: ἀποτελεῖν, ἀπεργάζεσθαι, περαίνειν, συμπεραίνειν, διαπράττειν u. M., τέλος ἐπιτιθέναι τινί. — Vgl. Rechnung.

abschlürfen ἀπορροφεῖν. [Vertrag u. dgl. **Abschluss** τὸ τέλος, τὸ πέρας. — e. Rechnung ἡ τῶν λογισμῶν συγκεφαλαίωσις. — e. Bündnisses αἱ σπονδαί. — z. A. bringen, s. abschliessen 2). — z. A. kommen τέλος od. πέρας λαμβάνειν.

abschmeicheln κολακεύοντα od. θωπεύοντα λαμβάνειν τι παρά τινος.

abschmelzen 1) tr. ἀπο-, περι-τήκειν. — v. Metallen: χωνεύοντα λύειν od. ἀπολύειν. — 2) intr. durch d. P. d. vbg. Verba.

abschmutzen ἀναχρωννύναι.

abschnellen etwa λύειν.

abschneiden 1) eig. ἀποτέμνειν, περιτέμνειν, τέμνειν, τέμνοντα ἀφαιρεῖν, auch bloss ἀφαιρεῖν, περιαιρεῖν (vgl. abhauen). — d. Spitze, oben a. ἀκροτομεῖν. — d. Nägel ὀνυχίζεσθαι u. ἀπονυχίζεσθαι. — d. Extremitäten ἀκρωτηριάζειν. — Einem d. Kehle a. ἐκτέμνειν τὴν λάρυγγά τινος. ἀποσφάττειν τινά. — vgl. scheeren. — 2) übtr. Einen v. etw.: ἀπο-, δια-κλείειν τινά τινος od. ἀπό τινος. ἀπείργειν τινά τινος. — d. Feinde ἀπολαμβάνειν, ἀποτέμνεσθαι, ὑποτέμνειν. — d. Zufuhr περικόπτειν ἀγοράς. — Einem d. Hoffnung ὑποτέμνειν τὰς ἐλπίδας τινί. d. Gelegenheit u. dgl. ἀφαιρεῖν u. ἀφαιρεῖσθαί τινά τι (τινός τι). — vgl. entziehen u. benehmen 1).

Abschneiden, das, ἡ τομή, ἀποτομή; übtr. ἡ ἀπόκλεισις, ἀπόληψις, auch ἀφαίρεσις.

abschnellen 1) tr. ἀποκλείειν, ἀποσφενδονᾶν, ἀφιέναι. — 2) intr. durch d. P.

Abschnitt ἡ τομή, ἀποτομή, τὸ τμῆμα, ἔκτμημα. — in d. Zeit ἡ περίοδος. — in d. Rede τὸ κῶλον, ἡ περίοδος, in e. Schrift τὸ κεφάλαιον, ἡ περιοχή.

abschnitzen ἀποσμιλεύειν.

abschnüren λύειν.

abschöpfen ἀπαντλεῖν, ἀφαρύτειν, vgl. abschäumen; übtr. sein Wissen ist bloss oben abgeschöpft ἐπιπόλαιος ἡ παιδεία αὐτοῦ.

abschrecken ἐκφοβεῖν, ἐκπλήττειν. Einen v. etw. φόβῳ ἀποτρέπειν τινά τινος. — sich a. lassen ἐκφοβεῖσθαι, ἐκπλήττεσθαι, δυσωπεῖσθαι P., φόβῳ ἀποτρέπεσθαι (P.) τινος. — **abschreckend** σοβερός 3. — des a. Beispieles wegen strafen: ἀποτροπῆς ἕνεκα κολάζειν.

abschreiben 1) etw. od. v. etw.: ἀπο-, ἐκ-, μετα-γράφειν. — 2) e. Schuld: ἀπογράφειν. — 3) durch e. Schreiben absagen: γράφειν od. ἐπιστέλλειν μή m. inf. — 4) durch Schreiben abnützen: γράφοντα κατατρίβειν. — 5) sich a. v. Abschreiben müde werden: γράφοντα ἀποκάμνειν od. ἀπαγορεύειν.

Abschreiber, durch d. part. s. abschreiben 1). — v. Büchern zur Vervielfältigg. od. Herausgabe ὁ βιβλιογράφος.

abschreien 1) schreiend hersagen: βοῶντα καταλέγειν. — 2) sich müde schreien: βοῶντα ἀποκάμνειν od. ἀπαγορεύειν.

abschreiten 1) absteigen, w. s. — 2) m. Schritten abmessen: βηματίζειν, βήμασιν ἀναμετρεῖν u. M.

Abschrift τὸ ἀντίγραφον, ἀπόγραφον (ἡ ἀντι-,

μετα-γραφή sp.). — e. A. v. etw. nehmen ἀντιγραφά (immer pl.) τινος λαμβάνειν od. ποιεῖσθαι; s. abschreiben 1).

abschüssig κατάντης, πρανής, καταφερής (sp. κατωφερής), ἐπικλινής 2., auch ἀπόρρυτος 2. - sehr a. ἀπό-, κατά-κρημνος, κρημνώδης, ἀπότομος 2. — a. Richtung τὸ κάταντες.

abschütteln ἀπο-, κατα-σείειν; d. Reiter (t Pferde) ἀποσείεσθαι, ἀποκρούεσθαι, ἐκτραχηλίζειν. — d. Staub σοβεῖν τὴν κόνιν. — Obst ἀπο κρούειν. — übtr. Tadel, Vorwürfe u. dgl. von sich a. ἀποσείεσθαι od. ἀποτρίβεσθαι.

abschütten ἀπο-, δια-, κατα-, προ-χεῖν.

abschuppen ἀπολεπίζειν.

Abschuss 1) d. Wassers: ἡ φορά, καταφορά. — 2) abschüssiger Ort: τὸ κάταντες, ὁ κρημνός, τι κρημνώδης.

abschwächen (d. Ausdruck) συστέλλειν.

abschwären ἕλκει φθείρεσθαι P.

abschwatzen παραπείθοντα λαμβάνειν τι παρά τινος od. ἐξαπατῶν τί τινος.

abschwefeln διαθειοῦν.

Abschweif, s. Abschweifung.

abschweifen πλανᾶσθαι, ἀποπλανᾶσθαι P. (τινός od. ἀπό τινος); ἐκ-, παρεκ-βαίνειν; ἐκ-, παρα-τρέπεσθαι. — zu etw. a. ἐκβαίνειν ἐπί τι. — v. d. Rede ἐκβολὴν τοῦ λόγου ποιεῖσθαι. ἔξω τῆς ὑποθέσεως τοῖς λόγοις χρῆσθαι, παρεκβαίνειν τῆς ἐξηγήσεως. — v. Ziele a. ἔξω δρόμου φέρεσθαι P., auch ἀφαμαρτάνειν.

Abschweifung ἡ πλάνη, ἀποπλάνησις; ἡ παρέκβασις; ἡ ἐκ-, παρα-τροπή; ἡ ἐκβολή. παρεκβολή

abschwemmen, s. abspülen.

abschwören 1) eidlich ableugnen: ἀπ-, ἐξ-ομνύναι m. acc., inf. m. μή od. folg. ὡς; auch διόμνυσθαι m. inf. u. inf. u. μή. — 2) sich eidlich v. etw. lossagen: ἐπομόσαντα ἀπειπεῖν.

abschwören, das, **Abschwörung** ἡ ἐξωμοσία: ἡ ἀπωμοσία (sp.).

absegeln, s. abschiffen. — das **Absegeln** ὁ ἀπόπλους, ἡ ἀναγωγή.

absehen 1) wegsehen: ἀφορᾶν; gew. übtr. οὐκ ἔχειν λόγον τινός, παριέναι (ξῆμι) od. ἐᾶν τι. — abgesehen davon ἄνευ od. χωρὶς τούτου, aber dav. dass χωρὶς τοῦ m. inf. — 2) übersehen a) eine καθορᾶν, ἐξικνεῖσθαι τοῖς ὄμμασι od. κατ-, συν-ιδεῖν. b) übtr. α) einsehen, begreifen: κατ-, συν-ιδεῖν. μανθάνειν, γιγνώσκειν, auch παρακολουθεῖν τινι. β) es worauf a.: ἐκ-, προσ-έχειν τινί, σκοπεῖν τι od. ὅπως m. ind. fut., ἐπινοεῖν τι. — dies ist auf mich abgesehen τοῦτο πρός od. ἐπ᾽ ἐμὲ τείνει. — 3) durch Zusehen v. Einem lernen: ὁρῶντα od. προσέχοντα μανθάνειν τι παρά τινος. — ich thue alles was ich Einem an d. Augen abs. kann πάντα πράττω οἷς ἂν χαρίζεσθαί τινι ὑπολαμβάνω.

Absehen, das, ἡ ἐπίνοια. — sein A. auf etw. haben ἐπέχειν τινί od. m. inf., σκοπεῖν τι od. ὅπως m. ind. fut. — vgl. Absicht.

abseifen ἀπο-, δι-ηθεῖν.

abseits ἄπωθεν.

absenden, Absendung, s. abschicken, Absendung. [ckung. **absengen** ἀφεύειν.

absenken μοσχεύειν, ἀποφυτεύειν.

Absenker τὸ μόσχευμα, ἡ ἀποφυτεία, ἀποφύτιον. **Absenker** τὸ μόσχευμα, ἡ παραφυάς, -άδος; durch A. fortpflanzen, s. absenken; Fortpflanzung durch A. ἡ ἀποφύτευσις.

absetzen 1) tr. 1) eig. nieder-, wegsetzen: ἀπο-, κατα-τιθέναι u. M. — vom Pferde: d. Reiter, s. abschütteln. — Jmd. aus e. Schiffe an einem Orte

a ἀποβιβάζειν τινά. — v. phys. Stoffen = ausscheiden: ἐκκρίνειν. — v. Kindern = d. Mutterbrust entwöhnen ἀπογαλακτίζειν. — sich a. = abstufen, w. s. — 2) übtr. *a*) v. e. Amte: (κατα)παύειν τινά ἀρχῆς od. ἄρχοντα; παρα-, καταθεῖν od. ἀπαλλάττειν τινά ἀρχῆς. *b*) verkaufen: ἐπιπωλᾶν, διατίθεσθαι, ἀποδίδοσθαι. — es läßt sich etw. nicht a. ἄπρατόν ἐστί τι, ἀπρασία γίγνεταί τινος. — II) intr. abbrechen, aufhören: παύεσθαι, ἀνα-, διανα-παύεσθαι, λήγειν m. part.; διαλαμβάνειν, διαλείπειν. — ohne abzusetzen οὐ παυόμενος od. διαλείπων, ἀδιαλείπτως; s. Zug.

Absetzung, das, **Absetzung** ἡ ἀπόθεσις, κατάθεσις. — ὁ ἀποβιβασμός (aus e. Schiffe an's Land) sp. — e. Kindes ὁ ἀπογαλακτισμός. — v. e. Amte ἡ κατάπαυσις. — d. Abbrechen ἡ παῦλα, ἀνάπαυλα.

Absicht 1) subj. d. innere Streben nach e. Zwecke: ἡ βουλή, βούλησις (Wille); ἡ προαίρεσις (d. sich Vornehmen); ἡ διάνοια, ἐπίνοια, γνώμη (d. leitende Gedanke); ἡ περιβολή (Zweck, z. B. τοῦ λόγου). — häufig durch entspr. Verba: In welcher A. thust du dies? τί βουλόμενος od. διανοούμενος τοῦτο ποιεῖς; meine A. geht dahin ... τοῦτο σκοπῶ od. προαιρῶ ὅπως m. ind. fut.; e. A. haben od. fassen βούλεσθαι, ἐπινοεῖν, προαιρεῖσθαι. — ich thue etw. m. A. ποιῶ τι βουλόμενός τι, ἐπί τινι, ἐκ προαιρέσεως od. πρόνοιας, ἐπιτηδές, In dieser A. ταύτῃ τῇ διανοίᾳ, τοῦτο βουλόμενος od. διανοούμενος, in der A. damit ... διὰ τοῦτο ἵνα. — ohne A. εἰκῇ, ἄλλως. — in guter A. ἀπὸ καλῆς γνώμης, in böser A. κακόν τι ἐπινοῶν, aus böser A. ἐξ ἐπιβουλῆς. — böse A. gegen Jmd. hegen κακόν τι ἐπινοεῖν τινι, ἐπιβουλεύειν τινί. — A. auf etw. haben στοχάζεσθαί τινος, ἐπιθυμεῖν τινος, auch ἐπιβουλεύειν τινί (im schlimmen Sinne). — 2) obj. das, was man beabsichtigt: ὁ σκοπός, τὸ τέλος, τὸ βουλόμενον od. ἐπινοούμενον. — er hat e. besondere A. dabei ἰδίᾳ τι διανεῖται αὐτοῦ. — ich erreiche meine A. bei Jmd. τυγχάνω ὧν βούλομαι παρά τινος, προχωρεῖ τί μοι ἀπό τινος. — 3) in A. auf, s. Hinsicht.

absichtlich ἑκούσιος, προαιρετός 3. (v. Handlgen); ἑκών, οὖσα, ὅν (v. Pers.) — adv. ἐπιτηδές, ἐξεπίτηδες, ἐκ προαιρέσεως, ἐκ προνοίας, ἐκ προθέσεως, ἀπὸ γνώμης od. γνώμῃ, ἑκουσίως, προαιρετῶς.

absichtslos 1) ohne Willen: ἀκούσιος 2. (v. Handlungen), ἄκων, οὖσα, ον (v. Pers.). — 2) ohne Zweck: μάταιος, εἰκαῖος 3. — adv. μάτην, εἰκῇ.

absieden ἀφέψειν, καθέψειν. — abgesotten ἐφθός od. ἑψητός 3., ἄπεφθος 2.

Absingung ᾄδειν. **Absingung** durch d. part. d. entspr. Verb. — z. B. unter A. des Päan vorrücken τὸν παιᾶνα (ἐπ)ᾄδοντας προϊέναι.

absitzen 1) v. Pferde: καταβαίνειν ἀφ' ἵππου. — a. lassen καταβιβάζειν ἀφ' ἵππου. — 2) e. Strafe abs.: τὸν νόμῳ ταχθέντα χρόνον ἐν δεσμοῖς εἶναι.

absolut 1) an u. für sich: καθ' ἑαυτόν, -τήν, -τό, αὐτός; καθ' ἑαυτόν, auch bloss αὐτός 3. — das A. τὰ ἀπολελυμένα. — das a. Sein τὸ ὄντως εἶναι. — adv. ἀποτόμως (ἀπολύτως sp.). — 2) rein u. vollkommen: ἄκρατος u. εἰλικρινής 2., z. B. διακαιοσύνη; αὐτοτελής 2. — ἄκλους 3. — a. Macht u. Gewalt δύναμις κυρία, od., Macht über etw. haben κύριον εἶναί τινος, αὐτοκράτορα εἶναί τινος od. περί τινος m. f. inf. — one a. Macht τελέως, ἁπλῶς. — 3) unbedingt: αὐτοτελής, ἀνυπόθετος, αὐτάρκης 2., ἁπλοῦς 3.

absonderlich 1) abgesondert, eigenthümlich, seltsam, w. s. — 2) hervorragend, auserlesen: ἐξαίρετος, ἔκκριτος, ἐκπρεπής 2., δεινός 3.

adv. χωρίς, ἰδίᾳ (opp. δημοσίᾳ): διαφερόντως, μάλιστα, πρὸ πάντων.

absondern 1) eig. χωρίζειν, ἀπο-, δια-χωρίζειν, ἀφορίζειν u. *M*., διιστάναι, διαζευγνύναι, etw. τ. etw. τί τινος od. ἀπό τινος. — sich a. χωρίζεσθαι P. — abgesondert κεχωρισμένος 3.; adv. χωρίς. — 2) übtr. ἀπο-, δια-, ἐκ-κρίνειν; διαστέλλειν. — sich a. ἀποκρίνεσθαι P. — abgesondert ἔκκριτος 2.

Absonderung ὁ χωρισμός, ὁ διαχωρισμός. — ἡ διάστασις, διάζευξις. — ἡ ἀπόκρισις, διάκρισις. — A. d. Galle ἡ χολῆς ἀποκάθαρσις.

absorgen, sich, κατατήκεσθαι (*P*.) φροντίζοντα od. ἀγωνιῶντα.

abspalten ἀποσχίζειν. — das A. ἡ ἀπόσχισις. — das Abgespaltene τὸ ἀπόσχισμα.

abspannen 1) eig. *a*) aus d. Joche spannen: λύειν, ἐκλύειν. — *b*) d. Spannung aufheben: χαλᾶν, ἀνα-, ἐπι-χαλᾶν, ἀν-, παρ-ιέναι (ἵημι). — abgespannt ἀν-, παρ-ειμένος 3., ἄνετος 2. — 2) übtr. *a*) schlaff od. matt machen: κατατονεῖν, παρατείνειν u. ἀνιᾶν (v. Geiste). — abgespannt werden u. sein: neben d. *P*.: κάμνειν, ἀποκάμνειν, ἀπαγορεύειν, ἀπειρηκέναι. — abgespannt κατατονηθείς 3., κατάπονος u. κατάκοπος 2.; καμών 3. u. ἀπειρηκώς 3. (auch v. Geiste). *b*) den Geist u. Erholung gewähren: ἀνιέναι (ἵημι); ῥᾳστώνην παρέχειν od. παρασκευάζειν τῇ ψυχῇ.

Abspannung 1) *a*) ἡ λύσις, ὑπόλυσις. *b*) ἡ χάλασις, ἄνεσις. — 2) übtr. *a*) ἡ ἀτονία, ὁ κόπος. *b*) ἡ ἄνεσις, ῥᾳστώνη.

abspeisen 1) intr. ἀποδειπνεῖν. — abgespeist haben ἀπὸ δείπνου γίγνεσθαι. — 2) tr. *a*) eig. ἑστιᾶν, σιτίζειν τινά, δεῖπνον παρέχειν τινί. *b*) übtr. παίζειν τινά τινος, βουκολεῖν τινά τινι, z. B. κεναῖς ἐλπίσι, wofür man auch sagen kann κεναῖς ἐλπίσας προσαίνειν τινί. — sich in. etw. absp. lassen ἀγαπᾶν od. ἀρκεῖν τι u. τινί.

absperren εἴργειν, περιείργειν; (durch e. Scheidewand) φράττειν, περιφράττειν; (durch e. Mauer) ἀπο-, δια-τειχίζειν. — s. einsperren. — **Absperrung** ἡ ἀποτείχισις, ὁ ἀποτειχισμός. — **Absperrungsmauer** τὸ ἀπο-, δια-τείχισμα.

abspiegeln κατοπτρίζειν, ἀποκατα-, ἐμ-φαίνειν. — sich a. κατοπτρίζεσθαι, ἀποκατα-, ἐμ-φαίνεσθαι (ao. *P*.) ἔν τινι. — **Abspiegelung** ἡ ἔμφασις.

abspinnen τὸ νῆμα πληροῦν od. περαίνειν. — übtr. ἐξυφαίνειν; sich a. διεκπεραίνεσθαι *P*.

abspitzen 1) zuspitzen: ὀξύνειν. — 2) d. Haare a.: τὰς τρίχας ἄκρας ἀποτέμνειν.

absprechen 1) Einem etw. *a*) durch e. Urtheil etw. entziehen: κρίνειν (ῃ κρίσει) ἀφαιρεῖν (od. *M*.) τινός τι, ἀποκρίνειν τινά τινος, γιγνώσκειν τι τινός. — Einem d. Leben a. καταψηφίζεσθαί τινος θάνατον (vom Richter); hingegen v. Arzte: οὐ φάναι σωτηρίαν ἀποφαίνεσθαί τινι θάνατον. *b*) übh. verneinen, dass Jmd. e. Eigenschaft besitze: οὐ φάναι τι εἶναί τινα (ἔχειν τι od. μετέχειν (μετειληφέναι) τινός. — 2) absol. keck urtheilen: θρασέως ἀποφαίνεσθαι τὴν γνώμην, ἀπαυθαδίζεσθαι (ἀπαυθαδίζεσθαι sp.). — **absprechend**, **absprecherisch** ἀπαυθαδιζόμενος 3., αὐθάδης 2. θρασύς 3. ὁ ἀλαζών, -όνος (v. Pers.); θρασύς, ἀλαζονικός 3. (v. Sachen).

absprengen 1) tr. ἀποσχίζειν, ἀποῤῥηγνύναι. — 2) intr. δρόμῳ ἀπελαύνειν.

abspringen 1) herabspringen: κατα-, ἀπο-πηδᾶν,

ἀφάλλεσθαί τινος, καθάλλεσθαι ἀπό τινος. — 2) zurückspringen: ἀφάλλεσθαι; ἀποπάλλεσθαι *P.* — 3) sich plötzlich v. etw. trennen: ἀποροήγνυσθαι, λύεσθαι *P.*; übtr. schnell v. etw. ablassen: ἀποκηδᾶν od. ἀφίστασθαί τινος, προδιδόναι τινά, ἐξαίφνης ἀλλοιοῦσθαι (*P.*) τὴν γνώμην od. μετακίπτειν τῇ γνώμῃ. — vgl. abschweifen.

Absprung ἡ ἀποπήδησις. — übtr. ἡ ἀπόστασις, ἀλλοίωσις, ἀποκλάνωσις.

abspülen 1) abwaschen: ἀπο-, ἐκ-, κατα-πλύνειν. — 2) wegspülen (v. Wasser): ἀπο-, ὑπο-κλύζειν. — **Abspülung** ἡ κατάκλυσις; ἀπόκλυσις. [νος.

abstäuben τὴν ἐπούσαν κόνιν ἀποσείειν ἀπό τι—

abstammen γεγονέναι od. γένος ἔχειν ἐκ τινος (im nächsten Gliede), ἀπό τινος (im entfernteren), auch γεγονέναι τινός. — v. WW. = abgeleitet sein, s. ableiten.

Abstammung τὸ γένος, ἡ γενεά, auch ἡ γένεσις.

Abstand 1) im Raume: τὸ διάστημα, ἡ ἀπόστασις. διάστασις. — e. A. bilden = abstehen 1). — vgl. Entfernung. — 2) im Wesen: ἡ διαφορά. — vgl. Unterschied.

abstatten ἀπο-, ἐκ-τίνειν, ἀποδιδόναι. — Dank a., s. Dank. — Einem e. Gruss v. Jmd. a. χαίρειν κελεύειν τινά παρά τινος. — Bericht a. ἀπαγγέλλειν, e. Gesandtschaftsbericht ἀποπρεσβεύειν. — e. Glückwunsch a. συγχαίρειν od. συνήδεσθαί (*P.*) τινι ἐπί τινι, seltener τινί τινος. — e. Besuch a. ἐντυγχάνειν τινί, ἐντευξίν τινι od. πρός τινα ποιεῖσθαι.

Abstattung ἡ ἀπόδοσις, ἔκτισις; d. Dankes ἡ χάριτος ὁμολογία od. ἀπόδοσις, s. Dank. — e. Berichtes, Besuches ἡ ἀπαγγελία, ἔντευξις.

abstechen 1) tr. a) durch Stechen absondern: ἀποτέμνειν. b) Thiere: σφάττειν, ἀποσφάττειν. — 2) intr. merklich verschieden sein: πολύ διαφέρειν τινός, ἐκ-, διᾱ-πρέπειν. — **abstechend**, s. verschieden.

Abstecher ἡ ἐκτροπή, παρεκτροπή. — e. A. machen ἐκτρέπεσθαι, παρεκτρέπεσθαι.

abstecken ὁρίζειν, ἀφ-, δι-ορίζειν — ein Lager στρατοπεδεύειν (gew. *M.*), καταστρατοπεδεύειν (u. *M.*), στρατοπεδον ποιεῖσθαι. — **Absteckung** (e. Lagers) ἡ στρατοπέδευσις od. στρατοπεδεία.

abstehen 1) v. etw. entfernt sein: ἀπέχειν τινός, διέχειν τινός u. ἀπό τινος, κεχωρίσθαι τινός, ἀφίστασθαί τινος, ἀφ-, δι-εστάναι τινός, ἀποστατεῖν τινος. — auch dem Wesen nach entfernt od. verschieden sein: ἀποστατεῖν τινος, gew. aber διαφέρειν τινός. — 2) ablassen v. etw.: ἀφίστασθαι od. ἀφιστάναι τινός, παύεσθαι od. ἀποπαύεσθαι od. ποιοῦντά τι, ἀποτρέπεσθαι od. παραχωρεῖν τινος, ἐάν τι. — vorher (vor der Zeit) a. προαφίστασθαι. — v. seiner Meinung a. μεταγιγνώσκειν, ἄλλην γνώμην ἑλέσθαι. — v. seinem Rechte a. τῶν ἑαυτοῦ δικαίων ὑφίεσθαι. — 3) verderben, z. B. abgestandener Wein οἶνος ἐξεστηκώς od. ἐξεστηκότος; v. Fischen: ἀποκινύγεσθαι *P.*, ἀποθνήσκειν. [ρεῖσθαί τινός τι.

absteifen ὑπεν-, παρα-κλέπτειν τινί τι, ὑφαι—

absteigen 1) herab-, aussteigen: καταβαίνειν (ἀπὸ τοῦ ἵππου, ἐκ τοῦ ἅρματος), ἀποβαίνειν (ἐκ τῆς νεώς). — a. lassen κατα-, ἐκ-βιβάζειν. — in absteigender Linie κάτω τοῦ γένους. — 2) bei Jmd. einkehren: καταλύειν παρά τινι, κατάγεσθαι παρά τινι, od. εἰς πανδοκεῖον u. dgl.

Absteigen, das, 1) ἡ κατάβασις, ἀπόβασις. — 2) ἡ κατάλυσις, καταγωγή.

Absteigequartier ἡ καταγωγή, τὸ καταγώγιον, ·γεῖον (τὸ ξενοδοχεῖον, τὸ κατάλυμα sp.).

abstellen καταλύειν, καταπαύειν, sp. ἀθετεῖν.

— **Abstellung** ἡ κατάλυσις, κατάπαυσις, sp. ἀθέτησις.

absterben ἀπο-, ἐκ-θνήσκειν. — v. Gliedern d. Körpers, Pflanzen u. dgl. ἀπομαραίνεσθαι, ἀπονεκροῦσθαι *P.*, vor Alter a. ἀπογηράσκειν, durch kalten Brand ἀποσφακελίζειν; übh. φθείρεσθαι, διαφθείρεσθαι *P.* — einer Sache a. χαίρειν ἐᾶν τι od. χαίρειν λέγειν τινί; der Welt a. ἐξίστασθαι τῶν ἀνθρωπίνων ἔργων τε καὶ σπουδασμάτων u. ä. — **Absterben**, das, ἡ ἀπομάρανσις, ἀπονέκρωσις, ἀποσφακέλισις, ὁ ἀποσφακελισμός.

absteuern, s. absegeln. [übh. ἡ φθορά.

abstimmen 1) seine Stimme abgeben: ψηφίζεσθαι, διαψηφίζεσθαι, τὴν ψῆφον φέρειν, ἀνα-, διαφέρειν, θέσθαι (m. Stimmsteinen); χειροτονεῖν (m. Aufheben d. Hände). — E. a. lassen ψῆφον ἐπάγειν od. διδόναι τινί (περί τινος). — e. Versammlung a. lassen über etw. ἐπιψηφίζειν (εἰς τὴν ἐκκλησίαν) τι, τὴν ψῆφον (τὴν διαψήφισιν) προτιθέναι od. τὴν ψῆφον ἐμβάλλειν εἰς τὴν ἐκκλησίαν περί τινος. — 2) nicht zusammenstimmen: διαφωνεῖν, ἀπᾴδειν.

Abstimmung ἡ ψῆφος, διαψήφισις (ψηφοφορία); ἡ χειροτονία, dia-, ἐπι-χειροτονία. — etw. zur A. bringen ἐμβάλλειν ψῆφον περί τινος. — durch A. genehmigen ἐπιψηφίζεσθαι, ἐπιχειροτονεῖν, durch A. verwerfen ἀποψηφίζεσθαι, ἀποχειροτονεῖν.

abstossen 1) tr. a) wegstossen: ἀπωθεῖν, παρωθεῖν u. *M.* — abstossend (v. Pers.) δυσξύμβολος, δυσέντευκτος 2, χαλεπός 3. b) durch e. Stoss abbrechen: ἀποκρούειν; durch e. St. beschädigen προσκρούοντα ἀπο-, περι-τρίβειν. *P.* intr. v. Schiffenden: ἀπαίρειν, ἀνάγεσθαι (*M.* u. *P.*).

abstract νοητός 3. — adv. καθ' ἑαυτό od. αὐτό καθ' ἑαυτό. — a. Begriff ἡ ἰδέα. **Abstraction** ἡ θεωρία, ἀφαίρεσις. —gleich ,,abstracter Begriff" ἡ ἰδέα. [ἡ κόλασις, τὸ κόλασμα. **abstrafen** κολάζειν, τιμωρεῖσθαι. — **Abstrafung** **abstrahieren** 1) θεωρεῖν τι καθ' ἑαυτό (αὐτό καθ' ἑαυτό), ἐν νῷ λαμβάνειν. — 2) v. etw.=absehen. **abstreichen** ἀπομάττειν (auch: m. d. Streichholze, z. B. χοίνικα), ἀποσμήχειν ἀπο-, περιψήν. — ἀποστλεγγίζειν (m. d. Striegel). — s. streichen.

abstreifen ἀπο-, περι-σκᾶν, ἀφ-, περι-αιρεῖσθαι. — d. Laub ἀποφυλλίζειν, φυλλολογεῖν. — Rinde od. Schale ἀπολοπίζειν, ἀπολεπίζειν. — d. Haut ἀπο-, ἐκ-δέρειν; sich die Haut a. (v. Schlangen) ἐκ-, ἀπο-δύεσθαι τὸ γῆρας. — d. Zügel a. ἀπηνιάζειν, d. Fesseln τῶν δεσμῶν ἀπολύεσθαι *P.* **abstreiten** διαμάχεσθαι m. f. inf. (m. u. ohne μή) od. ὡς οὔ; διαγωγίζεσθαι περί τινος od. ὅτι. **abstriegeln** ἀποστλεγγίζειν (sich a. *M.*); ἀποτρίβειν τῇ ξύστρᾳ (sp.).

abströmen ἀπορρεῖν, καταφέρεσθαι *P.* **abstufen** 1) eig. βαθμηδὸν od. εἰς βαθμοὺς ἀπεργάζεσθαι. — 2) übtr. μερίζειν, διαστέλλειν; v. Farben χρωματίζειν.

abstumpfen ἀμβλύνειν, ἀπαμβλύνειν, ἐκκωφεῖν, ἐκκωφοῦν, ἀμαυροῦν. — abgestumpft, s. stumpf. — **Abstumpfung** (d. Gesichtes) ἡ ἀμαύρωσις.

Absturz (d. Wassers) ἡ καταφορά. — steiler Abhang ὁ κρημνός.

abstürzen κολούειν, κολοβοῦν, ἀκρωτηριάζειν. — **Abstützung** ἡ κόλουσις, κολόβωσις; sp. ὁ ἀκρωτηριασμός.

absuchen ἀπο-, ἐκ-λέγειν. — s. durchsuchen.

absurd ἀπο-, ἐκ-θνήσκειν.

— **Abstellung** ἡ κατάλυσις, κατάπαυσις, sp. ἀθέτησις.

absurd ἄτοπος, ἀφύρμημα.

— **Abteilen** ἄτοπος 3. abgeschmackt.

Abt ὁ ἀρχιμανδρίτης, κοινοβιάρχης K. S.
abinkeln (e. Schiff) ἀφοπλίζειν; τὰ ὅπλα ἐξαιρεῖ-**abinnchen**, s. eintauschen. [σθαι ἐκ τῆς νεώς.
Abtei ἡ ἀββατεία, τὸ κοινόβιον K. S. [τήκειν.
abthauen 1) intr. (ἀνα) τήκεσθαι P. — 2) tr. (ἀνα)
abtheilen διαιρεῖν, διακρίνειν, διαλαμβάνειν, διαμερίζειν, διανέμειν, διορίζειν, διαστέλλειν.
Abtheilung 1) als Handlung: ἡ διαίρεσις, δια-ιωμή, διαστολή (ὁ διαμερισμός sp.). — 2) als Sache: τὸ μέρος, ἡ μερίς, ἰδός, ὁ ἀποδασμός. — e. Heeres ἡ τάξις (τὸ τάγμα), τὸ τέλος.—e. Wer-kes ὁ λόγος (τὸ κεφάλαιον sp.).
abthun 1) e. Kleid: ἀπο-, ἐκ-δύεσθαι, περιαιρεῖ-σθαι, ἀπο-, κατα-τίθεσθαι. — 2) zu Ende brin-gen: περαίνειν, διαπράττειν u. M., ἀποτελεῖν, ἀπεργάζεσθαι. — e. Geschäft m. Einem χρηματί-ζειν (auch M.) τινί od. πρός τινα. — abgethan sein τέλος od. πέρας ἔχειν, ἐπὶ τέλει εἶναι. b) hinrichten, schlachten: σφάττειν, ἀποσφάττειν, κατεργάζεσθαι, auch θανατοῦν (v. Menschen).
abtoben, sich, s. austoben.
abtödten, s. ertödten.
abträufeln ἀπο-, κατα-στάζειν.
Abtrag 1) Abtragung, w.s. — 2) A. thun =Scha-den od. Nachtheil bringen, w. s.
abtragen 1) wegtragen: ἀναιρεῖν. — e. Gebäude u. dgl. καθαιρεῖν, κατασκάπτειν; e. Hügel: auch ἀναρρηγνύναι. — 2) entrichten: ἀποφέρειν, ἀπ-άγειν, τελεῖν, ἀποτελεῖν; v. Steuern auch εἰσφέ-ρειν; e. Schuld ἀποδιδόναι, ἀπο-, ἐκ-τίνειν, auch διαλύειν τὸ χρέος. — 3) durch Tragen ab-nützen: κατατρίβειν. — abgetragenes Kleid ὁ τρίβων. πρός, τὸ τριβώνιον.
Abtragung 1) ἡ ἀναίρεσις; ἡ καθαίρεσις, κατα-σκαφή. — 2) ἡ ἀποφορά, ἀπαγωγή, εἰσφορά, ἀπόδοσις. — 3) ἡ κατατριψις.
abtreiben 1) tr. 1) wegtreiben a) ἀπελαύνειν, ἀποκρούειν, ἀπωθεῖν u. M. b) d. Leibesfrucht: φθείρειν, ἀπο-, δια-φθείρειν, ἐκβάλλειν. — ab-treibend ἐκβόλιος; 2. a. Mittel τὸ ἐκ-, διεκ-βόλιον, ἀποφάρμακα. — abgetrieben ἐκβόλιμος 2. c) e. Wald=abholzen: τέμνειν, ἐκκόπτειν.—2)durch Treiben ermüden: κατακοπεῖν(ἐλαύνοντα).—II) intr. v.e. Kahne: ἀποφέρεσθαι, ἀπελαύνεσθαι P.
Abtreibung ἡ ἀπωσις. — A.d. Leibesfrucht ἡ ἐκ-βολή, διαφθορά. — A. e. Waldes ἡ ἐκκοπή.
abtrennen διαιρεῖν. — s. absondern.
abtreten 1) tr. 1) durch Treten abnützen: κατα-τρίβειν. — 2) durch Treten absondern: ἐπιβαί-νοντα od. κατοῦντα ἀφαιρεῖν. — 3) wegtreten, Einem etw. überlassen: παρα-, ἐκ-, συγ-χωρεῖν od. ἐκτίνειν τινὶ τίνος; ἐξ-, ἀφ-ίστασθαί τινί τινος; παραίνειν (ἵημι) τινί τι. — II) intr. 1) weg-gehen: ἀπιέναι, ἀποχωρεῖν, ἀπαλλάττεσθαι P., ἐξ-, ἀφ-. ἀφ-ίστασθαι. — Einen a. lassen μεταστῆσασθαί τινα. 2) bei Einem a., s. absteigen 2). — 3) = abir-ren, w. s.
Abtreten, Abtretung 1) tr. d. Ueberlassung: ἡ παρα-, συγ-χώρησις, ἡ ἀπόστασις (κτημάτων).— 2) intr. d. Weggehen: ἡ ἀναχώρησις, ἀπαλλαγή, μετάστασις. — ἡ κατάβασις (v. Redner). — vgl.
abträufeln, s. abträufeln. [Absteigen 2).
abtrieben ὑποκίνειν, ἀπορροφεῖν.
Abtritt 1) s. Abtreten 2). — 2) geheimes Gemach: ἡ ἀφοδος, ὁ ἀπόπατος (ἡ ἀποσκευή sp.), ἐν τοῖς.
abtrocknen 1) tr. a) durch Abwischen: ἀπομάτ-τειν, ἀπορρόγνυναι u. M. b) durch Luft u. Wärme: ἀνα-, ἀπο-, ἐπι-ξηραίνειν. — 2) intr. durch die P. v. 1) b); auch ξηρὸν γίγνεσθαι.
abtröpfeln, s. abträufeln.
abtrollen, sich, ἔρρειν, ἀπέρρειν.

abtrotzen, Einem etw., βίᾳ ἐξαιρεῖσθαί τί τινος;
abtrünnig ἀφεστώς od. ἀποστάς 3., ὁ ἀποστάτης. προδότης (fem. προδότις, -ιδος); — a. machen v. Einem ἀφιστάναι τινὰ τίνος od. ἀπό τινος, a. v. Einem werden ἀφίστασθαί τινος od. ἀπό τινος, ἀποστατεῖν τινος.
Abtrünnigkeit ἡ ἀπόστασις (sp. ἀποστασία), προδοσία. — Klage wegen A. ἀποστασίου δίκη (gegen e. Freigelassenen).
abtrumpfen, s. abfertigen.
aburtheilen, etw., τὴν κρίσιν ποιεῖσθαι περί τινος. — vgl. absprechen u. urtheilen.
abverdienen ἀπεργάζεσθαι od. umschr. μισθαρ-νοῦντα ἀποδιδόναι τὸ ὀφειλόμενον.
abverlangen, s. abfordern.
abwägen ζυγοστατεῖν, ἱστάναι (ζυγῷ). — auf d. Hand διαβαστάζειν. — übtr. σταθμᾶσθαι, ἀνα-μετρεῖσθαι. — gegen einander a. ἀντισηκοῦν u. übtr. ἀντεξετάζειν. — Abwägung ἡ ζυγοστασία; übtr. ἡ ἀναμέτρησις.
abwälzen ἀπο-, κατα-κυλινδεῖν.!— übtr. v. sich a. ἀπωθεῖσθαι, ἀποτρίβεσθαι, ἀπο-, δια-λύε-σθαι, διακρούεσθαι, z. B. τὰ ἐγκλήματα. — Ab-wälzung ἡ ἀπωσις, διάλυσις, διάκρουσις.
abwärts κάτω, κατά m. gen. (herab); m. acc. z. B. d. Fluss a. κατὰ τὸν ποταμόν. — häufig durch Zu-sammensetzungen m. κατά, z. B. a. fliessen κατα-ρρεῖν. — a. gehen κάτω γίγνεσθαι, a. gehend κα-
abwässern διαβρέχειν. [ταφερής, κατάντης 2.
abwalken, s. walken u. abprügeln.
abwandeln, auf- u. a. περιπατεῖν. — als t. t. d. Gramm. κλίνειν. — **Abwandlung** ἡ κλίσις.
abwarten 1) erwarten: ἀνα-, περι-, ὑπο-, προσ-μένειν. — τηρεῖν, ἐπιτηρεῖν, φυλάττειν (d. rech-ten Zeitpunkt). — ἀνέχεσθαι, περιοράσθαι (ru-hig a.), ἐκδέχεσθαι, προσδοκᾶν, καραδοκεῖν (m. Spannung). — 2) etw. sorgfältig behandeln: θε-ραπεύειν τι, ἐπιμελεῖσθαι (ao. P.) τινος, ἐπιτη-δεύειν τι. — seine Pflichten a. τὰ προσήκοντα ἀποτελεῖν. — **Abwartung** 1) s. Erwartung. 2) ἡ θεραπεία, ἐπιμέλεια, ἐπιτήδευσις.
abwaschen ἀπο-, περι-λούειν; ἀπο-, ἐκ-, κατα-περι-πλύνειν; ἀπο-, δια-νίζειν; auch allg. ἀπορ-ρύπτειν, ἀποκαθαίρειν. — übtr., z. B. e. Blut-schuld ἐκπλύνειν. — **Abwaschung** ἡ ἀπόλουσις, κατάπλυσις, ῥύψις, ἀποκάθαρσις.
abwechseln 1) tr. ἀμείβειν, ἀλλάττειν, μεταλ-λάττειν; 2) intr. ἐκαλλάττεσθαι, ἀμείβεσθαι, ἐκ-, δια-δέχεσθαι; vgl. wechseln. — abwech-selnd ἀμοιβαῖος 3.; adv. ἀμοιβαίως, ἐναλλάξ, ἐν (τῷ) μέρει, ἀνὰ μέρος. — **Abwechselung**, s. Veränderung.
Abweg ἡ ἐκ-, παρα-, παρεκ-τροπή.— auf einen A. bringen παραφέρειν, παράγειν καραστρέπειν, πλανᾶν; auf e. A. gerathen: durch d. P.
abwegig, abwegsam ὁ, ἡ, ἐκτὸς ὁδοῦ.
abwehen (ἐκ)πνίονται ἀπο-, δια-σκεδαννύναι.
Abwehr ἡ ἄμυνα, ἀποτροπή.
abwehren ἀμύνειν, ἀπαμύνειν, ἀποτρέπειν, ἀπείργειν, ἀπελαύνειν, ἀποτρέπειν. — v. sich ἀμύνεσθαι, ἀπαμύνεσθαι, ἀλέξεσθαι, ἀποτρέπεσθαι, ἀπομάχεσθαι, ἀπωθεῖσθαι, ἀπο-κρούεσθαι.
1 abweichen (emollire) διαμαλάττειν.
2 abweichen 1) sich entfernen: ἐκκλίνειν, ἀπο-κάμπτειν, ἐκτρέπεσθαι, ἐκβαίνειν, παραλλάτ-τειν, v. etw. τινός. — auch (im übtr. Sinne) πα-ραβαίνειν τὸ δίκαιον v. d. Rechte). — v. d. be-stehenden Sitte a. ἐκδιατάσθαι τῶν καθεστώτων νομίμων. — 2) verschieden sein: διαφέρειν, παρ-αλλάττειν τινός. — in d. Meinung a. διαφωνεῖν

τινι, ἀπάδειν ἀπό τινος, οὐ ταὐτὰ γιγνώσκειν τινί. — in e. Aussage ἐναντιοῦσθαί (*DP*.) τινι, οὐ ταὐτὰ λέγειν τινί. — **abweichend** διαφέρων 3., διάφορος 2., ἐξηλλαγμένος 3., auch ἄλλος, ἕτερος 3.   [Durchfall.

Abweichen, das, ἡ περίκλυσις (κοιλίας), vgl. **Abweichung** 1) ἡ ἔκκλισις, ἐκτροπή: ἡ παραλλαξις (v. d. Gestirnen). — 2) ἡ διαφορα, διαφορότης; διαφωνία. — A. v. d. vaterländischen Sitte ἡ ἐκδιαίτησις τῶν πατρίων. — als Sache: τὸ διάφορον.

abweiden ἐπι-, κατα-νέμειν (v. Hirten); ἐπι-, κατα-νέμεσθαι (κατα-, περι- βόσκεσθαι sp.).

abweinen, sich, δακρύοντα od. κλαίοντα κατατρύχεσθαι od. ἐκτήκεσθαι *P*. — s. beweinen.

abweisen ἀπείργειν, ἀποκλείειν, ἀποκωλύειν, ἀποτρέπειν, ἀποπέμπειν (fortschicken), u. stärker: ἀπελαύνειν, ἀπωθεῖν (u. *M*.). — e. Antrag (ἀπ)αρνεῖσθαι *DP*., ἀποτρέπεσθαι. — e. Beschuldigung ἀποτρίβεσθαι, ἀπολύεσθαι.—e. angreifenden Feind ἀναστέλλεσθαι, ἀπωθεῖσθαι, ἀποκρούεσθαι. — m. e. Gesuche abgew. werden ἀποτυγχάνειν (ἀτυχεῖν) τινος. — bei d. Bewerbung um e. Amt a. ἀποδοκιμάζειν.

Abweisung ἡ ἀποκώλυσις, ἄπωσις, ἄρνησις (e. Antrages): ἀπότευξις (bei e. Gesuche); ἀποδοκιμασία (bei d. Bewerbung um e. Amt).

abwelken ἀπο-, ἐκ-μαραίνεσθαι *P*., ἀτροφεῖν. — das **Abwelken** ἡ ἀπομάρανσις.

abwenden 1) abkehren: ἀποστρέφειν, ἀπο-, παρατρέπειν, παρακλίνειν, ἀφιστάναι. — sich a. v. etw. ἀποστρέφεσθαι u. ἀποτρέπεσθαί (*P*.) τινος, ἐκτρέπεσθαί (*P*.) τι. — v. sich a. = abwendig machen, w. s. — 2) verhüten: ἀποτρέπειν, ἀμύνειν, v. sich (ἀπ)αμύνεσθαι, ἀποτρέβεσθαι. — durch Bitten παραιτεῖσθαι. — was Gott a. möge ὁ μὴ γένοιτο ὦ θεοί.

abwendig ἀλλότριος 3. — a. machen, Einen v. Einem, abspänstig. — v. e. Meinung, Gesinnung ἀλλοιοῦν τινα u. häufiger „a. werden" ἀλλοιοῦσθαί (τὴν γνώμην). ἀλλοιότερον γίγνεσθαι τὴν γνώμην. — v. e. Vorhaben ἀπο-, δια-τρέπειν τινά τινος. — v. seiner Pflicht a. machen ἀπαλλάττειν τινά.

Abwendung ἡ ἀποτροπή. ἀποστροφή.

abwerfen 1) eig. ἀπορρίπτειν, ἀποβάλλειν (bes. v. Hirsche. d. Geweih). καταβάλλειν — v. Pferde d. Reiter a., s. abschütteln. — 2) übtr. = einträgen. **Abwerfung** ἡ ἀποβολή.   [ken, w. s.

abwesend ἀπών 3. — in d. Fremde ἀπόδημος, ἔκδημος 2. — a. sein ἄπειναι, ἀπογίγνεσθαι, ἀποδημεῖν (ἐπῆς οἰκίας, ἐκ τῆς πόλεως). — e. Abwesenden anklagen ἐρήμην κατηγορεῖν, e. A. verurtheilen ἐρήμην τὴν δίαιταν καταγιγνώσκειν. e. A. zum Tode verurtheilen ἐρήμην δίκην θάνατον καταγιγνώσκειν τινός.

Abwesenheit ἡ ἀπουσία. in d. Fremde ἡ ἀποδημία, ἐκδημία. gew. durch part. umschr., z. B. in meiner A, ἐμοῦ ἀπόντος, ἀπογενομένου, ἀπο-

abwettern ἀποχειμάζειν. — ἐκ-δημήσαντος.

abwetzen 1) durch Wetzen schärfen: παραθήγειν, παρακονᾶν. — 2) abnützen: ἀπο-, κατατρίβειν. — vgl. abreiben.

abwickeln, **abwinden** ἀνελίττειν.

abwiegen, s. abwägen.

abwischen ἀπομάττειν, ἀπο-, περι-ψῆν, ἀπο-σμῆν, ἀπομόργνυναι, ἀπο-, περι-καθαίρειν; m. d. Schwamme σπογγίζειν, ἀποσπογγίζειν; — d. Hand an d. Handtuche ἀποκαθαίρειν τὴν χεῖρα εἰς τὸ χειρόμακτρον; — sich a. ἀπομάττεσθαι, ἀποψῆσθαι, ἀπομόργνυσθαι.

Abwischtuch τὸ ἐκμαγεῖον, χειρόμακτρον.

---

abwürgen, s. abschlachten.

abzählen ἀπ-, δι-αριθμεῖν. — **Abzählung** ἀπ-, δι-αρίθμησις, διαλογή.

abzäumen ἀπο-, δια-, περι-φραγνύναι, ἀποφράττειν, περιειργνύναι. — **Abzäunung** ἡ ἀποφραξις; τὸ διάφραγμα, περίφραγμα.

abzahlen ἀπαριθμεῖν, ἀποδιδόναι, ἀπο-, ἐκτίνειν, διαλύειν. — **Abzahlung** ἡ ἀπότισι, ἔκτισις, διάλυσις.

abzahnen παύεσθαι ὀδοντοφυοῦντα. — e. Pferd das abgezahnt hat ἵππος ὁ κατωρτυκώς.

abzapfen (Wein u. dgl.). καταστάμνιζειν (Fl. schen mit abgezapftem Weine λάγυνοι κατέστι μνισμένοι). — (Blut) ἀφαιμάττειν. — e. Wasse süchtigen παρακεντεῖν. — **Abzapfung**, ἡ ἀφαιμαξις; παρακέντησις.

abzehren 1) tr. (ἀπο)μαραίνειν, ἐκτήκειν. — 2) intr. durch d. *P*., auch ἀτροφεῖν — abgezehr ἄτροφος 2. ἐκτακείς 3., κατεσκληκώς 3.—a. sein κατεσκληκέναι.

Abzeichen τὸ ἐπίσημον, παράσημον, σημεῖον.

abzeichnen διαγράφειν, ἀπεικάζειν γραφῇ. — **Abzeichnung** (als Handlg.), ἡ διαγραφή, ἀπεικασία. — (d. Abgezeichnete) τὸ διάγραμμα, ἀπεικασμα.

abziehen 1) tr. 1) durch Ziehen entfernen a) eig ἀποσπᾶν, ἀποσύρειν, ἀφέλκειν. — Kleider ἀπο-ἐκ-δύειν, „d. eigenen" durch d. *M*. — Hut, Binu. dgl. περισπᾶν u.*M*., περιαιρεῖσθαι. — d. Fel ἀπο-, ἐκ-δέρειν. ἀποδερματοῦν τινα. — Schale Rinde u. a. ἀπολοπίζειν, ἀπολεπίζειν. — d. Schlüssel κλεῖν ἐφέλκεσθαι. — Wein, s. abzapfen. — bildl. d. Aufmerksamkeit v. etw. τὴν διάνοια ἀποσπᾶν ἀπό τινος; seine Hand v. Einem πρό ἵεσθαί τινα, προδιδόναι τινά. b) übtr. Einen v etw. ἀποσπᾶν, ἀπαγαγεῖν u. *M*., ἀφιστάναι τινο τινος, ἀφιστάναι u. ἀποτρέπειν τινὰ τινος. πα ραπείθειν τινὰ μὴ ποιεῖν τι. — 2) wegnehmen ἀφ-, ὑφ-αιρεῖν u. ὑφαιρεῖσθαι τι. — II) intr. ἀπιένα ἀνα-, ἀπο-χωρεῖν, ἀπαλλάττεσθαι u. ἀποικίζε σθαι *P*., ἀπ-, ἐξ-ελαύνειν; ἀπάγειν (v. Feldherrn m. d. Heere). — vgl. weggehen.

abzielen σκοπεῖν. τείνειν u. συντείνειν εἴς ο πρός τι. στοχάζεσθαί τινος.

abzirkeln τῷ διαβήτῃ (τῷ τόρνῳ) χρώμενον ἄτα μετρεῖν τι. — übtr. κατὰ στάθμην ποιεῖσθαι ὀρθοῦτβαι; κατ. ἀκριβοῦς ἀπ-, ἐξ-ακριβοῦν.

Abzucht s. Abzug (I).

Abzug 1) Wegnahme, Veränderung: ἡ ἀφαίρεσι — 2) Weggang: ἡ ἀνα-, ἀπο-χώρησις, ἀνάστασις, ἄφοδος, ἀποκομιδή, ἀπαγωγή. — s. Rück zug. — 3) Kanal w. s.

Abzugsgraben s. Kanal.

abzupfen ἀποτίλλειν, ἀποσπαράττειν.

abzwacken ἐκπηνίζεσθαι.

abzwecken s. bezwecken.

abzwicken ἀποκνίζειν.

abzwingen βίᾳ ἀφαιρεῖσθαί τινός τι od. τινά τι. — Einem e. Lächeln μόλις γέλωτα ἐξάγεσθαί τινος. — od. in d. Noth Abgezwungene τὸ θι'α κατειργόμενόν τινι.

Accent *a*) in d. Sprache ὁ τόνος. *b*) in d. Grammatik ἡ προσῳδία (auch das Accentzeichen, sonst ἡ κεραία), u. z. d. Acutus ἡ ὀξεῖα. d. Gravis ἡ β ρεῖα, d. Circumflex ἡ περισπωμένη. — ohne A ἄτονος 2. (v. Wörtern). βαρύτονος 2. (v. Sylben

Accentuation ἡ προσῳδία.

accentuieren τονοῦν, τονίζειν. — im Bes. ὀξύνειν, βαρύνειν. περισπᾶν; ὀξυτονεῖν. παροξυ

Accentzeichen s. Accent.   [νεῖν u. s. w.

Accidentien αἱ ἔξω τῶν ἀναγκαίων γενόμεναι od. αἱ παρατυχοῦσαι πρόσοδοι. [λῆς 2. **accisbar** τοῦ διακυλίου od. ἀγοραστικοῦ ὑποτ- **Accise** τὸ διακυλίον od. ἀγοραστικόν (näml. τίλος). [λῆς 2. **acclsfrel** τοῦ διακυλίου od. ἀγοραστικοῦ ἀτ- **accommodieren** = sich richten od. fügen nach **accompagnieren**, s. begleiten 2). [etw. **Accord** 1) in d. Musik: ἡ συμφωνία (im Bes. ἡ διὰ κασῶν [χορδῶν] σ. d. Octave, ἡ διὰ τεττάρων σ. d. Quart u. dgl.). — 2) Vertrag, Vergleich w. s. **accordieren** 1) in d. Musik: συμφωνεῖν. — 2) e. Vertrag od. Vergleich schliessen w. s. **accurat**, s. genau. **Accusativ** ἡ αἰτιατική (πτῶσις). **Acerra** αἱ Ἀχέρραι (Ἀχέραι). **ach** οἷ (οἴμοι), φεῦ, ἰού. — ach über mein Unglück οἴμοι τῶν ἐμῶν κακῶν. — ach wenn od. dass doch s. „dass" 5). — ach sage doch das nicht! ἃ μὴ λέγε ταῦτα.

Achat ὁ ἀχάτης. — weisser A. ὁ λευκαχάτης. **Achse** ὁ ἄξων, ονος. — auf d. A. fortschaffen ὑπο- ζυγίαις (od. πεζῇ, opp. ναυσί) διακομίζειν. — Erd- od. Himmelsachse ὁ πόλος. **Achsel** ἡ μασχάλη; ἡ μάλη (in d. Formel ὑπὸ μάλης unter d. A.); auch ὁ ὦμος (eig. Schulter). — etw. auf d. leichte A. nehmen ὀλιγωρεῖν τινος, ὀλιγώρως ἔχειν τινός. nicht auf d. l. A. nehmen οὐκ ἐν ἐλαφρῷ ποιεῖσθαί τι (Hdt.). — Einen über d. A. ansehen καταφρονεῖν τινος. — auf beiden A. tragen ἐπαμφοτερίζειν, ἄπιστον εἶναι. **Achselband** ὁ ἀναμασχαλιστήρ, ῆρος. **Achselträger** ὁ ἐπαμφοτερίζων od. umschr. ἀνὴρ ἄπιστος. **acht octo** (als Ziffer η'). — d. Zahl acht ἡ ὀγδοάς. -άδος (ὀκτάς, άδος). — d. achte ὄγδοος 3. **achtmal** ὀκτάκις. — Zeitraum v. 8 Jahren ἡ ὀκτα- ετηρίς, ίδος (ὀκταετία). — 8 Fuss lang ὀκτά- πους, ουν, 8 Jahre alt ὀκταετὴς 2. u. dgl. 1. **Acht** (nur mehr in einigen Redensarten) a) in A. nehmen = wahrnehmen: αἰσθάνεσθαί τινος od. τι. b) A. haben od. geben auf etw. = aufmerksam sein: προσέχειν (τὸν νοῦν) τινί, ἐπιστρέφειν ποιεῖσθαι od. ἐπιστρέφεσθαί τινος, τινός. λόγον od. ἐπιμέλειαν ποιεῖσθαί τινος, ἐνθυμεῖσθαί (DP.) τινος, auch ὑπακούειν τινί (Einem od. etw. Folge leisten). — σκοπεῖν, τηρεῖν, δια-. παρα-τηρεῖν τι (aufpassen, um eines Vortheiles willen), δια-, παρα-φυλάττειν τι (um etw. zu schützen). — nicht A. haben, ausser A. lassen etw. ἀμελεῖν, παραμελεῖν, ἀμελῶς ἔχειν τινός, παρεῖναι (ἱέναι) τι. — nicht A. geben παρακούειν τινός. — HabtAcht! (als Commando) πρόσεχε τῷ παραγγελλομένῳ. c) sich in A. nehmen εὐλαβεῖσθαί (DP.) τι, φυλάττεσθαι, προφυλάττεσθαί τι, φυλακὴν ποιεῖσθαί τινος od. περί τι. — da muss man sich sehr in A. nehmen ἐνταῦθα δὴ πολλῆς φυλακῆς ἔργον. — nimm dich in A. dass nicht ... σκόπει μὴ ..., εὐλαβοῦ μὴ .... — sich nicht in A. nehmen ἀφυλακτεῖν, ἀφυλάκτως ἔχειν. — der sich in A. nimmt εὐλαβής 2., φυλακτικός 3. 2. **Acht** ἡ ἀτιμία καὶ χρημάτων δήμευσις. — bei sp. ἡ προγραφή (proscriptio). — Einen in d. A. erklären ἄτιμόν τινα καὶ δημεύειν τὰ χρήματα αὐτοῦ, ἄτιμόν τινα καὶ πολέμιον τοῦ δήμου (od. dgl.) κρίνειν, bei sp. προγράφειν. **achtbar** αἰδοῦς ἄξιος 3.; τίμιος 3. **achteckig** ὀκτάγωνος 2. **Achtel** τὸ ὄγδοον μέρος. **achten**, 1) auf Einen od. etw., s. Acht a). — nicht a. auf etw. λόγον οὐδένα ποιεῖσθαί τινος; ἐν οὐδενὶ λόγῳ ποιεῖσθαί τι; ὀλιγωρεῖν, ἀμελεῖν, κα-

ταφρονεῖν τινος, ὑπερορᾶν τι. — 2) dafür halten: ἡγεῖσθαι, νομίζειν, ποιεῖσθαί τί τι od. τι ἔν τινι, τιθέναι τι ἔν τινι z. B. ἐν τοῖς μεγίστοις κακοῖς. — für würdig a. ἀξιοῦν. — 3) schätzen, ehren: τιμᾶν, θεραπεύειν τινά; ἀγασθαί (auch m. ao. P.) τινος. — hoch a. περὶ πολλοῦ ποιεῖσθαι, ἐντίμως ἔχειν od. ἄγειν τινά. — höher a. περὶ πλείονος ποιεῖσθαι, προυργιαίτερον ποιεῖσθαι od. νομίζειν. — sehr hoch a. περὶ πλείστου ποιεῖσθαι. — höher als alles a. πρὸ πάντων ποιεῖσθαι. — gering a. (περὶ) μικροῦ ποιεῖσθαι, ὀλιγωρεῖν, καταφρονεῖν τινος. — gar nicht a. ἐν οὐδενὶ λόγῳ od. πράγμα οὐδὲν ποιεῖσθαι. — für nichts a. τίθεσθαι παρ' οὐδέν. — für nichts geachtet werden ἐν οὐδενός εἶναι μέρει. **Achtender** (v. e. Hirsche) ὁ ὀκτάρριζος. **achtens** τὸ ὄγδοον. **achterlei** — auf a. Art ὀκταχῶς (sp.). **achtfach** ὀκταπλάσιος 3. (ὀκταπλοῦς 3.). — a. nehmen ὀκταπλασιάζειν. **achtfältig**, s. achtfach. [trik ὀκτάμετρος 2. **achtfüssig** ὀκτάπους, ουν (g. ποδός). — in d. Me- **achthundert** ὀκτακόσιοι 3. — achthundertster ὀκτακοσιοστός 3. **achtjährig** ὀκταέτης 2. (auch fem. -έτις, ιδος). — a. Zeitraum ἡ ὀκταετηρίς, ίδος. **achtlos**, s. unaufmerksam, unachtsam. **Achtlosigkeit**, s. Unachtsamkeit. [νος 3. **achtmal** ὀκτάκις. — **achtmalig** ὀκτάκις γιγνόμε- **achtmonatlich** ὀκτάμηνος 2. (ὀκταμηνιαῖος 3.). **achtsaitig** ὀκτάχορδος 2. **achtsam** ἐπιμελής 2., προσέχων 3. (τὸν νοῦν), bei sp. προσεχής 2. — adv. ἐπιμελῶς. **Achtsamkeit** ἡ ἐπιμέλεια, φυλακὴ (προσοχή sp.). **achtseitig** ὀκτάεδρος 2. [s. 2 Acht. **Achterklärung** ἡ ἀτίμωσις; προγραφή sp. — **achtspännig**: e. a. Wagen ἅρμα τετράφορρον τι **achtständig** ὡρῶν ὀκτώ. [καὶ ἵππων ὀκτώ. **achtstündig** ἡμερῶν ὀκτώ; ὀκταήμερος 2. **achttausend** ὀκτακισχίλιοι 3. — d. achttausend- ste ὀκτακισχιλιοστός 3. **achttheilig** ὀκταμερής 3. **Achtung** 1) A. haben od. geben, s. 1 Acht b) u. achten 1); vgl. Rücksicht u. Beachtung. — Achtung! (als Commando) πρόσεχε τῷ παραγγελλομένῳ. — 2)Hochschätzung a) subj. ἡ αἰδώς, οὕς, ἀξίωσις, ἡ τιμή, θεραπεία. b) obj. ἡ ἀξίωσις od. ἀξίωμα, ἡ τιμή, δόξα, εὐδοκίμησις. — Einem A. erweisen αἰδῶ νέμειν τινί. — A. vor Einem haben αἰδεῖσθαι od. αἰσχύνεσθαί (DP.) τινα, τιμᾶν, θεραπεύειν, ἐν τιμῇ ἄγειν τινά, keine A. v. E. haben ὀλιγωρεῖν, ἀμελεῖν, καταφρονεῖν τινος. — A. bei Einem geniessen, in A. stehen αἰδοῦς τυγχάνειν ὑπό τινος, τιμᾶσθαι od. θεραπεύεσθαι (P.) ὑπό τινος, ἐν ἀξιώματι (τιμῇ) εἶναι ὑπό τινος; εὐδοκιμεῖν od. εὐδοξεῖν παρά τινι. — in A. stehend τίμιος 3.; εὐδόκιμος, εὔδοξος 2. **achtungsvoll** αἰδούμενος 3. **achtungswerth** αἰδοῦς ἄξιος 3. (αἰδέσιμος 2. sp.), τίμιος 3. (v. Pers.); λόγου ἄξιος od. blos ἄξιος (gew. v. Dingen). **achtzehn** ὀκτωκαίδεκα. ὀκτὼ ἐπὶ δέκα. gew. εἴ- κοσι δυοῖν δέοντα (als Ziffer ιη'). — d. achtzehnte ὀκτωκαιδέκατος 3., ὄγδοος 3. ἐπὶ δεκάτῳ (ἐπὶ δέκα). **achtzehnfach** ὀκτωκαιδεκαπλάσιος, ον. **achtzehnjährig** ὀκτωκαιδεκέτης u. -καέτης 2. (auch fem. -κέτις, -ιδος). **achtzig** ὀγδοήκοντα. — als Ziffer π'. — d. acht- zigste ὀγδοηκοστός 3. **achtzigjährig** ὀγδοηκονταετὴς (-τούτης)2. (auch fem. -τοῦτις, ιδος).

Acker ὁ ἀγρός. — als Flächenmass ἡ ἄρουρα. — gepflügter A. τὸ ἄρωμα. [schlechthin τὰ ἔργα.

Ackerarbeit τὰ κατὰ τὸν ἀγρὸν (ἔργα), und **ackerbar** ἀρώσιμος 2., γεωργήσιμος 2.

Ackerbau ἡ γεωργία, ἡ τῆς χώρας ἐργασία, ἐξεργασία. — A. treiben γεωργεῖν, γεωργὸν εἶναι, τὴν γῆν ἐργάζεσθαι, ἐξεργάζεσθαι u. schlechthin ἐργάζεσθαι. — zum A. gehörig darin erfahren

Ackerbauer, s. Landbauer. [γεωργικός 3.

Ackerfeld ὁ ἀγρός, ἡ γεωργία (τὸ γεώργιον sp.), ἡ ἀρώσιμος od. γεωργήσιμος γῆ, auch blos ἡ γαι-

Ackergaul ὁ γεωργός od. γεωργικὸς ἵππος. [ρα.

Ackergeräthe τὰ γεωργικὰ σκεύη, ἡ πρὸς τὴν γεωργίαν κατασκευή, τὰ τῶν γεωργῶν ἐργαλεῖα.

Ackergesetz (lex agraria) ὁ κληρουχικὸς νόμος.

Ackerknecht ὁ ἐργάτης; ὁ θής, θητός; ὁ τὴν γῆν ἐργαζόμενος δοῦλος.

Ackerlänge ἡ ἄρουρα.

Ackerland, s. Ackerfeld.

Ackermännchen, s. Bachstelze.

Ackermann, s. Landmann.

ackern ἀρονν, ἀροτριᾶν. — das Ackern ὁ ἄροτος, ἡ τῆς γῆς κατεργασία.

Ackerpferd, s. Ackergaul.

Ackerstier ὁ γεωργὸς βοῦς.

Ackervieh τὰ γεωργά, γεωργικὰ od. πρὸς τὴν γεωργίαν ὑποζύγια.

addieren προστιθέναι, προσαριθμεῖν. — zusammen a. συγκεφαλαιοῦν. — **Addition** ἡ πρόσθεσις, συγκεφαλαίωσις. [μάτα ἀποδιδόναι τινί.

Addressat; e. Brief an d. A. abgeben τὰ γράμματα — **Addresse** (e. Briefes) ἡ τῆς ἐπιστολῆς ἐπιγραφή. **addressieren** (e. Brief an Jmd.) ἐπιγράφειν ἐπιστολήν τινι od. πρός τινα. — vgl. empfehlen.

Ade χαῖρε, ὑγίαινε. — Einem A. sagen χαίρειν ἐᾶν τινα, χ. κελεύειν τινά, χ. λέγειν τινί. — s. „Lebewol" unter „leben".

Adel 1) als Eigenschaft: ἡ εὐγένεια; übtr. A. d. Gesinnung ἡ εὐγένεια, γενναιότης, καλοκἀγαθία, auch ἀρετή. — 2) als Stand: οἱ εὐγενεῖς, ἄριστοι, εὐπατρίδαι, γνώριμοι, auch οἱ πρῶτοι ἐν τῇ πόλει.

adelig εὐγενής 2., ὁ γεννάδας, εὐπατρίδης (fem. ἡ εὐπατρίς, gen. -ίδος). — übtr. εὐγενής 2., γενναῖος 3., καλοκἀγαθός 3.

adeln 1) in d. Adelstand erheben: etwa ἐγκρίνειν τινὰ ἐν τοῖς εὐπατρίδαις od. εἰς τοὺς εὐπατρίδας, ἐντάττειν τινὰ τοῖς εὐπ. — 2) übtr. κοσμεῖν, εὐδόκιμον ποιεῖν, σεμνὸν ἀποδεικνύναι.

Adelstand, s. Adel 2).

Ader ἡ φλέψ, -βός (in belebten wie unbelebten Körpern). — ἡ ῥάβδος, διαφυή (in Stein od. Metall). — τὸ στῆμα (v. d. Adern an d. Hauptrippe e. Blattes). — s. Schlagader. — zur A. lassen ἀφαιμάττειν; e. A. schlagen σχάζειν, ἀπο-, κατα-σχάζειν m. u. ohne φλέβα, τέμνειν φλέβα, φλεβοτομεῖν. — m. aufgelaufenen A. ἐπίφλεβος 2. b) übtr. s. Aulage, Art 3).

Aderbruch ἡ φλεβορραγία; ὁ κιρσός (κρισσός). — nach Art e. A. κιρσοειδής, κιρσώδης (κρισσω-

aderig φλεβώδης 2. [δης) 2.

Aderlass ἡ ἀφαίμαξις, κατάσχασις (ὁ κατασχασμός), φλεβοτομία.

Aderlasseisen τὸ φλεβοτόμον (erg. σμιλίον).

aderlos ἄφλεβος 2.

Aderröhre ἡ φλεβικὸς πόρος.

Adjectiv τὸ ἐπίθετον, ἡ ἐπίθεσις, τὸ ἐπιθετικόν.

adjectivisch ἐπιθετικός 3. — adv. ἐπιθέτως u. ἐπιθετικῶς.

Adjunkt ὁ συνεργός.

Adjutant ὁ ὑπηρέτης (διάγγελος sp.).

Adler ὁ ἀετός; junger A. ὁ ἀετιδεύς.

Adlernase, m. e. A. γρυπός 3. — der Zustand dass Jmd. e. A. hat ἡ γρυπότης.

Adlerstein ὁ ἀετίτης.

Administrator u. s. w., s. Verwalter.

Admiral ὁ ναύαρχος. — A. sein ναυαρχεῖν.

Admiralflagge ἡ φοινικίς, -ίδος. ((ναῦς).

Admiralschiff ἡ στρατηγὶς ναῦς, ἡ ναυαρχίς

Admiralstelle, Admiralswürde ἡ ναυαρχία.

adoptieren ποιεῖσθαί (seltener τίθεσθαι) τινα υἱόν od. παῖδα, od. ποιεῖσθαι (τίθεσθαι) allein (wo sich d. Object leicht aus d. Zusammenhange ergänzt), auch εἰσποιεῖσθαί τινα. — „adoptiert werden" ausser u. P. noch υἱὸν ποιητὸν od. θετὸν γίγνεσθαι, v. Jmd. τινί; ἐκποιεῖσθαι P. — Einen v. Jmd. a. lassen υἱὸν εἰσποιεῖν τινά τινι, εἰσποιεῖν τινα εἰς τὸν οἶκόν τινος; ἐκποιεῖν τινα εἰς ἕτερον γένος. — adoptiert ποιητός, εἰσποιητος 3.

Adoption ἡ εἰσποίησις, ποίησις (θέσις sp.). — durch A. aus e. Familie geschieden ἐκποίητος 2. — e. Gesetz über A. θετικὸς νόμος.

Adoptivsohn ὁ εἰσποίητος (ποιητός, θετός) υἱός.

Adoptivtochter ἡ θετὴ (θυγάτηρ).

Adoptivvater ὁ ποιητὸς πατήρ.

adstringieren (ἀπο)στύφειν. — adstringierend στυπτικός (στυπτήριος), στατικός 3.

adverbialisch ἐπιρρηματικός 3. — adv. -κῶς.

Adverbium τὸ ἐπίρρημα.

Advokat ὁ σύνδικος, συνήγορος, παράκλητος. — A. sein συνδικεῖν, συνηγορεῖν, auch συνειπεῖν

Advokatengebühren τὸ συνηγορικόν. [τινι.

advokatenmässig δικανικός, ἀγοραῖος 3.

Aeblisin, ἡ ἀρχιμανδρῖτις, ἰδος K. S.

Acht, s. echt.

Achten, s. 2 Acht.

Aechtheit, s. Echtheit.

Aechtung, s. Achtserklärung.

Aechzen αἰάζειν, στένειν, στενάζειν.

Aechzen, das, ὁ στεναγμός.

Aederchen τὸ φλέβιον.

Aedil ὁ ἀστυνόμος, ἀγορανόμος. — das Amt des Ae. ἡ ἀστυνομία, ἀγορανομία. — d. Ae. od. sein Amt betreffend ἀστυνομικός, ἀγορανομικός 3. — d. Gerichtshof der Ae. τὸ ἀστυνόμιον, ἀγορανόμιον.

Aeffchen τὸ πιθήκιον (ἡ πιθηκίς, ἰδος); ὁ πιθηκίσκος (junger Affe).

Affe ἡ πίθηκος. ἐμπαίζειν, προσπαίζειν τινά (τινί), ἐντρυφᾶν τινι, χλευάζειν u. ἐρεσχελεῖν τινα; καταβαλλικτεύεσθαί τινα; sp. μακκοᾶσθαί τινα. — auch: täuschen, betrügen κλέπτειν τινά.

Affisch πιθηκοειδής, πιθηκώδης 2.; πιθήκειος 3. — Betragen ὁ πιθηκισμός; sich 3. geberden πιθηκίζειν.

Aegäische Inseln αἱ Αἰγαῖαι od. Αἰγαιοῦσαι.

Aegide ἡ αἰγίς, ἰδος; bildl. s. Schutz, Schirm.

Ähnela (προσ)εοικέναι, εἰκάζεσθαι (P.) τινι. — παρ-, προσ-όμοιον εἶναι.

ähnlich ὅμοιος 3. (παρ-, προσ-όμοιος 2. ziemlich 3.); παραπλήσιος 3. (nahe kommend); ἐοικώς u. εἰκώς 3. (in äusseren Dingen u.); ἴμ-, παρεμ-, προσεμ-φερής, προσφερής 3. (v. Pers., 3. d. Gestalt nach); ἀνάλογος 2. (v. Verhältnissen u. Umständen); ἀκόλουθος 2. (v. Folgen, die sich aus etw. ergeben). Constr. m. d. dat.; doch kann „als, wie" bei ὅμοιος, παραπλήσιος auch durch καί gegeben werden, z. B. 3. wie früher ὅμοιος καὶ πρίν. — 3. sein ὁμοιοῦσθαί (P.) u. προσομοιοῦσθαί τινι, ἐοικέναι τινί, ὅμοιον παραπλήσιον u. s. w. εἶναί τινι. — 3. machen ὁμοιοῦν, ἀφομοιοῦν, προσεικάζειν; ganz 3. machen ἐξομοιοῦν. — v. k. Aussehen ὁμοιοειδής 2., in 3. εἶναι.

Verhältnissen ὁμοιοκαθής 2., v. ä. Art u. Weise ὁμοιότροπος 2. u. dgl., bes. bei sp.
Aehnlichkeit ἡ ὁμοιότης, ἐμφέρεια. — Ae. d. Farbe ἡ ὁμοιόχροια, d. Verhältnisse ὁμοιοπάθεια, d. Art u. Weise ὁμοιοτροπία u. dgl., bes. bei sp.
lehre ὁ στάχνς. -νος. — Ae. tragend σταχνηρός 3., σταχνηφόρος 2. — Ae. ansetzen ἀποσταχύειν, treiben σταχυοβολεῖν, tragen σταχυοφορεῖν.
Aehrenartig σταχυώδης 2.
Aehrenlese ἡ σταχυολογία.
Aehrenleserin ἡ καλαμήτρια (-τρίς, -ίδος).
Aelterlich πατρῷος 3., od. umschr. ὁ, ἡ, τὸ τῶν γονίων. — ä. Liebe ἡ στοργή, φιλοστοργία.
Aeltern οἱ γονεῖς, τοκεῖς; οἱ γειναμενοι (τὸν παῖδα u. dgl.); auch ὁ πατὴρ καὶ ἡ μήτηρ. — e. Kind das noch beide Ae. hat παῖς ἀμφιθαλής.
Aelterliebe, s. älterlich. [τρός; ὀρφανός 3.
Aelternlos ἔρημος 2. u. 3. γονέων, πατρὸς καὶ μητιλίιch πρεσβυτικός od. γεροντικός 3.; πρεσβύτε-
Aemtchen τὸ ἀρχίδιον. [ρος, γεραίτερος 3.
Aendern ἀλλοιοῦν; ἀλλάττειν, μεταλλάττειν (vertauschen); μεθιστάναι od. μετατιθέναι (umstellen; ebenso ἀνατίθεσθαι); κινεῖν, μετακινεῖν (v. seinem Platze an e. anderen bringen); μεταβάλλειν (ins Gegentheil verwandeln). — „sich ä." durch d. P. (davon ἀλλοιοῦσθαι μεταβάλλειν [intr.], μετακινεῖν, μεθίστασθαι gew. v. e.
Aenderung z. Schlechten). — seine Meinung od. seinen Entschluss ä. μεταγιγνώσκειν, μετανοεῖν, μεταβουλεύεσθαι; μετατίθεσθαι P.; ἀλλοιοῦσθαι P. τὴν γνώμην (der seinen Entschluss ä. μεταβολεύς 2.); d. Gestalt ä. μεταμορφοῦν, etw. Geschriebenes ä. μεταγράφειν, seine Lebensweise ä. ἐκδιαιτᾶσθαι u. ä. — das lässt sich nicht ä. οὐκ ἂν γένοιτο μὴ οὐχ οὕτω ἔχειν ταῦτα od. οὐκ ἂν ἄλλως ἔχοι ταῦτα. — s. unabänderlich.
Aenderung ἡ μετάλλαξις, μετάστασις, μετάθεσις. μετακίνησις, μεταβολή. — im Bes. Ae. d. Meinung ἡ μετάνοια, d. Gestalt μεταμόρφωσις, v. etw. Geschriebenes ἡ μεταγραφή, v. d. Lebensweise ἡ ἐκδιαίτησις u. dgl.
Aengstigen ἄγχειν, ἀποκναίειν τινά, φόβον ἐμβάλλειν τινί. — sich ä. ἄγχεσθαι, ἀποκναίεσθαι P.; ἀγωνιᾶν περὶ (ὑπὲρ) τινος, πρός τι; ἀδημονεῖν u. ἀθυμεῖν τινι od. πρός τι; δειμαίνειν, διὰ φόβου εἶναι; auch ἀπορεῖν, ἀμηχανεῖν (verlegen sein). [auch ἀπορία, ἀμηχανία (Verlegenheit).
Aengstigung ἡ ἀγωνία. ἀθυμία (ἀδημονία);
Aengstlich 1) v. Pers. a) Angst empfindend: περιδεής, περίφοβος 2, ὀκνηρός 3. — ä. sein ἀγωνιᾶν, περιδεοίκεναι; περιδεδοικέναι; ὀκνεῖν. b) übermässig besorgt: περίεργος, εὐλαβής 2. (auch comp.), μικρολόγος 2. — ä. sein in etw. δυσχεραίνειν ἔν τινι. — 2) v. Sachen: ἄπορος 2., δεινός 3.
Aengstlichkeit 1) ὁ ὄκνος; ἡ ἀπορία (ἀδημονία). — 2) übermässige Sorgfalt: ἡ περιεργία, μικρολογία.
Aequator ὁ ἰσημερινὸς κύκλος. [λογία.
Aequinoctium. s. Nachtgleiche. — Einem e. Ae. für etw.
Aequivalent τὸ ἀντάξιον. geben ἀντάξια τινος δοῦναί τινι.
Aerger ἡ ἀγανάκτησις (Unwillen); τὸ ἄχος (mehr poet. u. sp.), ἡ λύπη (Unwillen m. Betrübniss); ἡ ὀργή (m. Zorn). — Einem Ae. verursachen ἀνιᾶν, λυπεῖν τινα, λύπην od. δυσθυμίαν παρέχειν τινί; ἀγανάκτησιν ἔχειν τινί (v. Sachen). — aus Ae. ἐκ ὀργῆς od. ἀγανακτήσας, ἀχθεσθείς u. dgl.
Aergerlich 1) v. Pers. a) Aerger habend: δυσθυμος 2.; ä. sein δυσθυμεῖν, δυσθύμως ἔχειν, ἀγανακτεῖν τινι; ἀχθεσθαί (P.) τινι, δυσχεραίνειν, ἀσχάλλειν u. dgl. ἐπί τινι; χαλεπῶς od. βαρέως φέρειν τι. b) zum Aerger geneigt: ἀγανακτητι-
Schenkl, deutsch-griech. Wörterb.

κός 3., χαλεπός 3., δύσκολος 2., auch ὀργίλος 3. — ä. sein δυσκόλως ἔχειν. — 2) v. Sachen: Aerger erregend: ἀγανακτητός, λυπηρός, ἀνιαρός, ἀχθεινός 3., δυσχερής 2., ὀργῆς ἄξιος 3. — vgl. anstössig.
Aergern, λυπεῖν, ἀνιᾶν, κνίζειν, δάκνειν; ὀργίζειν (Einen in Zorn versetzen). — sich ä. über etw. λυπεῖσθαι, ἀνιᾶσθαι, ἀχθεσθαι P., ἀγανακτεῖν, ἀσχάλλειν τινί od. ἐπί τινι; δάκνεσθαι P. ἐπί τινι; βαρέως od. χαλεπῶς φέρειν τι. — ἀνιᾶσθαι, ἄχθεσθαι u. ἀγανακτεῖν auch m. part., die beiden letzteren auch m. f. εἰ od. ὅτι (ὡς). — Jmd. fragen um Ihn zu ä. ἐρέσθαι τινὰ δι᾽ ἀχθηδόνα.
Aergerniss 1) Aerger w. s. — 2) Anstoss τὸ πρόσκρουσμα (πρόσκρουμα), πρόσκομμα, ἡ προσκοπή.
Aermchen ὁ μικρὸς βραχίων.
Aermel ἡ χειρίς, -ίδος. — m. Ae. versehen χειριδωτός (καρπωτός sp.) 2. — Kleid m. einem Ae. ἡ ἐξωμίς, ίδος, ὁ ἑτερομάσχαλος χιτών. — Kleid m. zwei Ae. ὁ ἀμφιμάσχαλος χ.
Aermlich ἐνδεής 2., εὐτελής 2., γλίσχρος 3., λεπτός 3., ταπεινός 3. — In ä. Verhältnissen stehen ταπεινῶς od. λιτῶς od. ταπεινὰ πράττειν.
Aermlichkeit τὸ ἐνδεές, τὸ εὐτελές, ἡ εὐτέλεια, ἡ ταπεινότης.
Aërolith, s. Meteorstein. [γλισχρότης, ταπεινότης.
Aerndlingen πυγηδόν.
Aerztin ἡ ἰάτρια, ἡ ἰατρός.
Aerztlich ἰατρικός 3. — ä. Hülfe bedürfen ἰατροῦ δεῖσθαι. — ä. behandeln ἰατρεύειν τινά; sich ä. beh. lassen ἰατρεύεσθαι. — ä. Behandlung ἡ ἰάτρευσις.
Aesculap ὁ Ἀσκληπιός. [τρεύσις, τὸ ἰάτρευμα.
Aestchen ὁ κλαδίσκος; τὸ κλαδίον sp.
Aestig ὀζώδης, πολύοζος 2.; sp. κλαδώδης 2.
Aether ὁ αἰθήρ, ἐρος.
Aetherisch αἰθέριος 2. u. 3.
Aetzen 1) füttern: τρέφειν; durch Lockspeise ködern δελεάζειν. — 2) beizen: ἐντήκειν, ἐγκαίειν, ätzend καυστικός.
Aeuglein τὸ ὀμμάτιον, ὀφθαλμίδιον.
Aeussere, das, von (τὰ) ἔξω (ἔξωθεν), τὸ (τά) ἐκτός. — äussere Form τὸ σχῆμα, τὸ εἶδος, ἡ ὄψις; ἡ περικοπὴ sp. — e. schönes Ae. ἡ εὐσχημοσύνη, v. schönem Ae. εὐσχήμων, -ον. — e. männliches Ae. τὸ ἀρρενωπόν, v. männl. Ae. ἀρρενωπός 2.
Aeussere, Aeusserlich ὁ, ἡ τὸ ἔξω (ἔξωθεν) od. ἐκτός; ἐξωτερικός 3. (seit Arist.) sp. Θυραῖος 3. — ä. Ansehen, s. Aeussere. — d. ä. Theile τὰ ἐκτός.
Aeussern δηλοῦν; ἀποφαίνεσθαι od. δηλόν ποιεῖν; ἀπο-, ἐπι-δεικνύναι u. M. — seine Meinung ä. ἀποφαίνεσθαι od. ἀποδείκνυσθαι m. u. ohne (τὴν) γνώμην, sein Wohlwollen ἀποφαίνεσθαι εὔνοιαν. — Zorn, Furcht u. dgl. ä. φαίνεσθαι od. φανερὸν εἶναι ὀργιζόμενον od. περίφοβον ὄντα; — sich ä. (v. Zuständen) δηλοῦσθαι (P.), φαίνεσθαι (ἀπο.P.), φανερὸν γίγνεσθαι. — sich ä. über etw. (ἀπο.P.), φαίνεσθαι (ἀπο.P.), φανερὸν γίγνεσθαι. — sich ä. über etw.
Aeusserst 1) am weitesten draussen: ἐξώτατος 3., ἔσχατος 3., ἔσχατώτερος — der letzte: ὕπατος, ἔσχατος 3. — d. ä. Theile od. Gliedmassen τὰ ἀκρωτήρια (ἀκρωλία sp.); dieselben verstümmeln ἀκρωτηριάζειν. — d. Höchste in e. Sache: ἄκρος, ἔσχατος 3., ὑπερβάλλων 3. — aufs Aeussersste εἰς τὸ ἔσχατον (τὰ ἔσχατα, ἐσχάτως). — im ä. Elend sein ἐσχάτως διακεῖσθαι, ἐν ταῖς ἐσχάταις ἀπορίαις εἶναι, ἐν πενίᾳ μυρίᾳ εἶναι. — sich auf d. Ae. treiben κινδυνεύειν ἐν τοῖς ἐσχάτοις τινος, ἐκ᾽ ἐσχατον ἐλθεῖν. — d. Ae. thun πάντα ποιεῖν od. μηχανᾶσθαι (sprichw. λίθον πάντα κινεῖν, τῶν ἀφ᾽ ἱερᾶς κινεῖν). — d. Ae. wagen εἰς τὸ ἔσχατον κινδύνου ἰέναι. — in Gefahr sein τὸν περὶ ψυχῆς

2

(ἀγῶνα) od. περὶ ψυχῆς, περὶ ἑαυτοῦ τρέχειν.
— d, Ae. annehmen ὑπερβολὴν ποιεῖσθαι. — adv.
ἐσχάτως, εἰς τὰ μάλιστα, ὑπερβαλλόντως, auch
ὡς m. e. superl.
Aeusserung 1) als Haudlg.: ἡ δήλωσις; Ae. d.
Wohlwollens ἐνδειγμα εὐνοίας. —Ae. d. Freude,
Furcht u. dgl. τὸ χαίροντα φαίνεσθαι od. blos τὸ
χαίρειν u. dgl. — 2) als Sache: τὸ ῥῆμα, ὁ λόγος,
ἡ ἀπόφασις (ἀπόφανσις). — c. Ae. über etw.
thun s. „sich äussern" über etw. u. „sagen".
Affe ὁ πίθηκος; ὁ καλλίας (Hausaffe). — junger
A. ὁ πιθηκιδεύς. — den A. spielen πιθηκίζειν.
— s. äffisch.
Affekt τὸ πάθος; ἡ ὁρμή, ὀργή; ὁ θυμός. — in
A. sein ἐμ-, περι-παθῆ εἶναι, ἐμ-, περι-παθῶς
ἔχειν, περιπαθεῖν. — ohne A. ἀπαθής 2. — in
A. bringen καθιστάναι τινὰ εἰς πάθος, θυμὸν
ἐμβάλλειν τινί. — in A. kommen θυμοῦσθαι P.
Affektation ἡ προσποίησις, ὑπόκρισις. — A. d.
Unwissenheit ἡ εἰρωνεία.
affektieren προσποιεῖσθαί τι u. m. inf.; ebenso
ὑποκρίνεσθαι, auch m. ὡς u. part.; vgl. sich zie-
ren. — Unwissenheit a. εἰρωνεύεσθαι. — affek-
tiert προσποίητος 2., κατάπλαστος 2. (v. Aus-
drucke auch περίεργος 2.); s. geziert. — a. Gang
τὸ τρυφερώτερον βάδισμα.
Affektiv (v. e. Krankheit) ἡ ἀντίληψις.
affektios ἀπαθής 2., ἥσυχος 2., ἠρεμαῖος 3.
Affektlosigkeit ἡ ἀπάθεια, τὸ ἀπαθές; ἡ ἡσυ-
χία, τὸ ἥσυχον; ἡ ἠρεμία (ἠρέμησις, ἠρεμαιό-
της).
affektvoll ἐμ-, περι-παθής 2., σφοδρός 2. — a.
Wesen τὸ ἐμ-, περι-παθές, σφοδρόν, ἡ περιπα-
affenartig; s. äffisch.   [θεια, σφοδρότης.
Affenliebe ἡ ἄγαν (λίαν) φιλοστοργία (στοργή).
Affenase ἡ σιμὴ ῥίς.   [Possen.
Affenpossen, -spiel, -werk ὁ πιθηκισμός; s.
affliciren (e. Sinn) αἰσθησίν τινος παρέχειν
τινί. — d. Geist Jmds. heftig a. δεινῶς διατιθέ-
ναι τὴν ψυχήν τινος, κινεῖν τινα. — a. werden
διατίθεσθαι P., πάσχειν. — es afficiert mich
nicht οὐ κινεῖ μέ τι, οὐδὲν πάσχω ὑπό τινος. —
s. Eindruck.
Afrika ἡ Λιβύη (seit der Römerzeit auch Ἀφρική).
— Ew. ὁ Λίβυς, νος (f. Λίβυσσα); adi. Λιβυ-
κός 3.
After ὁ πρωκτός, ἡ στεφάνη. In Zusammensetzun-
gen gew. durch ψευδο-, z. B. Afterweisheit ἡ
ψευδοσοφία, afterweise ψευδόσοφος 2., After-
könig ὁ ψευδοβασιλεύς, Afterkunst ἡ ψευδοτε-
χνία, Afterchrist ὁ ψευδόχριστος u. dgl., die
meist b. Sp. vorkommen.   [φράσιμος 2.
Aftermiethe durch A. zu vermiethen ναυκλη-
Aftermiether ὁ παρὰ ναυκλήρου μισθωσάμενος.
Afterrede ἡ ψευδολογία; s. Verleumdung.
afterreden ψευδολογεῖν; s. verleumden.
Afterredner ὁ ψευδολόγος; s. Verleumder.
Agent ὁ ἐπίτροπος. — A. e. Staates ὁ πρόξενος.
— A. sein ἐπιτροπεύειν, προξενεῖν.
Agio s. Aufgeld.
agieren, s. gesticulieren. — e. Rolle auf dem
Theater darstellen ὑποκρίνεσθαι.
Agnat ὁ (γένει) προσήκων τινί, ὁ συγγενής.
Agraffe ἡ λαβίς, ίδος; ἡ περόνη, πόρπη.
Agrigent ὁ (ἡ) Ἀκράγας, αντος. — Ew. ὁ Ἀκρα-
ah βαβαί, βαβαιάξ, κακαί.   [γαντῖνος.
aha οὑτωσί, ἰδού, εἶεν; ἴα.
Ahle τὸ ὀπήτιον (ὀπητίδιον).
ahnden, Ahndung, s. strafen, bestrafen, Bestra-
fung.
ahnen προαισθάνεσθαι; μαντεύεσθαι u. ἀπομαν-
τεύεσθαι, οἰωνίζεσθαι: ὑποπτεύειν (häufig in d.

Bdtg. „argwöhnen"); ὀττεύεσθαι (etw. Schlim-
mes a.).
Ahnen, das, Ahnung ἡ προαίσθησις od. αἴσθε-
σις, ὁ οἰωνισμός; ἡ ὀττεία (böse A.). — keine
v. etw. haben οὐδεμίαν αἴσθησίν τινος ἔχειν ·
λαμβάνειν, οὐδὲν αἰσθάνεσθαί τι.
Ahnen, die, οἱ πρόγονοι, οἱ προγεγενημένοι,
ἄνωθεν (πρόγονοι), οἱ ἄνωθεν (τοῦ γένους),
προπάτορες. — zwei, drei od. mehr A. fordι
δύο ἢ τρεῖς ἢ πλείους ἐπιζητεῖν πάππους.
Ahnenstolz ἡ διὰ τὴν τοῦ γένους εὐκλειαν ὑπ
ηφανία.
ahnenstolz sein σεμνύνεσθαι ἐπὶ τῷ τῶν προ-
νων καταλόγῳ (ἐπὶ τοῖς στέμμασι sp.), ἐπί τι
τῶν προγόνων ἀρεταῖς, ἐπὶ τῇ τοῦ γένους εὐκλι
u. dgl.   [ματα sp
Ahnentafel ὁ τῶν προγόνων κατάλογος (τὰ στι
Ahnfrau ἡ πρόγονος, ἡ προμήτωρ, ορος.
Ahnherr ὁ προπάτωρ, ορος, ὁ ἀρχηγός (τοῦ :
Ahnung, s. Ahnen, das.   [νους), ἀρχηγέτ:
Ahnungsgabe ἡ μαντική.
ahnungsvoll durch d. part. d. Verba „ahnen
auch μαντικός 3., bes. adv. μαντικῶς.
ahnungsvoll ἡ σφένδαμνος: v. A. σφενδάμνινος 3.
s. Platane.
Akademie ἡ Ἀκαδήμια u. -δήμεια. — Akadem
ker ὁ Ἀκαδημαϊκός, ὁ ἐκ (ἀπὸ) τῆς Ἀκαδημίί
— Akademisch Ἀκαδημαϊκός 3.
Akazie ἡ ἀκακία, ἄκανθα.   [ἐπεισόδι
Akt τὸ ἔργον, ἡ πρᾶξις. — im Drama: etwa
Akte τὸ ψήφισμα, δόγμα. — s. Urkunde.
Akten τὰ γράμματα, γραμματεῖα (γράμμασι
δια), ὑπομνήματα (αἱ ἀναγραφαί, οἱ χάρται. ·
χαρτία sp.). — in d. A. eintragen ἀναγράφειν.·
das Eintragen in d. A. ἡ ἀναγραφή.
Aktengucker, -hocker, -mensch ὁ γραμματι
κύφων. ωνος.
Aktenschrank τὸ γραμματοφυλακεῖον (-λάκιον
τὸ χαρτοφυλάκιον (bei sehr sp.).
Aktenstück τὰ γράμματα, τὸ γραμματεῖον (ι
γραμματείδιον), τὰ ὑπομνήματα (ὁ ὑπομνημι
τισμός, ὁ χρηματισμὸς sp.).
Aktie ἡ μερίς, ίδος (als Antheil), ὁ ἔρανος (a
Beitrag). — e. A. nehmen συμβάλλεσθαι, εἰσφ
ρειν χρήματα πρός τι.
Aktiengesellschaft ὁ ἔρανος.
Aktionär ὁ ἐρανιστής.
aktiv ἐνεργός 2. (ἐνεργής 2., ἐνεργητικός 8. sp.
— v. Beamten ἔναρχος. ἐντελής 2.— in d. Gramm
— a. Verbum ῥῆμα ἐνεργητικόν u. adv. ἐνεργη
Aktivität ἡ ἐνέργεια. — in A., s. aktiv.   [κι
Aktivum τὸ ἐνεργητικόν (ῥῆμα).
Aktuar ὁ γραμματεύς (ὁ γραμματοφύλαξ, γαρ
φύλαξ. κος sp.). — e. A. sein γραμματεύειν. γρα
ματίζειν. — in. Amt d. A. ἡ γραμματεία.
Alabaster ὁ (ἡ) ἀλάβαστρος, ὁ ἀλαβαστρότης (ἑ
θος), ἡ ἀλαβαστρῖτις, ίδος (aber v. unserem ἱ
verschieden). — e. A. Gefäss v. A. ἀλάβαστρος,
ἀλάβαστρον, τὸ ἀλάβαστρον u.ἀλάβαστρον, dem.ἱ
ἀλαβάστριον. — alabasterartig ἀλαβαστρος
Alamannen οἱ Ἀλαβαννοί u. Ἀλαμανοί.   [δηₗ
Alant τὸ ἐλένιον.
Alarm 1) Ruf zu den Waffen: A. schlagen παρα
γέλλειν εἰς τὰ ὅπλα. — 2) Lärm, Unruhe: τὸ θόι
βος. — in A. setzen θορυβεῖν, διαθορυβεῖν, ̈
φράττειν, δια-, συν-ταράττειν. — „in A. komme
alarmieren, s. Alarm.   [durch d.
Alaun ἡ στυπτηρία (sc. γῆ): ἡ χαλκῖτις (στυπτ
alaunartig στυπτηριώδης 2.   [φᾶ
Alaunschiefer ὁ σπίνος (?).
albern μωρός, ἠλίθιος 3., ἀβέλτερος, ἄτοκος. ἀπ
ερος 2. (v. Pers. u. Handlungen); ὁ, ἡ βλάξ, βλαl

u. βλαπικός 3. (ersteres v. Pers., letzteres v. Sachen). — milder: εὐήθης 2., ἀρχαῖος 3., s. einfältig. — a. Rede ὁ λῆρος, τὸ λήρημα, παραλή; ρημα, ἡ λήρησις, παραλήρησις; ἡ μωρολογία; ὁ τῦλος. — a. reden od. sein ληρεῖν, παραληρεῖν, ἀπραίνειν, μωρολογεῖν, ὑθλεῖν.

Albernheit ἡ μωρία, ἀβελτερία; milder: ἡ εὐήθεια, ἀρχαιότης.—Albernheiten οἱ λῆροι, ὕθλοι.

Albernereien s. Albernheiten.

albernig, s. albern.

Alhali τὸ λίτρον (jüngere F. τὸ νίτρον).

Alkoven ἡ ζωθήκη.

All τὸ πᾶν; τὰ πάντα, ὅλα.

allbarmherzig πανοικτίρμων, ον K. S.

allbekannt κοινός 3.; πολυθρύλητος 2., auch θρυλούμενος od. τεθρυλημένος 3. — s. allberühmt.

allbeliebt πᾶσι φίλος od. κεχαρισμένος 3.

allberühmt περιβόητος 2.

allbereits, a. bereits.

allda, s. daselbst.

alldort, s. dort.

Allee ὁ ὄρχος od. besser ὁ δρόμος.

Allegorie ἡ ἀλληγορία, ὑπόνοια.

allegorisch ἀλληγορικός 3.; auch durch καθ' ὑπόνοιαν. — a. ausdrücken od. darstellen ἀλληγορεῖν.

allein 1) adj. μόνος 3.; αὐτός 3. (ohne Zeugen, ohne Beihülfe); ἔρημος 2. u. 3. (verlassen). — Jmd. allein lassen μονοῦν, ἀπομονοῦν (im A. nur sp.), ἐρημοῦν καθιστάναι τινά; a. sein μονοῦσθαι, ἀπομονοῦσθαι, ἐρημοῦσθαι P. — wir sind a. αὐτοί ἐσμεν od. ἐφ' ἡμῶν αὐτῶν ἐσμεν. — adv. μόνον; ἰδίᾳ (für sich besonders, opp. κοινῇ); vgl. „nur". — nicht a. sondern auch οὐ μόνον ἀλλὰ καί, u. bei Hervorhebung d. Gegensatzes: οὐ μ. ἀλλά. — In Verbindung mit Verben drückt man es häufig durch Zusammensetzungen m. μονο-, seltener ἰδιο- aus, z. B. a. essen μονοσιτεῖν, μονοφαγεῖν. das Alleinleben ἡ μοναυλία, sich a. m. Einem besprechen ἰδιολογεῖσθαι u. dgl. — 2) conj. ἀλλά, μέντοι, οὐ μὴν ἀλλά. auch δέ.

Alleinhandel ἡ μονοπωλία. — A. treiben μονοπωλεῖν. — d. Recht d. A. τὸ μονοπώλιον.

Alleinherrschaft ἡ μοναρχία; ἡ τυραννίς, ἴδος. — zur A. gehörig od. geneigt μοναρχικός, τυραννικός 3.

Alleinherrscher ὁ μόναρχος (μονάρχης sp.); αὐτοκράτωρ. ορος (sp., bes. v. röm. Kaiser); ὁ τύραννος, βασιλεύς. — A. sein μοναρχεῖν, αὐτοκρατορεύειν (sp.); τυραννεῖν u. τυραννεύειν, βασιλεύειν.

alleinig μόνος 3. [βασιλεύειν.

Alleinleben ἡ μοναυλία.

Alleinsein ἡ μόνωσις, ἐρημία.

allemal ἑκάστοτε; ἀεί, αἰεί ποτε. — a. einer, zwei u. s. w. καθ' ἕνα, κατὰ δύο u. s. w. — im dritten Jahre od. nach drei Jahren διὰ τρίτου ἔτους (διὰ τριῶν ἐτῶν) u. dgl. — ein für allemal εἰσάπαξ. καθάπαξ.

allenfalls τάχα, auch durch ἄν (m. opt.), od. durch Wendungen, wie εἰ τύχοι, ἐὰν τύχῃ. — wenn a. εἰ ποτε, εἰ που.

allenthalben πανταχοῦ, -χῇ, ἀπανταχοῦ. -χῇ. πάντῃ, ἐνπανταχοῦ. — a. hin πανταχοῖ, πανταχόσε, ἀπανταχόσε, ἑκασταχόσε. — a. her πανταχόθεν, ἀπανταχόθεν, ἑκασταχόθεν. — a. auf d. Erde πανταχοῦ τῆς γῆς. — a. wo nur ὁπουπερ ἄν.

aller, alle, alles πᾶς. πᾶσα, πᾶν. — alle zusammen ἅπαντες, σύμπαντες, συνάπαντες (im sing. bei Collectiven. z. B. τὸ συνάπαν στράτευμα); ἁπαξάπαντες. — alle ohne Ausnahme οὐδείς ὅστις οὔ. — alle u. jede οἱ καθ' ἕκαστον, alles u. jedes

αὐτὰ ἕκαστα. — alle beide ἑκάτερος 3. — alle welche πάντες ὅσοι od. blos ὅσοι. alles was ὅσα. — alle die nur ὁστισοῦν, ὃς ἄν, ὅστις ἄν. — alles was nur εἴ τι, z. B. Rinder, Schafe und alles was nur zum Essen dienen konnte βοῦς. οἷς καὶ εἴ τι βρωτόν. — alle Tage, Jahre καθ' ἑκάστην ἡμέραν, ἑκάστης ἡμέρας; κατ' ἔτος, κατ' ἕκαστον ἔτος, δι' ἔτους; alle fünf Jahre διὰ πέμπτου ἔτους (διὰ πέντε ἐτῶν. διὰ πεντετηρίδος). — alles in allem τὸ σύμπαν. — in allen Stücken πάντα, τὰ πάντα; auf alle Weise πάντα τρόπον, παντὶ τρόπῳ. — Einem alles sein πάντα εἶναί τινι. — alles thun um ... πάντα ποιεῖν od. μηχανᾶσθαι m. f. ὥστε m. inf. od. ὅπως gew. m. ind. fut. — mit allem Rechte δικαιότατα.

allerbarmend, s. allbarmherzig.

allerbester πάντων ἄριστος 3.

allerdings πάντως, παντελῶς, παντάπασι(ν): δηλονότι. — zur Hervorhebung einzelner Begriffe δή. γε δή (immer dem betonten Worte nachgestellt). — In Antworten: πάνυ γε. πάνυ μὲν οὖν; ἑκάστης ἡμέρας; κομιδῇ γε od. κομιδῇ μὲν οὖν; καὶ μάλα; ἀμέλει (oft ironisch); auch μέντοι od. δῆτα, z. B. weisst du wol, dass ... Allerdings weiss ich es Οἶδα μέντοι.

allererst πάντων πρῶτος 3., ἐν τοῖς πρώτοις. — zu allererst πάντων πρῶτιστον od. πρώτιστα.

allerfahren ἐμπειρότατος 3.

allergewöhnlichst κοινός 3., πάνδημος 2.

allergrösst πάντων μέγιστος 3. [πάντων.

Allerhalter ὁ τὰ πάντα σῴζων, ὁ σωτὴρ τῶν ἁπάντων. [πάντων.

allerhand, allerlei παντοῖος, παντοδαπός 3. — ποικίλος 3. (bunt durcheinander). — a. Gestalten annehmen παντοδαπὸν γίγνεσθαι od. εἶναι.

allerheiligste, das, τὸ ἄδυτον, τὸ ἄβατον.

allerhöchst (übtr.) πάντων μέγιστος 3. (πάντων ὑπέρτατος poet.). — s. allermeist.

allerlei, s. allerhand.

allerletzt ὕστατος, ἔσχατος 3.

allerliebst πάντων φίλτατος 3. — sehr angenehm: ἥδιστος 3. od. πᾶσι κεχαρισμένος 3. — ironisch θαυμάσιος 3. (auch superl.). — Als Beifallsruf εὖ γε, καλῶς, κάλλιστα (auch ironisch).

allermeist πλεῖστος 3. — adv. πάντων μάλιστα, εἰς τὰ μάλιστα. ὡς δυνατόν (ὡς οἷόν τε) μάλιστα, allernächst ἡ. ἡ. τὸ ἐγγύτατα (v. Raum u. Zeit). — adv. εἰς τὰ μακράν (v. d. Zeit).

allerschlechtest, allerschlimmst πάντων κάκιστος od. χείριστος 3.

allerschönst πάντων κάλλιστος 3.

allerseits κύκλῳ πανταχῇ, πανταχόθεν, κυκλόθεν. — auch durch σύμπαντες, ὡς ἕκαστοι (allerwärts, s. allenthalben. [sammt.

allerweisest πάντων σοφώτατος 3.

allesammt, s. aller.

alleseit διὰ παντὸς (χρόνου), ἑκάστοτε, ἀεί.

allgegenwärtig πανταχοῦ παρών 3. — Allgegenwart ἡ πανταχοῦ πᾶσι παρεῖναι.

allgeliebt πᾶσι κεχαρισμένος od. ποθεινός 3.

allgemach, s. allmälig.

allgemein — καθολικός 3. od. besser ὁ, ἡ. τὸ καθόλου (das Ganze angehend, generell). — ἐγκύκλιος 2. (jeden der Reihe nach betreffend). — κοινός 3 (d. Gemeinde od. d. Staat betreffend, πάνδημος 2. die ganze Welt angehend). — Gew. durch d. Wendungen ἐν od. παρὰ πᾶσιν, ὑπὸ πάντων u. dgl. od. gen. ἁπάντων, συμπάντων u. dgl., z. B. a. bewundert werden ὑπὸ πάντων od. ἐν πᾶσι θαυμάζεσθαι; a. berühmt sein παρὰ πᾶσιν ὀνομαστόν. a. verbreitet werden (v. Gerüchten) διαδίδοσθαι εἰς πάντας. a. bekannt sein πᾶσι δῆλον εἶναι, a. werden (v. Gebräuchen). a.

2*

dgl.) *ἐπικρατεῖν, ἑκνικᾶν* u. dgl. — im Allgemeinen *ὅλως, τὸ ὅλον, καθ' ὅλον, καθόλου; τὸ σύμπαν, διὰ πάντων; συλλήβδην; ἐν κεφαλαίῳ* (in d. Hauptsache); *ἐπὶ τὸ πολύ, ἐπὶ τὸ πλῆθος* (gewöhnlich). — so im Allg. gesprochen *ὡς ἐν τύπῳ (τῷ τύπῳ*, noch m. d. Beisatze *μὴ δι' ἀκριβειαν* od. *καὶ ἁπλῶς) εἰρῆσθαι.*
Allgemeinheit τὸ *κοινόν; ἡ κοινότης.*
Allgewalt *δύναμις ἡ μεγίστη* od. *ἡ πάντων ἐπικρατοῦσα*, auch τὸ *κράτος* (mehr poet.).
allgewaltig *πάντων ἐπικρατῶν* 3.; *παγκρατής* 2.
Allheit τὸ *σύνολον; οἱ σύμπαντες.* [(poet.).
Allherrschaft *ἡ παμβασιλεία.*
allhier *ἐνταῦθα, ἐνταυθοῖ, ἐνθάδε; παρ' ἡμῖν.*
Allianz, allliieren, alliiert, s. Bündniss, sich verbünden, verbündet.
alljährlich, s. jährlich. [sehr sp. W.).
Allmacht *δύναμις ἡ μεγίστη (παντοκρατορία*
allmächtig ὁ *μέγιστον, τὰ μέγιστα* od. *πάντα δυνάμενος, ὁ πάντων κρατῶν (ὁ παντοκράτωρ, ορος* poet. u. sp.).
allmählig *κατὰ σμικρόν, κατὰ βραχύ; ἐκ προσαγωγῆς (καὶ κατὰ μικρόν).* — *βάδην* (Schritt für Schritt). — *ἠρέμα.* — *adi. ὁ, ἡ,* τὸ *κατὰ μικρόν* od. *βραχύ, ἠρεμαῖος* 3. — bei Verben nicht selten durch *λανθάνω* m. *part.,* z. B. er untergrub a. d. Mauer *ἔλαθε* τὸ *τεῖχος ὑποφύξας,* od. durch Zusammensetzungen m. *ὑπό,* z. B. a. entstehen, wohin gleiten, wegfliessen *ὑπογίγνεσθαι, ὑπολισθαίνειν, ὑποφρεῖν,* wozu noch *κατὰ μικρόν* od. *βραχὺ* näher bestimmend hinzutreten können.
allmonatlich *κατὰ μῆνα, μηνὸς ἑκάστου.*
Allmutter *ἡ παμμήτωρ, ορος.*
allsehend *πάντα ὁρῶν* 3.
allseitig, durch Umschreibungen, z. B. a. Wolwollen *ἡ παρὰ πάντων εὔνοια,* a. bewundert werden *ὑπὸ πάντων (ἐν πᾶσι) θαυμάζεσθαι.* — a. Wissen *ἡ τῶν ἀπάντων ἐπιστήμη,* τὸ *ἀπάντων ἐπιστήμονα εἶναι.*
alltäglich, 1) eig., s. täglich. — 2) übtr. gemein, gewöhnlich (auch im. verächtl. Nebenbedeutung): *κοινός, ἀγοραῖος* 3.; *ὁ, ἡ,* τὸ *τῶν πολλῶν; ὁ, ἡ,* τὸ *τυχών (προστυχών), οὖσα. ὁν: φαῦλος* 3.
Alltags-, diese Zusammensetzungen umschr. man durch „alltäglich", z. B. Alltagsmensch ὁ *τυχὼν* od. *προστυχών,* Alltagskleid *ἐσθὴς ἡ φαύλη;* Alltagsdichter *αὐθημέριοι ποιηταί.*
allumfassend *πανδεχής* 2. — a. Kenntniss *ἡ τῶν ἀπάντων ἐμπειρία.* — a. Kenntnisse in e. Sache besitzen *ἀκριβεστάτην τινὸς ἔχειν ἐπιστήμην.*
Allvater ὁ *τῶν πάντων* od. ὁ *κοινὸς πατήρ.*
allverbreitet *πάνδημος* 2. — v. Gerüchten: *πολυθρύλητος* 2., *θρυλούμενος* u. *πολυθρυλημένος* 3.
allverehrt *πᾶσιν* od. *παρὰ πᾶσιν ἔντιμος* 2., *ὑπὸ πάντων τιμώμενος* od. *θεραπευόμενος* 3. *(πάντιμος* 2. poet. u. sp.). [*ἐκαχθής* 2.
allverhasst *ὑπὸ πάντων μισούμενος* 3., *πᾶσιν*
allwaltend *τὰ πάντα διοικῶν (διατιθείς), τῶν πάντων ἐπιμελούμενος* 3.
allweise *πάνσοφος (πάσσοφος)* 2., *τελέως σοφός* 3., *σοφώτατος* 3.
Allweisheit *ἡ τελεία* od. *παντελὴς σοφία.*
allwissend *πάντα εἰδώς* 3.
Allwissenheit τὸ *πάντα εἰδέναι.*
allwo *ὅπουπερ, ἔνθαπερ.*
allzu *ἄγαν, λίαν.* — bei *adj.* u. *adv.* durch d. *comp.* m. u. ohne τοῦ *δέοντος* od. τοῦ *προσήκοντος,* z. B. a. jung *νεώτερος (τοῦ δέοντος);* a. viel trinken *πλέω πίνειν (ἢ ὥστε πίνειν).* — manchmal bildet man auch Zusammensetzungen m. *περί* u. *ὑπέρ,* z. B. a. sorgsam od. fleissig *περίεργος* 2., a. gross *ὑπερμεγας* 3., a. dürr *ὑπέρξηρος* 2. —

a. sehr *μᾶλλον* τοῦ *δέοντος; ὑπερᾴγαν, ὑπὲρ (παρὰ)* τὸ *μέτριον.* — bei Verben durch d. *prae, ὑπέρ,* z. B. a. sehr lohen *ὑπερεπαινεῖν,* a. sehr braten *ὑπεροπτᾶν.* — a. gross od. heftig *ὁ, ἡ,* τὸ *ἄγαν (λίαν), δεινός* 3., *ὑπερβάλλων* 3., *ἄμετρος* ·
allzumal *πάντες ὁμοῦ, ἅπαντες, σύμπαντες.*
Almosen *ἡ δόσις,* τὸ *δῶρον (ἡ ἐλεημοσύνη* sp. — A. geben *διδόναι ἀπόρῳ* od. *πένητί τινι, εὔ ει γετεῖν τινα, βοηθεῖν τινι;* A. empfangen *εὐεργ τεῖσθαι* od. *εὔ πάσχειν ὑπό τινος.* — e. A. νοι Staate bekommen *μισθοφορεῖν ἐν τοῖς ἀδυνάτο* u. d. A. selbst ὁ *μισθός.* — um A. betteln *προσα τεῖν τινά τι.* — A. herumgehend sammeln *ἄγε*
Aloe *ἡ ἀλόη.* [*ορε*
Aloehols τὸ *ἀγάλλοχον (ἡ ξυλαλόη* sp.).
Alp, Alpdrücken ὁ *ἐφιάλτης (ἐπιάλτης* sp. *ἠπιάλης, πνιγαλίων, ωνος.*
Alphabet, s. ABC.
alphabetisch *κατὰ στοιχεῖον.* — a. geordnet
Alraun ὁ *μανδραγόρας.* [*στ. συγκείμενος;*
als 1) Vergleichungspartikel = wie (auc pleon. „als wie") *ὡς, ὥσπερ.* — Im Bes. *a)* wo e Grieche im ersten Gliede d. Vergleichg. e. *prov corret.* setzen muss, tritt für „als" od. „als wie d.entspr.*rel.* ein, z. B. so gross als *τοσοῦτος ὅσος b)* nach Wörtern d. Aehnlichkeit od. Gleichhe mit „als" neben *ωσπερ* auch durch *καί* gegebe od. es steht m. Auslassg. v. „als" d. *dat.* d. ver glichenen Gegenstandes od. e. *pron. rel.* m. *και* z. B. wir dulden dasselbe wie die Sclaven *τὰ αὐτ πάσχομεν ὥσπερ(καί) οἱ δοῦλοι* od. *τοῖς δούλοι* od. *οἷα καὶ οἱ δοῦλοι. c)* nach negativen Aus drücken u. Fragen steht: *εἰ μή, ὅτι μή, ἀλλ' ἤ πλὴν (ἤ)* z. B. wir unterscheiden uns durch nicht von einander als durch Muth *οὐδὲν διαφέρομε ἀλλήλων πλὴν (ἢ) τόλμῃ;* ebenso fragend *τί δια φέρομεν* κτἑ. — Nach *ἄλλος* wird „als" gew durch *ἤ,* seltener durch *πλήν* gegeben, z. B. git es eine andere Kunde des Geraden a. Ungerade als die Zahlenlehre? *ἆρ' ἔστιν ἄλλη τις ἐπιστήμ τοῦ περιττοῦ τε καὶ ἀρτίου ἢ (πλὴν) ἀριθμητι κή;* auch kann *παρά* m. *acc.* eintreten, z. B. i habe nichts anderes zu sagen als dies *ἐγὼ οὐ ἔχω παρὰ ταῦτα ἄλλα φάναι,* od. d. blosse *gen* z. B. er hielt das Machen für etw. anderes als di Thätigkeit *τὴν ποίησιν ἄλλο ἐνόμιζε τῆς πρα ξεως.* — Verbindet sich m. *ἄλλος* od. *ἕτερος* ei *οὐδείς (μηδείς),* so wird „als" neben dem ein fachen *ἤ* (od. *πλήν)* auch durch *ἀλλ' ἤ,* seltene durch *ἀλλά* wiedergegeben, z. B. Er sagt, es se kein anderer der Mörder als Aristarchos *λέγε μηδένα ἕτερον εἶναι τὸν φονέα ἀλλ' Ἀρίσταρχο* die Philosophie traut Niemand anderem als nu sich selbst *ἡ φιλοσοφία πιστεύει οὐδενὶ ἄλλ ἀλλ' ἢ αὐτῇ ἑαυτῇ.* — die Wendungen: „ich thu nichts anderes als, was thue ich anderes als, da heisst nichts anderes als, was heisst das andere als" werden im Griech. gew. verkürzt durch oὐ *δὲν ἄλλο (ἀλλ') ἤ,* τί *ἄλλο ἢ (πλὴν)* wiedergege ben, z. B. denn wenn sie uns diesen ähnlich wei den heissen, so thun sie nichts anderes als dio sie den Rath geben uns wiederum den Gefahre der Knechtschaft auszusetzen *εἰ γὰρ τούτοις ἡμᾶ ὁμοίους γίγνεσθαι κελεύουσιν, οὐδὲν ἀλλ' ἤ συ βουλεύουσιν ἡμῖν πάλιν περὶ τοῦ ἀνδραποδί ὁμοῦ κινδυνεύειν* und ebenso *τί ἄλλο ἢ σεμβο λεύουσιν* κτἑ.; das heisst nichts anderes als lüge *οὐδὲν ἄλλο ἢ ψεύδει, ψεύδεται* u. dgl., ebens *τί ἄλλο ἢ ψεύδει, ψεύδεται.* — *d)* „als ob, al weun" gibt d. Grieche durch *ὡς, ὥσπερ* m. *p* (zur Bezeichng. e. subj. Grundes); z. B. Kyro sammelte ein Heer als ob er gegen die Pisidε

zu *Fehle* ziehen wollte Κῦρος συνέλεξε στρατιὰν ὡς εἰς Πισίδας βουλόμενος στρατεύεσθαι; bei verschiedenem Subjecte steht d. *gen.* (u. auch *acc.*) *abs.* z. B. Stellt euch die Sache so vor, als ob wir nicht zuhören würden ὡς μὴ ἀκουσομέναν ἡμᾶν οὕτω διανοεῖσθε. Nach dem Verbum „scheinen" folgt d. *inf.* u. „als ob" od. „als" bleibt unübersetzt. z. B. es scheint als ob du dich gar nicht um uns kümmerst ἔοικας οὐδὲν ἡμᾶν κήδεσθαι; daneben findet sich auch d. *part.*, z. B. ἔ. ουδέν τ. κηδομένω. — „gleich als wenn, gleich als ob" ὡς εἰ, ὡς ἄν εἰ, ὥσπερ ἄν εἰ m. *opt.* od. *ind.* e. hist. Tempus. *e)* nach e. Comparativ ἤ; doch kann für ἤ m. jedem Casus, auch für ἤ m. *e. praep.* der *gen.* eintreten. z. B. ich fordere die Schwerbewaffneten nicht minder als das Schiffsvolk auf τοῖς ὁπλίταις οὐχ ἧττον τῶν ναυτῶν παραγγελεύομαι. Manchmal lässt sich auch „als" durch παρά od. πρός m. *acc.* (eig. „im Vergleiche zu") geben, z. B. Sonnenfinsternisse traten häufiger ein als man sich aus früheren Zeiten erinnerte ἡλίου ἐκλείψεις πυκνότεραι παρὰ τὰ ἐκ τοῦ πρὶν χρόνου μνημονευόμενα συνέβησαν; ebenso findet sich ἀντί τινος (eig. statt einer Sache) u. πρό τινος (vor einer Sache). — Nach πλέων, ἐλάττων u. d. entspr. *adv.*, wenn sie m. e. Zahlworte verbunden sind, wird ἤ auch weggelassen, z. B. es fielen von den Ath. etw. weniger als 50 ἀπέθανον Ἀθηναίων ὀλίγῳ ἐλάττους πεντήκοντα; auch findet sich nach πλέον, μάλλον zuw. ἀλλά statt ἤ, sowie nach μάλλον, wenn e. Negation im Satze steht, ἤ οὐ st. d. einfachen ἤ. — „als dass" ἤ ὥστε, od. ἤ m. f. *inf.* — eber als πρίν (πρὶν ἤ). — die Ausdrücke „als nach Verhältniss von etw. zu erwarten ist" u. dgl. giebt man durch ἤ κατά, seltener ἤ πρός m. *acc.*, z. B. du trachtest weiter als man es von e. Menschen erwarten kann, als es sich für ihn gebührt μειζόνων ἤ κατ' ἄνθρωπον ἐπιθυμεῖς. weniger geben als es die Amtsgewalt gestattet ἐνδεεστέρως διδόναι ἤ πρὸς ἐξουσίαν. *f)* „sowol — als auch" s. sowol. — 2) Erläuterungspartikel *a)* bei vielen Verbis zur Hervorhbg. des im *nom.* od. *acc.* stehenden Prädicates, wo es dann im Griech. unübersetzt bleibt, z. B. als etw. kennen, erachten, gelten, betrachtet od. angesehen werden u.dgl.; so „etw. für e. Glücksfund erachten" ἕρμαιόν τι ἡγεῖσθαι; er galt allgemein als ein braver Mann ἀνὴρ ἀγαθὸς πᾶσιν ἐνομίζετο. *b)* zur Hervorhbg. einer Apposition, wo „als" ebenfalls in der Regel nicht übersetzt wird. Wenn aber der durch „als" eingeleitete Ausdruck die Veranlassung od. den Grund od. die Bedingung irgend e. Handlg. od. e. Zustandes andeutet, so wird d. *Part.* οὖν, οὖσα, ὄν, auch m. ἅτε, οἷα, ὡς gesetzt. z. B. als Freund weise ich dich zurecht φίλος ὤν σε νουθετῶ, möchtest du doch als ein wackerer Mann unser Freund werden ἐθέ τοιοῦτος ὤν φίλος ἡμῖν γένοιο, als Sklave musst du gehorchen πείθεσθαί σε χρὴ ἄτε δοῦλον ὄντα od. δοῦλον ὄντα. *c)* bei Anführg. v. Beispielen: οἷον, οἷον δή. αὐτίκα, auch εὐθύς. — **3)** Zeitpartikel: ὅτε, ἡνίκα (bei Gleichzeitigkeit, u. z. so dass das erstere d. Zeit im Allgemeinen, das letztere e. bestimmten Zeitpunkt bezeichnet), ἐπεί, ἐπειδή (nachdem, bei e. Zeitfolge). Οὗ bei gleichbedeutend ist auch ὅπου (eig. „wo") u. ὡς (eig. „wie"), nur dass letzteres mehr in die causale Bedeutg. übergeht. — Diese Partikeln stehen m. d. *ind.*, wenn d. Zeitumstände als wirklich hingestellt werden; m. d. *coni.* ὅταν, ὁπόταν, ἐπειδάν, um e. allgemeinen Gedanken od. d.

Wiederholg. e. Handlg. in d. Gegenwart od. Zukunft auszudrücken; dagegen m. d. *opt.* ὅτε, ἡνίκα, ἐπειδή, ὁπότε in d. *or. obliq.* od. v. e. wiederholten Handlg. in d. Vergangenheit. — „sobald als" ὡς πρῶτον, ὡς τάχιστα, ἐπεί u. ἐπειδή τάχιστα (m. *ind.* u. *opt.*), ἐπειδὰν τάχιστα (m. *coni.*). — Statt der angegebenen Partikeln tritt häufig d. *part.* ein, auch in Verbdg. m. ἅμα, μεταξύ, um die unmittelbare Aufeinanderfolge od. die Gleichzeitigkeit scharf hervorzuheben, u., wenn d. Subject verschieden ist, d. *gen. abs.*, z. B. und als er dies gesprochen hatte stieg er herab καὶ (ἅμα) ταῦτ' εἰπὼν κατέβη, als er gesprochen hatte erhoben alle ein Geschrei εἰπόντος δὲ αὐτοῦ πάντες ἀνεβόησαν u. dgl. — In manchen Fällen coordinieren die Griechen die Sätze, während sie im deutschen subordiniert sind; so in der Wendung ἅμα...καί, z. B. sobald als er dies gesagt hatte ging er fort ἅμα ταῦτ' ἔλεγε καὶ ἀπῄει, dann in den Ausdrücken „als kaum (kaum ... als), als bereits (bereits ... als), als noch nicht (noch nicht ... als)", z. B. als er kaum zu reden begonnen, lachten schon alle, od. kaum hatte er zu reden begonnen als schon alle lachten οὐκ ἔφθη λέγων καὶ εὐθὺς ἐγέλασαν ἅπαντες, es war bereits spät und sie hatten schon den Schlachtgesang angestimmt, als die Korinthier plötzlich ohne umzuwenden rückwärts ruderten ἤδη ἦν ὀψὲ καὶ ἐπεπαιώνιστο αὐτοῖς ὡς εἰς ἐπίπλουν καὶ οἱ Κορίνθιοι ἐξαπίνης πρύμναν ἐκρούοντο, die Beiden hatten noch nicht zwei od. drei Gänge herum gemacht als Kleinias eintrat καὶ οὔπω τούτω δύ' ἤ τρεῖς δρόμους περιεληλυθότε ἤστην καὶ εἰσέρχεται Κλεινίας; und auch sonst, z. B. als sie über diese Anhöhe hinweggekommen waren, sahen sie noch eine andere vor sich καὶ τοῦτόν τε παρεληλύθασιν οἱ Ἕλληνες καὶ ἕτερον ὁρῶσιν ἔμπροσθεν λόφον.

alsbald αὐτίκα, παραυτίκα, αὐτίκα δὴ μάλα, εὐθύς, εὐθέως, παραχρῆμα, auch verst. ταχύ od. εὐθέως παραχρῆμα, διὰ ταχέων, ἐν ταχίστῃ.

alsdann 1) in jener Zeit: τότε, τηνικαῦτα. — 2) = dann: εἶτα, ἔπειτα.

also 1) Folgerungspartikel: οὖν, τοίνυν, ἄρα (sämmtlich postpositiv); οὐκοῦν (nachdrücklich, wie unser „nicht wahr?" an der Spitze des Satzes); schwächer ist δή, das bei einer loseren Anknüpfung des Satzes an den vorhergehenden u. namentl. bei Wiederholung eines Wortes angewendet wird. — also nicht οὐκ ἄρα, οὐ τοίνυν, οὔκουν. — also nicht? οὔκουν: — 2) *adv.* = so, auf diese Weise οὕτω(ς), ὧδε, ταύτῃ, τῇδε.

alt 1) seit langer Zeit bestehend: παλαιός 3., ὁ, ἡ, τὸ πάλαι, πολυχρόνιος 2. (lange dauernd), ἀρχαῖος 3. (altehrwürdig, auch = alt: altfränkisch). *b)* was vor langer Zeit bestanden hat: παλαιός 3.; ἀρχαῖος 3.; ὁ, ἡ, τὸ πάλαι, πρίν, πρότερον — die Alten οἱ παλαιοί od. οἱ πάλαι, od. οἱ ἀρχαῖοι. — es werden παλαιοῦσθαι P. (v. Sachen). — es beim Alten lassen οὐδὲν παλαιοῦν ἐᾶν, οὐδὲν τῶν καθεστώτων κινεῖν, — in alter Zeit τὸ παλαιόν, τὸ πάλαι, τὸ ἀρχαῖον. — seit a. Zeit ἀπὸ od. ἐκ παλαιοῦ, ἀπὸ τοῦ ἀρχαίου, od. πάλαι; ἀρχαίως (nach alter Art). — 2) v. Menschen: παλαιός 3.; γηραιός u. γεραιός 3., *comp.* γεραίτερος, *sup.* γεραίτατος (m. d. Nebenbegriffe der Würde), auch πόρρω τῆς ἡλικίας ὤν (weit im A. vorgerückt). — ein Alter (alter Mann), eine Alte (alte Frau) s. Greis, Greisin. — die Alten (bei Thieren) er γονεῖς. — alt werden γηράσκειν, καταγηράσκειν (bei etw. ἐγγηράσκειν); sehr alt sein πόρρω ἤδη τοῦ βίου εἶναι. — älter sein πρεσβύτερον εἶναι, der ältere Bruder ὁ ἀδελφὸς ὁ πρεσβύτερος. — wie alt? πηλίκος 3.; so alt τηλικόσδε, τηλικοῦτος 3. — dreissig Jahre alt τριάκοντα ἐτῶν, τριάκοντα ἔτη γεγονώς, ἔτος ἔχων (ἄγων) τριακοστόν, auch τριακονταέτης od. τριακοντούτης u. so in ähnl. Fällen. — über siebzig Jahre alt sein ὑπὲρ τὰ ἑβδομήκοντα ἔτη γεγονέναι, ἔτη ἔχειν πλείω τῶν

altadelig εὐγενέστατος 3.   [ἰβδ.
Altan, s. Balkon.
Altar ὁ βωμός (selten ἡ ἐσχάρα A. für Brandopfer). — ἡ θυμέλη (A. in der Orchestra des Theaters). — e. gemeinschaftl. A. habend ὁμοβώμιος 2.   [μιος 2.
altbacken ἕωλος 2.
Alte, die, s. Greisin.
Alter 1) das lange Bestehen od. Sein v. Dingen: ἡ παλαιότης, ἀρχαιότης, auch τὸ πολυχρόνιον. — vor Alters πάλαι, τὸ πάλαι, τὸ παλαιόν, τὸ ἀρχαῖον. — von Alters her ἀπὸ (ἐκ) παλαιοῦ, ἀπὸ τοῦ ἀρχαίου, ἐξ ἀρχῆς. — v. A. her reich ἀρχαιόπλουτος, παλαιόπλουτος 2. — 2) v. Menschen: a) d. natürl. Dauer d. Menschenlebens: ἡ γενεά. b) ein gewisser Abschnitt im Menschenleben, Lebensalter: ἡ ἡλικία. — das A. wozu haben ἡλικίαν ἔχειν od. ἐν ἡλικίᾳ εἶναί τινος od. m. folg. inf. — d. A. zum Heirathen haben ὡραῖον εἶναι γάμου. — im gleichen A. ὁ, ἡ ἧλιξ, ικος, ὁ ἡλικιώτης (fem. -ᾶτις, ιδος); ein Mann im gleichen A. mit mir ἀνὴρ ἡλίκος ἐγώ; im gleichen A. mit Jmd. stehen ἡλικιώτην εἶναί τινι. — in welchem A.? πηλίκος; — in diesem od. solchem A. τηλικόσδε, τηλικοῦτος 3. — im Bes. a) jugendl. A. ἡ νεότης, ἡ ὥρα. β) das kräftige, männliche A. ἡ ἥβη, ἡ ἡλικία, auch ἡ ἀκμή (zuw. m. dem Beisatze τῆς ἡλικίας, τοῦ βίου, τοῦ ζῆν). — d. gesetzte A. ἡ μέση καὶ καθεστηκυῖα ἡλικία. — in d. männl. A. eintreten εἰς ἥβην od. ἡλικίαν ἐλθεῖν (ὁρμᾶσθαι), ἔφηβον γίγνεσθαι. — das waffenfähige A. τὰ στρατεύσιμα ἔτη, ἡ στρατεύσιμος ἡλικία, od. bloss ἡλικία. γ) Greisenalter τὸ γῆρας; hohes A. μακρὸν γῆρας; im hohen A. stehend μάλα πρεσβύτης ὤν, πόρρω τῆς ἡλικίας ὤν. — im A. ernähren od. pflegen γηροβοσκεῖν, γηροτροφεῖν; im A. pflegend od. ernährend γηροβοσκός, γηροτρόφος 2.; Pflege im A. ἡ γηροβοσκία, γηροτροφία sp.
altern γηράσκειν, καταγηράσκειν, παρηβᾶν (v. Menschen); παλαιοῦσθαι P. (v. Dingen). — nicht alternd ἀγήρως 2., ἀγήρατος 2.
alterschwach γῆρα ἀδύνατος ὤν od. γενόμενος 3., βαρὺς (3.) ὑπὸ γήρως.
Alterschwäche τὸ γῆρας, mit Bez. auf den Geist τὸ τῆς διανοίας γῆρας. — an A. sterben ὑπὸ γήρως ἀποθανεῖν.
Altersgenoss ὁ ἧλιξ, ικος, ἡλικιώτης.
Altersgenossin ἡ ἧλιξ, ικος, ἡλικιῶτις, ιδος.
Altersklasse ἡ ἡλικία. — s. Aufgebot.
Altersstufe ἡ ἡλικία.
alterthümlich ἀρχαῖος, ἀρχαικός 3., ἀρχαιοπρεπής 2., ἀρχαιότροπος 2. — a. Wesen od. Sitte ἡ ἀρχαιοτροπία. — a. aussehend ἀρχαιοειδής 2.
Alterthümlichkeit ἡ ἀρχαιότης.
Alterthum ἡ ἀρχαιότης, παλαιότης. — Alterthümer τὰ ἀρχαῖα, παλαιά. — die A. behandeln ἀρχαιολογεῖν.   [ζων. ἡ ἀρχαιολογικός.
Alterthumsforscher ὁ περὶ τὰ ἀρχαῖα σπουδάζων.
Alterthumsforschung ἡ τῶν παλαιῶν ἀναζήτησις, ἡ περὶ τὰ ἀρχαῖα διατριβή.
Alterthumskunde ἡ ἀρχαιολογία.
Altflicker ὁ παλαιουργός, sp. παλαιολόγος.
altfränkisch ἀρχαῖος, ἀρχαικός 3., ἀρχαιότροπος 2. — a. Wesen od. Sitte ἡ ἀρχαιότης, ἀρχαιοτροπία. — sich a. benehmen ἀρχαΐζειν (sp.).

altherkömmlich ἀρχαῖος 3., πάτριος 3.
altklug παλαιόφρων 2. (poet.).
altmodisch, s. altfränkisch.
Altstadt ἡ παλαιὰ πόλις (ἡ παλαιόπολις).
altväterisch, s. alterthümlich u. altfränkisch.
Altvordern, s. Vorfahren.
Altweibergeschwätz ὁ γραῶν ὗθλος, οἱ γραώδεις μῦθοι (ἡ γραολογία sp.).
am 1) an dem, s. an. — 2) m. superl. gew. nicht bes ausgedrückt, z. B. am besten ἄριστα; manchma durch ὡς od. ὅτι (quam), z. B. ὡς ἄριστα.
Amarant ὁ ἀμάραντος; von A. ἀμαράντινος 3.
Ambos ὁ ἄκμων, ονος. — Untergestell des A. τι ἀκμόθετον, ὁ ἀκμοθέτης.]
Ambrosia ἡ ἀμβροσία; ambrosisch ἀμβρόσιος 3
Ameise ὁ μύρμηξ, ηκος. — e. Gefühl haben wie wenn A. auf Einem herumkröchen μυρμηκίζειν.
ameisenähnlich, -artig μυρμηκοειδής od. μυρμηκώδης 2.
Ameisenhaufe ἡ μυρμηκιά.
Amen 1) = so sei es: κύριον ἔστω. —2) = ich bin zu Ende: εἴρηται. — A. sagen τελευτᾶν τὸν λόγον.
Amethyst ἡ ἀμέθυστος; von A. ἀμεθύστινος 3.
Amiant ὁ ἀμίαντος.
Amme ἡ τροφός, τίτθη (τιτθή), τιθήνη. — A. sein τιτθεύειν (bei e. Kinde παιδίον τι), ebenso τιθηνεῖσθαι; auch θηλάζειν (u. M.) τινά.
Ammendienst ἡ τιτθεία, τιθήνησις. — A. thun τιτθεύειν, τιθηνεῖσθαι.   [ματα.
Ammenlohn τὰ τροφεῖα.
Ammenmärchen τὰ τῶν τιθηνῶν μυθολογήματα.
Amnestie ἡ ἄδεια (ἀμνηστία sp.). — sie versprachen ihnen für das Geschehene volle A. ἐπηγγείλαντο αὐτοῖς μηδὲν μνησικακήσειν τῶν γεγενημένων.   [A. τὸ ἐρώτιον.
Amor ὁ Ἔρως (als appell. ἔρως), ωτος. — kleiner
Ampfer τὸ λάπαθον.
Amphibie τὸ ἀμφίβιον.
Amphiktyonen οἱ Ἀμφικτύονες. — Bund der A. ἡ Ἀμφικτυονία. — ein dazu gehöriger Staat ἡ Ἀμφικτυονὶς πόλις. — Versammlg. der A. ἡ πυλαία (σύνοδος); (als Körperschaft) τὸ τῶν Ἀμφικτυόνων συνέδριον od. κοινόν. — d. Abgeordnete zu dieser Versammlg. ὁ συνέδρος τῶν Ἀμφικτυόνων, πυλαγόρας. — zu den A. gehörig Ἀμφικτυονικός 3.   [trallisch ἀμφιθέατρος 2.
Amphitheater τὸ ἀμφιθέατρον. — amphitheatralisch ἀμφιθέατρος 2.
Amulet ὁ κότινφος (κόφινος); blaue A. ὁ κύανος.
Amt 1) Inbegriff dessen, was Jmd. vermöge seiner Stellung obliegt: τὸ ἔργον, τὰ δέοντα, καθήκοντα; ἡ ἐπιμέλεια; ἡ τάξις. — sein Amt verwalten κράττειν τὰ ἑαυτοῦ, καθ' αὑτὸν ἑαυτοῦ; — das ist gar nicht meines Amtes ἐμοὶ οὐδαμόθεν προσήκει τούτου τοῦ πράγματος. — 2) Rang u. Stellung im Staate: ἡ ἀρχή (obrigkeitl. Amt), τιμή (Ehrenstelle), λειτουργία (persönl. Leistung m. Geldaufwand verbunden). — e. Amt antreten εἰσιέναι od. καθίστασθαι εἰς ἀρχήν — c. A. bekleiden ἀρχὴν ἄρχειν, τιμὴν ἔχειν, λειτουργεῖν; der ein A. bekleidet ὁ ἐν τέλει (ὤν), ὁ ἐν (ἐκ) τοῖς πράγμασιν (ὤν), ὁ πράττων τῶν πραγμάτων — sein A. niederlegen ἐξίστασθαι od. ἀπαλλάττεσθαι (P.) τῆς ἀρχῆς. — ohne A. leben σχολῇ διάγειν, τὸν βίον ἐν ἰδιώτου τάξει διάγειν, ἰδιωτεύειν. — 3) Bezirk, Kreis: τὸ νομός. — 4) Amtshaus: τὸ ἀρχεῖον, δημόσιον; τὸ δικαστήριον (Gerichtshof). — 5) die m. einem A. betraute Personen οἱ ἐν τέλει, τὰ τέλη; οἱ δικασταί (als
Amthaus, s. Amt 4).   [Gerichtspersonen]
amtlich ἡ ἀρχή, τὸ ἐκ τῶν προσηκόντων od. δημοσίᾳ.
amtlos ὁ ἰδιώτης, ἰδιωτεύων. — a. Leben ἡ ἰδιωτεία od. ἰδιωτικὸς βίος.

Amtmann ὁ ἐπάρχων νόμου τινός; (als Gerichts-person) ὁ δικαστής.
Amtsantritt ἡ εἰς τὴν ἀρχὴν εἴσοδος; gew. durch
Amtsbruder, s. College. [Verba.
Amtsdiener ὁ ὑπηρέτης, δημόσιος.
Amtsverschleierung ἡ ῥᾳθεία.
Amtsführung ἡ ἀρχή. — während seiner A. παρὰ τὴν ἀρχήν, ἄρχοντος αὐτοῦ.
Amtsgenosse, s. College.
Amtsgeschäfte τὰ καθ-, προσ-ήκοντα, τὰ τῆς
Amtskleid ἡ ἐσθὴς ἡ καθήκουσα. [ἀρχῆς.
Amtsmiene e. A. annehmen σεμνοπροσωπεῖν.
Amtsnachfolger ὁ διάδοχος τῆς ἀρχῆς.
Amtspflicht τὰ καθ-, προσ-ήκοντα, δέοντα.
Amtsschreiber ὁ γραμματεύς.
Amtstracht ἡ στολὴ ἡ καθήκουσα.
Amtsverhältnisse τὰ τῆς ἀρχῆς, τὰ περὶ τὴν
Amtsverwaltung ἡ ἀρχή, τὸ ἄρχειν. [ἀρχήν.
Amtswohnung ἡ δημοσία οἰκία. [ἀρχῆς.
Amtswürde ἡ σεμνότης, τὸ σεμνὸν τὸ ἀπὸ τῆς
Amulet τὸ βασκάνιον, περίαπτον, φυλακτήριον
(τὸ προβασκάνιον, ἀβάσκαντον, περίαμμα sp.).
an 1) praep. 1) m. dat. auf die Frage wo? (wann?)
a) rein örtlich: ἐπί m. dat. (auch m. gen.), πρός
(seltner παρά) m. dat.; auch ἐν m. dat. (eig.
„in“), κατά m. acc. (eig. „längs“), περί m. acc.
(eig. „rings umher“), od. m. dat., z. B. an d. Hand
Ringe tragen περὶ τῇ χειρὶ φέρειν δακτυλίους.
— Einer an dem Anderen ἄλλος ἐπ' ἄλλῳ. — am
rechten Orte ἐν καιρῷ; es ist etw. an seinem Orte
καίριόν ἐστί τι, es ist etw. nicht an s. O. ἄκαι-
ρόν ἐστί τι. — Bei den Verben „hangen“ u. dgl.
durch ἐκ m. gen., z. B. an e. Baume hangen κρέ-
μασθαι ἐκ δένδρου, bei den Verben „sich einfin-
den, versammeln“ u. dgl. durch εἰς m. acc., z. B.
sich im Gerichtshof versammeln συλλέγεσθαι εἰς
τὸ δικαστήριον, bei anderen Verben durch d.
entspr. cas. obl., z. B. Einen an d. Hand fassen
λαμβάνειν τῆς χειρός, an d. Meer stossen
ἔχεσθαι τῆς θαλάττης, etw. an Einem bemerken
αἰσθάνεσθαί τί τινος, an Einem loben ἐπαι-
νεῖν τί τινος. — Wird durch den präpos. Ausdruck
d. Theil bezeichnet, auf welchen sich das dem
Ganzen beigelegte Prädicat im Besonderen be-
zieht, so steht d. acc., z. B. an d. Augen leiden
κάμνειν τοὺς ὀφθαλμούς, gesund an Leib u. Seele
ὑγιὴς τό τε σῶμα τὴν τε ψυχήν. b) v. d. Zeit:
ἐν m. dat., κατά m. acc., auch blosser dat., wenn
d. Datum e. Begebenheit bezeichnet werden soll.
— am Tage ἡμέρᾳ, καθ' od. μεθ' ἡμέραν, am
Morgen ἕωθεν, am Abend ἑσπέρας, καθ' ἑσπέ-
ραν: am Anfange πρῶτον, πρῶτα, ἐν ἀρχῇ, ἐξ
ἀρχῆς. (τὸ) κατ' ἀρχάς, am Ende ἐπὶ τελευτῆς,
τελευταῖον, τέλος. — Häufig geben auch d. Grie-
chen derlei präpos. Wendungen durch adj. wie-
der, bes. bei Verben der Bewegung, z. B. am zwei-
ten Tage δευτεραῖος 3., am Morgen ἑωθινός 3.,
am Anfange, Ende ἀρχόμενος, τελευτῶν u. ä. —
es ist an d. Zeit ὥρα ἐστί, ἐν καιρῷ od. καίριόν
ἐστιν. c) z. Angabe e. Mittels od. e. Veranlassung
ἀπό, ἐκ m. gen., auch ἐν m. dat.
gew. aber der blosse dat., z. B. an e. Krankheit
sterben νόσῳ od. ὑπὸ νόσου ἀποθνήσκειν, an
etw. erkennen τινί od. ἔκ τινος γιγνώσκειν u.
dgl. — 4) Bes. Redensarten: an u. für sich αὐτὸ
καθ' αὑτό, (τὸ) καθ' αὑτό; so viel an mir liegt
ὅσον ἐπ' ἐμοί, τὸ ἐπ' ἐμοί; es ist an mir καθήκ-
ει (προσήκει) εἰς ἐμέ (d. Reihe trifft mich),
ἐμὸν μέρος (ich bin verpflichtet); es ist nicht an
dem οὐ ταῦτ' ἔστί πω ταύτῃ; es ist nichts an Ei-
nem οὐδὲν ὄφελός ἐστί τινος, οὐδενὸς ἄξιός ἐστί
τις. — 2) m. acc. auf d. Frage wohin?: εἰς, ἐπί,

πρός, παρά, κατά m. acc., häufig auch durch verb.
compos. od. e. entspr. cas. obl. — Bei den Verben
„hängen“ u. dgl. durch ἐκ m. gen., z. B. an e.
Baum hängen ἀνακρεμαννύναι ἐκ δ. — bis an,
bis an … hin μέχρι(ς) m. gen., μέχρι πρός u. μ.
ἐπί; bis an d. Ende διὰ τέλους. — Bei ungefäh-
ren Zahlenangaben: ἀμφί, εἰς, περὶ m. acc., z. B.
an (die) dreitausend ἀμφὶ (τοὺς) τρισχιλίους. —
Bei vielen Verben durch d. entspr. cas. obl., z. B.
sich an Einen erinnern μεμνῆσθαί τινος, sich an
Einen wenden προσιέναι τινί, u. s. w. — II) adv.
„von … an“ ἀπό od. ἐκ m. gen., z. B. von jener
Zeit an ἀπ' ἐκείνου τοῦ χρόνου. — von Kindheit
an ἐκ παιδός, ἐκ νέου (u. bei Mehreren ἐκ παί-
δων, ἐκ νέων). — von Stund an τὸ ἀπὸ τοῦδε,
ἀπὸ τοῦδε εὐθύς.
Anachronismus ἡ τῶν χρόνων σύγχυσις, τὸ περὶ
τοὺς χρόνους ἁμάρτημα (ὁ ἀναχρονισμός sp.). —
e. A. begehen σφάλλεσθαι (P.) περὶ τοὺς χρό-
νους, συγχεῖν τοὺς χρόνους (ἀναχρονίζειν sp.).
anähnlich od. anähnlichen ἀπεικάζειν τί τινι
od. τι πρός τι.
anäugeln προσβλέπειν τινί u. τινά.
Anagramm τὸ ἀνάγραμμα.
analog ἀνάλογος 2.; s. verhältnissmässig.
Analogie ἡ ἀναλογία.
Analyse ἡ ἀνάλυσις.
analysieren διαιρεῖν, διορίζεσθαι (sp. ἀναλύειν).
analytisch ἀναλυτικός 3.
Anapäst ὁ ἀνάπαιστος.
Anarchie ἡ ἀναρχία, ἀνομία.
anathmen, s. anhauchen.
Anatom ὁ τῆς ἀνατομικῆς ἀσκῶν.
Anatomie ἡ ἀνατομικὴ (τέχνη).
anatomieren ἀνατέμνειν.
anatomisch ἀνατομικός 3.
anbacken, an etw., προσκολλᾶσθαί (P.) τινι.
anbahnen ὁδοποιεῖν od. προοδοποιεῖν τινι.
anbauen 1) des Grundes ἡ ἐργασία; v. Gewächsen
ἡ φυτεία (v. Weine ἡ ἀμπελουργία); e. Landstri-
ches ἡ κατοικία, κατοίκισις, ὁ κατοικισμός. —
übtr. A. e. Wissenschaft u. dgl. ἡ ἄσκησις, ἡ περί
τι διατριβή. — 2) neuer A. e. Hauses τὸ παροι-
κοδόμημα; e. Stadt ἡ κατασκευὴ ἡ ἐπιγιγενη-
μένη od. im Zshange bloss ἡ κατασκευή.
anbauen 1) den Grund: ἐργάζεσθαι, ἐξεργάζεσθαι,
γεωργεῖν, κατασκευάζειν (u. M.); Früchte ἀπεί-
ρειν. φυτεύειν (Wein ἀμπελουργεῖν): e. Land-
strich (κατ)οικίζειν; sich in e. Lande a. (κατ)οι-
κίζεσθαι (P.) εἴς τι χωραν od. ἐν χωρᾳ; übtr. e.
Wissenschaft od. dgl. u. ἀσκεῖν τι, διατρίβειν περί
τι. — 2) dazu bauen ἐπ-, παρ-, προσ- οἰκοδομεῖν,
προσ-κατασκευάζειν.
Anbauer ὁ ἐργάτης. γεωργός; sonst durch d.
entspr. Verba. — vgl. Ansiedler.
anbefehlen 1) auftragen προσ-, ἐπι-τάττειν,
ἐπισκήπτειν τινί; durch e. Boten od. Brief
ἐπιστέλλειν. — 2) anempfehlen: ἐπιτρέπειν τινί
Anbeginn ἡ ἀρχή; von A. ἐξ ἀρχῆς. [τι.
anbehalten (d. Kleidung) ἔχειν, οὐκ ἀποτίθε-
σθαι. — die Kleider des Nachts ἡμφιεσμένον
διάγειν τὴν νύκτα.
anbei ἅμα.
anbeissen a) hineinbeissen: ἐν-, ἐπι-δάκνειν; ab-
heissen: ἀποδάκνειν; auch γεύεσθαί τινος kosten,
verkosten. b) v. Fischen: περιπίπτειν τᾦ ἀγκίστρῳ;
übtr. übtr. ἀπατᾶσθαί τινι; nicht a. wollen μὴ
λαμβάνειν, διαμέλλειν, ὀκνεῖν, κατονεῖν, εὐλαβεῖ-
σθαι (DP.).
anbelangen ἀνήκειν εἴς τι od. τινα. — was d.
Staat a. τὰ εἰς τὴν πόλιν ἀνήκοντα od. τὰ πρός
(εἰς, κατά) τὴν πόλιν. — was mich a. τὸ κατ'

ἐμέ, τὸ γ' ἐμόν, ἔγωγε. — auch ἕνεκα m. gen., z. B. was d. Alter a. ἕνεκά γε γήρως.

anbellen ὑλακτεῖν τινα, ἐφυλακτεῖν τινι.

anbequemen προσ-, συν-αρμόττειν, συνοικειοῦν τινί τι. — sich a. einer Sache συναρμόττεσθαί τινι od. πρός τι, συνοικειοῦν ἑαυτόν τινι.

anberaumen ὁρίζειν, προορίζειν; τάττειν, συντάττειν; καθιστάναι. **Anberaumung** ἡ κατάστασις od. entspr. Verba.

anbeten προσκυνεῖν, θεραπεύειν τινά, auch σέβεσθαί τινα. **Anbeter** durch d. part. d. vhg. Verba; übtr. ὁ ἐραστής (Liebhaber), ἐπιθυμητής (Anhänger). **anbetreffen**, s. betreffen, anbelangen.

anbetteln, Einen, μεταιτεῖν τινα, E. um etw. προσ-, ἐπ-αιτεῖν τινά τι. **Anbetung** ἡ προσκύνησις.

anbetungswürdig πάσης θεραπείας ἄξιος 3.

anbieten προσφέρειν, παρέχειν u. M., παρίστασθαι, auch διδόναι. — sich Jmd. a. zu etw. ἐπιδιδόναι ἑαυτόν τινι εἴς τι. — versprechen ὁμολογεῖν; sich zu etw. ä. ὁμολογεῖν τι, ὑπο-, ἀναδέχεσθαί τι od. ἐπαγγέλλεσθαί τι od. m. f. inf. — Freundschaft a. προτείνεσθαι φιλίαν. — e. Schlacht a. βούλεσθαι μάχεσθαι. μάχην συνάπτειν.

anbinden 1) tr. a) durch Binden befestigen: δισμεύειν; an etw. ἐνδεῖν, προσδεῖν, προσάπτειν τινί τι, ἀναδεῖν τι πρός τι, ἀνάπτειν τι ἔκ τινος, ἐξάπτειν τί τινος od. ἔκ τινος, δεῖν τι πρός τι od. ἔκ τινος. — Schuhe a. ὑποδεῖν (sich a. M.). b) v. Geschenk geben. s. beschenken. — 2) intr. m. Jmd. a.: συνίστασθαί τινι, ἅπτεσθαί τινος; συνάπτειν τινί, ἀγωνίζεσθαί τινι od. πρός τινα, εἰς χεῖρας ἐλθεῖν τινι; vgl. einlassen 2) a). — kurz angebunden παρρησιαστικός 3., ὁ παρρησιαστής; auch χαλεπός 3. (ἀπροσήγορος, δυσέντευκτος 2. sp.). [δεσις od. entspr. Verba.

Anbinden, das, ἡ δέσις, ἀνά-. κατά-, προσ-, ὑπό-. **Anbiss** 1) d. Anbeissen: ἡ δῆξις; bildl. man hat nicht einmal d. A. von etw. οὐκ ἔξεστι γεύσασθαί τινος. — gleich beim ersten A. εὐθὺς ἀψαμένου τινος (εὐθὺς ἐπιχειρήσας τινί). — 2) = Imbiss, w. s.

anblasen καταφυσᾶν τι, ἐμφυσᾶν τινι. — d. Feuer φυσᾶν τὸ πῦρ (ἄνω), s. anfachen, anhauchen. **Anblasen**, das, ἡ φύσησις; s. Anfachen, Anhauch.

Anblick, 1) das Anblicken: ἡ ὄψις, ἐκ-, πρόσοψις, τὸ ἐμβλεμμα, ἡ θέα. — häufig durch e. part., z. B. bei diesem Anblicke flohen sie τοῦτο ἰδόντες ἔφυγον, gleich durch seinen A. setzte er sie in Schrecken εὐθὺς ὀφθεὶς φόβον ἐνέβαλεν αὐτοῖς u. ä. — 2) das, was man anblickt: ἡ θέα, τὸ θέαμα, ὁ θέαμα, τὸ εἶδος. — Auch hier durch Verba umschr., z. B. er ist schön von A. καλός ἐστιν ἰδεῖν od. θεάσασθαι. — angenehmen, traurigen A. gewähren ἡδονὴν (λύπην) παρέχειν τοῖς θεωμένοις.

anblicken βλέπειν, ἀνα-, ἀπο-βλέπειν πρός od. εἴς τινα, προσβλέπειν τινά (τινί), ἐμβλέπειν τινί (τινά), εἴς τινα. — drohend Jmd. a. ὑποβλέπειν τινά. [anschreien.

anblöken βληχᾶσθαι πρός τινα. — a. anfahren.

anbohren τρυπᾶν, κόπτειν. — e. Schiff τιτράσκειν, κόπτειν, ἀναρρηγνύναι ναῦν. — das Anbohren e. Schiffes ἡ νεὼς ἀναρρηξις.

anbrechen 1) tr. ἀπτίεσθαί τινος, γεύεσθαί τινος; e. Fass a. ἀνοίγειν πίθον. — 2) intr. a) v. Tage: ὑποφαίνεσθαι (DP.) u. ὑποφαίνειν, δια-, ὑπολάμπειν. — der Tag bricht an διαυγάζει, διαλάμπει. — die Nacht bricht an ἡ νὺξ ἐπέρχεται. — vgl. Anbruch. b) v. Esswaaren, Getränken = verderben, w. s.

anbrennen 1) tr. ἐμπιπράναι, καίειν, ἐπι-, ἐκκαίειν, s. anzünden. — ein wenig a. ὑποκαίειν. — 2) intr. anfangen zu brennen: ἐμπίκρασθαι, καίεσθαι, ἐπι-, ἐκ-καίεσθαι (P.). — a. lassen e. Gericht προσκαίειν. — **Anbrennen**, das, ἡ ἔμπρησις (ὁ ἐμπρησμός sp.); v. Gerichten ἡ πρόσκαυσις (sp.), gew. Verba.

anbringen 1) anfügen: προστιθέναι, προσφέρειν, προσβάλλειν, προσ-, συν-άπτειν τί τινι. — etw. in e. Gegenstande κατασκευάζειν τι ἔν τινι od. κατά τι. — etw. in d. Rede προσμιγνύναι τι τῷ λόγῳ, χρῆσθαί τινι ἐν τῷ λόγῳ. — daran angebracht sein προσεῖναί τινι, κατεσκευάσθαι ἔν τινι. — 2) an d. passenden Ort bringen od. bei schicklicher Gelegenheit vorbringen: εὖ od. καλῶς τιθέναι. — Worte, Vorstellungen a. dgl. προσφέρειν u. προσφέρειν λόγους u. ä. — was hast du anzubringen? τί ἔχεις; τίνων δέει; — etw. bei Einem a. haben δεῖσθαί τινος. — vor Gericht a. ἀναφέρειν τι εἰς τοὺς δικαστάς, εἰσαγγέλλειν; e. Klage a., s. Klage. — Waaren a., s. verkaufen, seine Tochter a., s. verheirathen. eine Person a., s. unterbringen, versorgen, sein Geld a., s. durchbringen. — gut angebracht εὔκαιρος 2., καίριος 3. εὔθετος 2.; übel ang. ἄκαιρος 2.

Anbringen, das, 1) ἡ πρόσθεσις, προσφορά. — 2) Vorstellung,Gesuch, Bitte: ὁ λόγος, ἡ ἔντευξις, δέησις. — Anklage ἡ εἰσαγγελία.

Anbruch 1) d. Tages ἡ ἕως, ὁ ὄρθρος. — m. A. d. Tages ἅμα (τῇ) ἕῳ, ἅμα (τῇ) ἡμέρᾳ, ἡμέρας γιγνομένης (ὑποφαινομένης, διαλαμπούσης). — vor A. d. Tages πρὸ (τῆς) ἕω, πρὸ ἡμέρας. — es ist gegen A. d. T. γίγνεται od. ἐστὶ πρὸς ἡμέραν. — m. A. d. Frühlings ἅμα (τῷ) ἦρι, πρὸς γιγνόμενον. — in e. Bergwerke: ἡ καινοτομία. — 3) bei Esswaaren u. dgl. ἡ σῆψις, διαφθορά.

anbrüchig σαπρός, σαθρός 3. — **Anbrüchigkeit** ἡ σαπρότης, σαθρότης.

anbrummen τονθορύζειν πρός τινα.

Andacht 1) Aufmerksamkeit : ἡ προσοχή. — bes. religiöse A. ἡ εὐφημία. — 2) Andachtsübung: αἱ εὐχαί. — seine A. verrichten τὰς εὐχὰς ποιεῖσθαι; im antiken Sinne θύειν, θυσίαν ποιεῖσθαι.

andächtig προσεκτικός 3. — religiös a. εὔφημος 2; auch εὐσεβής, θεοσεβής 2. — a. schweigen εὐφημεῖν, d. a. Schweigen ἡ εὐφημία.

andauern δια-, ἐπι-μένειν, ἀντέχειν.

Andenken 1) Erinnerung: ἡ μνήμη, μνεία, ἀνάμνησις. — gutes: ruhmvolles A. ἡ καλὴ ἐννοία; od. μετὰ δόξης μνήμη. — ewig ruhmvolles A. ἡ ἀείμνηστος δόξα. — etw. im A. behalten ἐν μνήμῃ ἔχειν τι, διὰ μνήμης ἔχειν τι, μνήμην ἔχειν τινος, ἐν μνήμῃ φυλάττειν. — im A. bleiben μνήμης τυγχάνειν, im immerwährenden A. bleiben τὸν ἀεὶ χρόνον μνήμης τυγχ. — (noch) im frischen A. (ἔτι) ἔναυλος 2. — d. A. v. etw. vernichten ἀφανίζεσθαι μνήμην τινός, ἀφανίζειν τὸ ἀνθρώπων μνῆμός. — 2) etw. was d. A. e. Sache erhält: τὸ μνῆμα, μνημεῖον, μνημόσυνον, ὑπόμνημα, selten ἡ μνήμη.

andere, (der, die, das) 1) einer von vielen: ἄλλος, η, ο. — pl. Andere ἄλλοι; die A. οἱ ἄλλοι (ceteri, οἱ λοιποὶ ἐπίλοιποι 2. sp.) (wenn v. zwei Parteien d. Rede ist). — e. A. u. wieder ein A. ἄλλος καὶ ἄλλος; Einer nach dem A. ἄλλος ἐξ ἄλλου, ἄλλος ἐπ' ἄλλῳ; der Eine sagt dies, der A. jenes ἄλλος ἄλλα λέγει, der E. auf diese, der A. auf jene Weise ἄλλος ἄλλως, der E. von da, der A. von dort ἄλλος ἄλλοθεν u. dgl. — an e. Orte ἄλλοθι, ἀλλαχοῦ, auf e. Weise ἄλλῃ, ἄλλως, ἄλλοθι, in e. a. Falle ἄλλοθι. e.a. Mal ἄλλοτε, αὖθις, nach

anderrseits — anerkennen. 25

e. a. Orte hin ἄλλοσε, ἀλλαχῆ. — der E.... der A.
ἄλλος μὲν ... ἄλλος δέ, ὁ μὲν ... ὁ δέ (ὁ μέν
τις ... ὁ δέ τις), auch ὁ μὲν ... ἄλλος δέ (pl. οἱ
μὲν ... ἕτεροι δέ); ein Mal ... ein a. Mal ἄλλοτε
μὲν ... ἄλλοτε δέ. — Einer des u. s. w. Andern
(einander) ἀλλήλων u. s. w. — unter anderen auch
ἄλλα τε καί (u. mehr hervorhebend: καὶ δὴ καί),
z. B. sie fanden viele Lebensmittel u. unter a. auch
Wein in Schläuchen εὗρον ἄλλα ἐπιτήδεια πολλά
τε καὶ οἶνον ἐν ἀσκοῖς. — Einer um den A. κατὰ
διαδοχήν, ἐκ περιτροπῆς. — er mit drei, vier u.
s. w. A. τέταρτος, πέμπτος αὐτός. — jeder A.
πᾶς τις, ὁ τυχών. — Irgend ein A. ἄλλος τις. —
um nichts schlechter als irgend ein A. οὐδενὸς
χείρων. — Bezieht sich „andere" auf ein subst. im
Satze so, dass zu dem adj. derselbe subst. Begriff
ergänzt werden muss, so wiederholt man d. subst.,
z. B. e. Bruder liebt den a. φιλεῖ ἀδελφὸς ἀδελ-
φόν, von einer Stadt zur a. wandern πόλιν ἐκ
πόλεως ἀμείβειν. — einem A. gehörig ἀλλότριος 3.
— 2) einer von zweien ἕτερος 3.; δεύτερος 3. (der
zweite) — auf der a. Seite ἑτέρωθι, auf die a.
Seite ἑτέρωσε, von der a. Seite ἑτέρωθεν. — die
andere Partei οἱ ἕτεροι, τὰ ἕτερα. — 3) verschie-
den, verschiedenartig: ἄλλος, ἕτερος, ἀλλοῖος, ἑτε-
ροῖος 3., διάφορος 2. — etw. a. als das Gute ἄλλο
(ἕτερον) τοῦ ἀγαθοῦ. — nichts a. als οὐδὲν ἄλλο
ἤ, ἄλλο οὐδὲν εἰ μή. — was anders als? τί ἄλλο
ἤ; ἄλλο τι ἤ; vgl. übrigens „als" 1) c). — Man
merke noch, dass die Griechen sich in diesem
Falle manchmal d. compos. m, μετά bedienen, z. B.
μετονομάζεσθαι (P.) e. a. Namen erhalten, μετ-
οικεῖν nach e. a. Orte ziehen, ferner dass viele
Zssizgen m. ἄλλος u. ἕτερος üblich sind, z. B. von
e. a. Stamme ἀλλόφυλος, v. e. a. Farbe ἑτερό-
χροος u. dgl.
andererseits τοῦτο δέ, τὰ δέ (nach vhg. τοῦτο
μέν, τὰ μέν); auch bloss δέ (nach vhg. μέν).
Andergeschwisterkind ὁ ἀνεψιαδοῦς (ἀνεψιά-
δης sp.). fem. ἡ ἀνεψιαδῆ.
anderntheils, s. andererseits.
andern ἄλλῃ, ἄλλως, ἀλλαχῆ, ἄλλοθι, ἑτέρως.
irgendwie a. ἄλλῃ πῃ, ἄλλως πως, ἑτέρως πως.
irgendwo a., s. anderswo. — als anderswo ἀλ-
λοῖος, ἑτεροῖος 3., a. als gewöhnlich ἑτέρως τῶν
εἰωθότων, διαφερόντως. — bald so bald a. ἄλλοτε
ἄλλως. — wenn anders εἴπερ. — a. gesinnt sein
ἐν τὴν αὐτὴν γνώμην ἔχειν τινί. a. reden als
man denkt ἄλλα μὲν ἐν ᾧ ἔχειν, ἄλλα δὲ λέγειν.
— a. machen ἀλλοιοῦν, ἑτεροιοῦν, ἀλλάττειν, μετα-
βάλλειν. — es ist nichts anders als oh ... σχε-
δὸν ὅσοι μοι m. entspr. inf. — es geht nicht a.
οὐκ ἔστι παρὰ ταῦτ' ἄλλα. — zuw. durch compos.
m. μετά, z. B. a. stellen μετατιθέναι, a. ausfallen
μεταπίπτειν. — Auch gebraucht man Zssizgen
m. ἄλλος, ἕτερος, z. B. andersfarbig ἀλλόχροος,
ἑτερόχρους. — [ἄλλως, ὡς ἑτέρως.
anderswie ἄλλῃ πῃ, ἄλλως πως, ἑτέρως πως.
anderswo ἄλλοθι, ἀλλοθί που, ἄλλῃ, ἀλλαχοῦ,
ἀλλαχόθι, ἀλλαχῇ, ἑτέρωθι. — nirgend a. ἄλλοθι
οὐδαμοῦ.
anderswoher ἄλλοθεν (ἀλλαχόθεν sp.). — irgend
a. ἀλλοθέν ποθεν. — nirgend a. ἀλλοθεν οὐδα-
μόθεν. — der a. ist ἀλλοδαπός 3.
anderswohin ἄλλοσε, ἀλλαχόσε, ἄλλῃ, ἀλλαχῇ,
ἑτέρωσε. — irgend a. ἀλλοσέ ποι. — nirgend a.
ἄλλοσε οὐδαμόσε.
anderthalb εἰς καὶ ἥμισυς, a. Obolen ὀβολὸς καὶ
ἥμισυς, δβ. καὶ ἡμιωβόλιον, auch τριημιωβόλιον.
— a. Fuss τριημιπόδιον, a. Fuss lang τριημιπο-
διαῖος 3. — a. Mal so viel od. gross ἡμιόλιος 3.
(als etw. τινός).

anderwärts, s. anderswo u. anderswohin.
anderweltig ἄλλος, η, o. — als adv., s. anderswo.
andeuten 1) σημαίνειν, δια-, ἐπι-σημαίνειν u. M.
(eig. durch Zeichen), φράζειν (durch Worte);
δηλοῦν, φαίνειν (offenbaren); etw. Künftiges a.
προσημαίνειν, μαντεύεσθαι. — 2) im Gegens. zu
d. deutlichen Auseinandersetzg.: ὑποδεικνύναι,
ὑποδηλοῦν; αἰνίττεσθαι (dunkel a.); ὑπογράφειν
(e. Entwurf od. Riss machen). — 3) bedeuten, be-
fehlen Einem etw.: ἐπι-, παρ-αγγέλλειν, προαγο-
ρεύειν τινί τι.
Andeutung 1) als Handlg. ἡ δήλωσις (ἔμφασις,
ὑπόδειξις sp.); ἡ μαντεία. — 2) als Sache τὸ σημεῖον; τὸ τέρας (Anzeichen); ἡ ὑπογραφή (Ent-
wurf, Abriss). — Vgl. Befehl.
andichten πλάττεσθαί τι περί τινος u. ἐπί τινα,
καταψεύδεσθαί τί τινος, auch ψευδόμενον ἐπι-
φέρειν τί τινι.
andonnern 1) ἐμβροντᾶν (auch übtr.); ἐπιπλήττειν
τινί (nur übtr.). — wie angedonnert οἷον ἐμβε-
βροντημένος, ἐμβρόντητος. — 2) heftig an etw.
pochen: σφόδρα κρούειν, κόπτειν τι.
Andern τὸ καμπλοπόδιον.
andrängen ὠθεῖν πρός τι; sich an Einen drängen:
ἐγ-, προσ-κεῖσθαί τινι, προσπίπτειν τινί.
Andrang ἡ ἐπιφορά, ὁρμή, ἐπιδρομή, ῥύμη. —
A. v. Menschen ὁ ὄχλος.
andringen ἐπι-, προσ-φέρεσθαι P., ἐγ-, προσ-
ἐπι-κεῖσθαι, προσβάλλειν (auf Jmd. τινί), ἐφορ-
μᾶν τινι u. πρός τινα. — Andringen, s. Andrang.
androhen ἀπειλεῖν, ἐπαπειλεῖν.
Androhung ἡ ἀπειλή, gew. Verba.
andrücken προσπιέζειν. — sich a. ἐγ-, προσ-κεῖ-
σθαί τινι, προσφύεσθαί τινι.
anduften προσπνεῖν τινι.
aneignen, sich, προσποιεῖσθαι, ἐξιδιοῦσθαι, ἐξι-
διάζεσθαι; κτᾶσθαι, ἐπικτᾶσθαι, περιβάλλε-
σθαι; σφετερίζεσθαι (widerrechtlich). — οἱ-
κειοῦν (gew. M.) u. συνοικειοῦν ἑαυτῷ (v. Pers.).
— ἀναλαμβάνειν, καταμελετᾶν (e. Wissen).
angeeignet ἐπίκτητος 2. (opp. ἔμφυτος).
Aneignung ἡ προσποίησις (ὁ ἐξιδιασμὸς sp.); ἡ
κτῆσις; ὁ σφετερισμός; ἡ οἰκείωσις.
aneinander s. einander.
aneinanderstossend συνεχής 2.
Anekdote ὁ λόγος, τὸ ἀπόφθεγμα (witzige Rede).
anekeln, s. ekeln. [τὸ διηγημάτιον sp.
Anemone ἡ ἀνεμώνη.
anempfehlen, Jmd. etw., παραινεῖν od. εἰσηγεῖ-
σθαί τινί τι. — Einen προξενεῖν τινα; s. em-
pfehlen.
anerben παραδίδοσθαι τοῖς ἐπιγιγνομένοις. —
angeerbt πάτριος 2., παρὰ τοῦ πατρὸς od. παρὰ
τῶν πατέρων παρειλημμένος 3.; ἔμφυτος 2. (an-
geboren). — es ist mir ein. a. ἐμπέφυκέ μοί τι,
φύσει ἔνεστι od. ὑπάρχει μοί τι.
anerbieten, s. anbieten.
Anerbieten, -ietung τὸ ἐπάγγελμα, ἡ ἐπαγγελία. —
A. machen ἐπαγγέλλεσθαί τι, προτείνειν (u. M.) τι,
anerkannt σαφής 2. (auch sup.), ὁμολογημένος 3.
— ein Mann v. a. Tugend sein εὐδοκιμεῖν ἐπ'
ἀρετῇ. — anerkanntermassen ἐξ ὁμολογουμένου.
anerkennen 1) δέχεσθαι, ἀνα-, ἀπο-δέχεσθαι,
γνωρίζειν, ἀναγνωρίζειν (etw. für das, was es
ist, erkennen). δέχεσθαι, ἀνα-, ἀπο-δέχεσθαι
(etw. als richtig od. giltig a.). — Einen als König
δέχεσθαί τινα βασιλέα (v. Volke, προσκυνεῖν
τινα β. v. den Könizen). — e. Kind als das sei-
nige ἀναιρεῖσθαι; Einen als Sohn εἰς. ἀνα-δέ-
χεσθαί τινα παῖδα. — ὁμολογεῖν τι (zugeben,
einräumen); ἐπαινεῖν (m. Lob a.); dah. aner-
kannt werden εὐδοκιμεῖν, nicht a. werden ἀμε-

λεῖσθαι, παραμελεῖσθαι *P.*, ἐν οὐδενὸς εἶναι λόγῳ.

anerkennenswerth ἄξιος 3. λόγου, οὐ μεμπτός 3.

Anerkennung ὁ ἔπαινος, ἡ τιμή; übr. s. d. Verba, z. B. A. finden = anerkannt werden u. dgl.

anerschaffen ἐμφύειν τί τινι, ἐντίκτειν τι ἔν τινι, τί τινι. — als part. ἔμφυτος 2., φύσει ἐνών od. προσών 3. τινι.

anfachen *a)* eig. ῥιπίζειν, ἀναρ-, ἐκ-ριπίζειν, ἐρεθίζειν; auch ζωπυρεῖν, ἐγείρειν (φλόγα); ἐξεγείρειν (ἄνθρακα). *b)* übtr. ἐκκαίειν, ἐκ-, ἀναζωπυρεῖν, ἐρεθίζειν.

Anfachung ἡ ῥίπισις, ἐκζωπύρησις. .

anfächeln προσ-, ἐπι-πνεῖν.

Anfänger 1) Urheber, w. s. — 2) der etw. zum ersten Male versucht: πρωτόπειρος 2. τινος; der anfängt etw. zu lernen ὁ περὶ τὰς ἀρχὰς (περὶ τὰ στοιχεῖα) σπουδάζων.

anfänglich (τὸ) πρῶτον, (τὰ) πρῶτα; ἐξ ἀρχῆς. (τὸ) κατ᾽ ἀρχάς.ἀρχήν,τὴν ἀρχήν. — ἀρχόμενος 3.

anfärben κατα-, ἐπι-, ἀνα-χρωννύναι, ἐπιχρώζειν, ἐπιχρωματίζειν.

Anfärbung ἐπί-.ἀνά-, κατά-χρωσις.

anfahren 1) *intr. a)* fahrend wohin gelangen: προσελαύνειν τινί od. πρός τι (m. e. Wagen); προσορμίζεσθαί τινι od. πρός τι (in. e. Schiffe), κατακλεῖν εἰς od. ἐπί τι. *b)* im Fahren anstossen: v. e. Schiffe ὀκέλλειν πρός τι; in d. Eile wo anstossen προσπταίειν τινί. — 2) *tr. a)* durch Fahren herbeischaffen: προσκομίζειν, ἐπι-, προσάγειν. *b)* Jmd. m. Worten: ἐπιπλήττειν τινί. καθάπτεσθαί τινος, χαλεπῶς προσφέρεσθαί(*P.*) τινι.

Anfahren, das, 1) Herbeischaffung: ἡ ἐπ-, προσαγωγή. — 2) m. Worten: ἡ ἐπίπληξις. — Sonst Verba.

Anfall 1) Angriff: ἡ εἰσβολή, εἰσ-, ἐπι-δρομή, ὁρμή (v. Feinde); καταβολή, auch ὁρμή, εἰσβολή, λαβή (v. e. Krankheit), ἡ πυρετοῦ καταβολή (A. v. Fieber); προσβολή (v. e. Gemütsstimmung); ὁ παροξυσμός (v. Fieber); derlei Anfälle bekommen ἐπιπαροξύνεσθαι *P.* — 2) = Erbschaft, w. s.

anfallen 1) angreifen: προσ-, ἐπι-πίπτειν τινί, προσβάλλειν τινί od. πρός τινα, ὁρμᾶν (ὁρμᾶσθαι *DP.*) ἐπί τινα. ἐφορμᾶν τινι; ἐπιφέρεσθαι *P.*, ἐπιτίθεσθαι u. ἐγκεῖσθαί τινι; ἐπιπηδᾶν τινι (darauf losspringen); e. Land a. εἰσβάλλειν εἰς χώραν; e. Stadt προσβάλλειν πόλει od. πρὸς πόλιν. — v. Krankheiten, s. befallen. — 2) zufallen, anheimfallen, w. s.

Anfang ἡ ἀρχή, καταρχή. — e. Rede, Abhandlung τὸ προοίμιον; bei e. musikal. Vortrage ἡ ἀναβολή. — Im A., s. anfänglich. — v. A. an ἐξ od. ἀπ᾽ ἀρχῆς. — mit A. d. Winters τοῦ χειμῶνος ἀρχομένου,m. A.d.W.ἅμα χειμῶνι ἀρχομένῳ. — v. A. bis zu Ende ἐξ ἀρχῆς μέχρι τέλους, ἀρχόμενος καὶ διὰ τέλους; bildl. ἐκ τῶν ποδῶν εἰς τὴν κεφαλήν. — d. A. machen, s. anfangen; „mit dem Schwersten den A. machen" sprichw. ἐν πίθῳ τὴν κεραμείαν μανθάνειν — den A. nehmen τὴν ἀρχὴν λαμβάνειν, τὸ πρῶτον γίγνεσθαι, ἄρχεσθαι ;γίγνεσθαι τὸ πρῶτον od. bloss ἄρχεσθαι; d. A. ist d. Hauptsache ἀρχὴ ἥμισυ παντός, ohne A.ἄναρχος 2.(sp.);ἀκέφαλος 2.(v.Schriften).

anfangen 1) *tr. a)* den Anfang mit etw. machen: ἄρχειν u. *M.* (d. *A.* wenn e. anderes Subject, d. *M.*, wenn dasselbe d. Handlung fortsetzt), κατ-, ὑπ-, ἐξ-ἄρχειν. etw. τινός; auch umschr. τὴν ἀρχὴν ποιεῖσθαί τινος. auch τὴν ἐμβολὴν ποιεῖσθαι. — der inf. im deutschen wird entw. durch d. *part.* od. d. *inf.* gegeben, z. B. ἄρχομαι μανθάνων (ich bin mit dem Lernen im Anfange begriffen), ἄρχομαι μανθάνειν (ich beginne mit dem

Lernen und daher mit nichts anderem) u. ebenso ὁρμῶμαι λέγειν. — *b)* etw. verrichten, ins Werk setzen, unternehmen: ἐπιχειρεῖν τινι, ἐνστήσασθαί τι, ἅπτεσθαί τινος, ἐπιβάλλεσθαι m. *inf.*. auch ποιεῖν, πράττειν. — was ist da anzufangen? τί δεῖ ποιεῖν (πράττειν); c) etw. m. Einem od. etw. a.: χρῆσθαί τινι. — was soll ich damit a.? τί χρήσομαι τούτῳ; — es ist damit nichts a. οὐδὲν ὄφελός ἐστι τούτου. — mit ihm ist nichts a. οὐκ ἔστι προσφέρεσθαι (*P.*) αὐτῷ. — etw. recht od. verkehrt a. καλῶς (κακῶς) χρῆσθαί τινι. — 2) *intr.* = den Anfang nehmen: ἄρχεσθαι, ἀρχὴν λαμβάνειν, ἀρχὴ γίγνεταί τινος. — mit od. bei etw. den Anfang n. ἄρχεσθαι ἀπό (ἐκ) τινος. — die Griechen gebrauchen nicht selten eigene *verba inchoativa*, z. B. zu altern a. γηράσκειν, od. *compos.* mit ἐκ, ἀνά. z. B. zu brennen a. ἐκφλέγεσθαι *P.*, zu schreien a. ἀναβοᾶν, u. bei Verben, die e. Zustand ausdrücken, das *fut.* u. den *aor.*, wo wir eine Umschreibung mit „anfangen" anwenden, z. B. als ich anfing krank zu werden ἐπεὶ ἐνόσησα. **anfangs**, s. anfänglich.

Anfangsbuchstabe τὸ πρῶτον γράμμα (στοιχεῖον).

Anfangsgründe αἱ ἀρχαί, τὰ στοιχεῖα, τὰ πρῶτα. — d. A. betreffend στοιχειώδης 2.

Anfangspunkt ἡ ἀρχή; vgl. Ausgangspunkt.

Anfangswort τὸ πρῶτον ῥῆμα.

anfassen λαμβάνειν τι; λαμβάνεσθαι, ἐπι-, ἀντιλαμβάνεσθαί τινος, ἅπτεσθαί τινος. — Jmd. bei d. Hand λαμβάνειν τινὰ χειρός.

Anfassen, das, ἡ ἀντίληψις; ἡ λαβή, ἀφή; gew. Verba, s. faul werden.   [Verba.

anfechten 1) angreifen, streitig machen, etw. προσμάχεσθαί τινι, ἐναντιοῦσθαί (*DP.*) τινι; Jmds. Ehre διαβάλλειν τινά, ἐπηρεάζειν τινί; e. Testament πειρᾶσθαι ἄκυρον ποιεῖν τὰς διαθήκας. — 2) beunruhigen: ταράττειν, κινεῖν, ἐνοχλεῖν τινα u. τινι, πράγματα παρέχειν τινί. — Ich lasse mich von etw. nicht a. ἀμελῶ (ὀλιγωρῶ) τινος, οὐδένα λόγον ποιοῦμαί τινος, οὐ φροντίζω τινός (sprichw. οὐ φροντὶς Ἱπποκλείδῃ): was ficht dich an dass du also schmähest? τί παθὼν οὕτω λοιδορεῖς; — lass dich das nicht a. μηδέν τι ᾖ μέλει.

Anfechtung 1) ἡ ἐναντίωσις; der Ehre ἡ διαβολή, ἐπήρεια. — 2) ἡ ταραχή, ἐνόχλησις, φροντίς. μέριμνα, ὁ πόνος; vgl. Versuchung.

anfeinden, Einen, δυσμενῶς ἔχειν τινί od. πρός τινα, ἐχθαίρειν od. μισεῖν τινα (in d. Gesinnung). — πολεμεῖν τινι, κακοῦν τινα, ἐναντιοῦσθαι (*DP.*) τινι (durch d. That). — v. Jmd. a. werden ἀπεχθάνεσθαί τινι.

Anfeindung ἡ δυσμένεια, ἔχθρα. τὸ μῖσος (in Gesinnung); ἡ κάκωσις (durch That).   [tigung

anfertigen, Anfertigung, s. verfertigen, Verfertigung.

anfeuchten δεύειν, ἀναδεύειν, βρέχειν, ἐπι-, κατα-βρέχειν, ἐπιρραίνειν; ἄρδειν, ὑγραίνειν.

Anfeuchtung ἡ βροχή, ἐπι-, κατα-βροχή, ἀρδεία. ἄρδευσις; gew. Verba.

anfeuern ἐπι-, ἐκ-καίειν, πυρπολεῖν (eig.). — ἀναζωπυρεῖν, ἐπιρρωννύναι, παρορμᾶν, παροξύνειν,παρεγγυᾶν; διακελεύεσθαι,ἐγκελεύεσθαί τινι, παρακελεύεσθαί τινι; ἐπικελεύειν (u. *M.*) τινί (wiederholt a).   [σφός, ἡ ἐπι-, παρα-κέλευσις.

Anfeuerung ἡ παρόρμησις; ὁ δια-, παρα-κελευσμός.

anflammen, s. entflammen.

anflattern, s. anfliegen.

anflehen προσ-, ἐπι-καλεῖν τί τινι. ἀντιβολεῖν, ἱκετεύειν τινά. ἱκετεύειν ποιεῖσθαί τινος, ἐπικαλεῖσθαί τινα (zu Hilfe rufen); εὔχεσθαι, προσεύχεσθαί τινι (v. d. Göttern).

Anflehung ή ἀντιβόλησις, ἱκετεία, προστροπή, αἱ εὐχαί.

anflehen προσράπτειν.

anfliegen a) ἐπι-, προσ-πέτεσθαι (heranfliegen). — προσφέρεσθαι (P.) τινι, φέρεσθαι κατά τινος. φερόμενον προσπταίειν τινί (an etw. in eiliger Bewegung anstossen). — übtr. v. Gemüthsstimmungen u. dgl. ταχύ προσγίγνεσθαι, ἐμ-, προσπίπτειν τινί. b) v. Gewächsen παραβλαστάνειν.

anfliessen ἐπιρρεῖν.

anfliessen διανομίζειν κατά τόν ποταμόν.

anfluchen ἐπ-, κατ-αρᾶσθαι τινί τι.

Anflug a) e. A. von Röthe bekommen ὑπερυθριᾶν; m. e. A. v. R. ὑπέρυθρος 2.; e. A. v. Schwermuth ὥσπερ τις βαρυθυμία; so e. A. v. Bildung ἐπιπόλαιός τις παιδεία. b) v. Gewächsen τά παραβλαστήματα.

Anforderung ή ἀξίωσις. — A. an Jmd. machen ἀξιοῦν τι παρά τινος, ἀπαιτεῖν τινά τι; πράττεσθαί τινά τι (Geld). — gerechte A. an Jmd. haben δικαιώματα ἔχειν πρός τινα.

Anfrage τό ἐπερώτημα. — e. A. stellen an Jmd. ἐπερωτᾶν τινά τι, ἀνακοινοῦσθαί τινι περί τινος.

anfragen ἐρωτᾶν, ἐπερωτᾶν (ao. ἐπερέσθαι), bei Einem um etw. τινά τι; πυνθάνεσθαί τινος τι; λόγους προσφέρειν τινί περί τινος. — s. befragen.

anfressen περιτράγειν, περιβιβρώσκειν, auch ἅπτεσθαί τινος.

anfrieren περι-, συμ-πήγνυσθαί (P.) τινι (auch m. d. Zusatze ὑπό ψύχους).

anfrischen a) eig. ἀναψύχειν. b) übtr. ἐγείρειν, ἀνεγείρειν(wieder kräftig machen), ἀποκαθιστάναι (wieder herstellen); παρορμᾶν, παροξύνειν (ermuthigen).

Anfrischung a) eig. ή ἀναψυχή (ἀνάψυξις sp.). — 2) ή ἀποκατάστασις sp.; ή παρόρμησις.

anfügen προσ-, συν-άπτειν τινί τι; ἐφ-, συν-αρμόττειν, προσστιθέναι τινί τι; ξευγνύναι πρός τι.

Anfügung ή ἐφάρμοσις, πρόσθεσις, ξεύξις.

anfühlen ἅπτεσθαι, ἐφ-, καθ-άπτεσθαί τινος; ψαύειν τινός; ψηλαφᾶν, ἐπιψηλαφᾶν τι.

Anfühlen, das, ή ἁφή, ψηλάφησις.

anführen 1) a) leiten: ἄγειν τινά; ἡγεῖσθαι, ἐξ-, καθ-, προ-ηγεῖσθαί τινι. b) e. Heer a: ἡγεῖσθαι, ἡγεμονεύειν, ἡγεμόνα εἶναι, στρατηγεῖν m. gen.; ἄγειν τήν στρατιάν. — 2) vorbringen, angehen: λέγειν, καταλέγειν (aufzählen); προφέρειν; ἀπομνημονεύειν τι, ἐπιμιμνήσκεσθαί (DP.) τινος (erwähnen): παραβάλλειν, παρατίθεσθαι, παρέχειν (Beispiele, Beweise, Gründe); ἐπάγεσθαι, παρέχεσθαι (Beweise, Zeugen); auch χρῆσθαί τινι z. B. παραδείγμασιν; ὀνομάζειν (nennen). — 3) täuschen, hintergehen w. s.

anfüllen ἐμπιπλάναι, ἀνακιμπλάναι, πληροῦν, ἀναπληροῦν; μεστοῦν, ἀναμιστοῦν (ganz a. selten) τι τινος; γεμίζειν (vollpacken, befrachten τί τινος). — sich a. ἐμπίπλασθαι (P.), ἐμφορεῖσθαι (DP.) τινος. — angefüllt, s. voll.

Anfüllung ή πλήρωσις, ἔμπλησις. — d. Vollsein ή πλησμονή. [ἆρσις, ἔμβασις.

Anfurt ό ὅρμος (πρόσορμος sp.): ή προσβολή, κατ-

Angabe 1) Aussage: ό λόγος; der A. nach λόγω; gew. aber durch Verba, z. B. nach seiner A. ἐξ ὧν φησι od. λέγει, nach dieser A. ἐκ τούτων τῶν εἰρημένων. — nach der A. Anderer ἐξ ἀκοῆς (nach Hörensagen); ich kann eine A. Früherer anführen ἀκοήν ἔχω λέγειν τῶν προτέρων. — Im Bes. ή δήλωσις (Bekanntmachung), ό ὁρισμός διορισμός (Festsetzung), ή ὁμολογία (Eingeständniss), ή πρόφασις (Vorwand). — 2) Anzeige, Anklage: ή δήλωσις, ή μήνυσις; τό μήνυμα (d. Inhalt der A.). — s. Angeld.

angähnen χάσκειν πρός τινα, ἐγχάσκειν τινί od. πρός τινα. [κεχηνότα θεᾶσθαί τι.

angaffen κεχηνέναι πρός τι, προσκεχηνέναι τινί,

angeben 1) aussagen: λέγειν, φάναι; φράζειν (mittheilen); σημαίνειν (andeuten); δηλοῦν (bekannt machen) u. ebenso φαίνειν, ἐκφαίνειν, ἀποδεικνύναι; διδάσκειν(belehren); καταλέγειν. διέρχεσθαι (im Einzelnen a.); ὁμολογεῖν (eingestehen): ἀποφαίνεσθαι (τήν) γνώμην (seine Meinung a.). — vgl. noch „anführen." — 2) anzeigen, anklagen: μηνύειν, καταμηνύειν, εἰσαγγέλλειν, φαίνειν, ähnl. κατηγορεῖν τινος. — fälschlich, boshaft a. διαβάλλειν, συκοφαντεῖν. — s. verrathen. — 3) Einem etw. an d. Hand geben: εἰσηγεῖσθαι, ὑποβάλλειν, ὑποτίθεσθαι (τινί τι). — e. Plan entwerfen ὁρίζειν, ὑπογράφειν. — d. Ton a. ἐνδίδοναι μέλος u. übtr. ἡγεῖσθαί τινος, ὑφηγεῖσθαί τινος, χορηγεῖν τινος. — s. darangeben.

Angeben, das, 1) Anzeige, Anklage: ή μήνυσις, κατηγορία, φάσις; fälschliche, boshafte A. ή διαβολή, συκοφαντία. — 2) d. an d. Hand Geben: ή εἰσήγησις. — s. Angabe.

Angeber ό μηνυτής, κατήγορος; falscher, boshafter A. ό συκοφάντης, διαβάλλων, ὄντος.

Angeberei (im schlimmen Sinne) ή συκοφαντία,

Angeberlohn τά μήνυτρα. [διαβολή.

Angebinde τό δῶρον.

angeblich λεγόμενος 3. — adv. λόγω (μέν ... opp. ἔργω δέ), πρόφασιν (a. — opp. τό δ' ἀληθές).

angeboren ἔμφυτος u. σύμφυτος 2, ἐμπέφυκός 3., φύσει ἐνών od. προσών 3. — es ist a. ἐμπέφυκε, φύσει ἔνεστι od. πρόσεστι, ὑπάρχει u. dgl.

angedeihen lassen παρέχειν u. M., χαρίζεσθαί τινί τι; μεταδιδόναι τινί τινος.

Angedenken, s. Andenken.

angeerbt, s. anerben.

angefüllt, s. voll.

Angehänge τό ἄρτημα, παράρτημα, περίαμμα.

angehen 1) tr. a) sich Jmd. nähern: προσιέναι τινί; bes. wegen e. Sache, z. B. e. Bitte προσέρχεσθαι τινί; dann geradezu: δεῖσθαί (DP.) τινος, ἀξιοῦν τι παρά τινος u. dgl.) betreffen: προσήκειν τινί, εἶναί τινος u. dgl. — mich geht die Sache gar nichts an: ἐμοί οὐδαμόθεν προσήκει τούτου τοῦ πράγματος. — was geht das dich an? τί δέ σοί τοῦτο; was mich angeht τό μέν ἐμοῦ ἕνεκα. — in naher Beziehung, in Verwandtschaft mit Jmd. stehen: προσήκειν τινί. — Einer der uns nahe angeht προσήκων, οἰκεῖος 3. (opp. ἀλλότριος 3.). — 2) intr. a) anfangen: ἄρχεσθαι, ἀρχήν λαμβάνειν; z. B. aber durch besondere Redungen, z. B. die Versammlung geht an πληροῦται ή ἐκκλησία, d. Kampf g. an ὁ ἀγών συνέστηκεν, d. Frühling g. an τό ἔαρ ἐπιγίγνεται, mit zunehmendem A. ... ein angehender Jüngling ή ἔφηβος. — ang. Priesterin ή μελλιέρη, ang; Ehemann ό μελλονύμφιος. — d. Feuer geht an ἡ

φλόξ ἐγείρεται, d. Holz g. an τὰ ξύλα ἅπτεται; d. Fleisch g. an = wird faul, d. Knochen g. an σφακελίζει τὸ ὀστοῦν. b) gestattet, möglich, schicklich sein: ἐγχωρεῖ, ἐγγίγνεται, ἐνδέχεται, ἔνεστι, ἔνι, ἔξεστι, πάρεστι, ἔστι. — wenn es angeht εἰ θέμις. — wie es nur angeht ὅπῃ ἄν παρείχῃ. — das geht nicht an οὐκ ἔστι ταῦτα, οὐ θέμις, ἀδύνατόν ἐστι. — da es angeht ἐξόν, ἐνόν, παρόν (opp. ἀδύνατον ὄν). — erträglich, mittelmässig sein μέτριον εἶναι, ἐπιεικῶς ἔχειν.
angehören εἶναί τινος. — was mir angehört τὰ ἐμά (opp. τὰ ἀλλότρια). — v. Verwandtschaft: προσήκειν τινί.
angehörig ἴδιος, οἰκεῖος 3. — das mir Angehörige τὰ ἐμά, das Einem A. τά τινος (opp. τὰ ἀλλότρια). — v. Verwandtschaft προσήκων 3., συγγενής 2. — die Angehörigen οἱ προσήκοντες, συγγενεῖς, οἰκεῖοι.
angeifern ἔμ-, προσ-πτύειν τινί; s. verleumden.
Angeklagter ὁ φεύγων, ὄντος.
Angel a) d. Fischer: τὸ ἄγκιστρον; zu c. A. machen ἀγκιστροῦν; m. d. A. fischen ἀγκιστρεύειν. — an d. A. anbeissend ἀγκιστροφάγος 2. b) an d. Thüre: ἡ στρόφιγξ, ἴγγος, ὁ στροφεύς. c) v. anderen Dingen: ὁ πόλος.
angelangen ἀφικνεῖσθαι εἰς (ἐπί) τι, ἥκειν, παραγίγνεσθαι εἰς τι, καταινύειν εἰς (ἐπί) τι. — zur See καταπλεῖν, κατάγεσθαι εἰς τι.
angelartig ἀγκιστροειδής, ἀγκιστρώδης 2.
Angeld ὁ ἀρραβών, ῶνος.
angelegen, sich etw. a. sein lassen ἐπιμελεῖσθαί (DP.) τινος, ἐπιμέλειαν ποιεῖσθαί τινος, ἐπιμελὲς ποιεῖσθαί τι (od. inf.), ἐπιμελὲς ἐστί μοί τι, μέλει μοί τινος, auch neg. οὐκ ἀμελεῖν τινος. — φροντίζειν ὑπέρ (περί) τινος, σπουδάζειν περί τινος, ἐπιτηδεύειν τι, περὶ πολλοῦ ποιεῖσθαί τι. — sich nichts angelegener sein lassen οὐδὲν προνεργιαίτερον ποιεῖσθαι τοῦ m. inf.
Angelegenheit τὸ πρᾶγμα, ἡ πρᾶξις (Geschäft). — die öffentl. A. τὰ κοινά, τὰ τῆς πόλεως; die A. der Athener τὰ τῶν Ἀθηναίων. — meine A. τὰ ἐμά, — die gegenwärtigen A. τὰ παρόντα, τὰ ἐμποδών. — sich um fremde A. bekümmern πολυπραγμονεῖν, πολυπραγματεῖν (πολυπράγμων 2., ἡ πολυπραγμοσύνη).
angelegentlich ἐπιμελής 2., σπουδαῖος 3., πρόθυμος 2. — adv. ἐπιμελῶς, σπουδῇ, προθύμως, ἰσχυρῶς, σφόδρα, μάλα. — a. bitten λιπαρεῖν τινα, ἐγκεῖσθαί τινι. — a. besprechen σπουδαιολογεῖν u. M.
Angelfischerei ἡ ἀγκιστρεία, τὸ ἀγκιστρευτικόν.
angelförmig, s. angelartig.
Angelhaken, s. Angel a).
Angelhändler ὁ ἀγκιστροπώλης.
angeln ἀγκιστρεύειν (ῥαβδεύεσθαι); übtr. nach etw. a. θηρᾶν u. M., διώκειν τι.
Angeln, das, s. Angelfischerei.
angeloben ἐγγυᾶσθαι, ὁμολογεῖν, ὑπισχνεῖσθαι m. inf. fut.; πίστιν διδόναι τινός.
Angelöbnis ἡ ὁμολογία, ὑπόσχεσις, διεγγύησις.
Angelpunkt, s. Hauptpunkt.
Angelruthe ἡ ῥάβδος, ὁ (ἀλιευτικὸς) κάλαμος.
Angelschnur ἡ ὁρμιά.
Angelstern ὁ ἀρκτοῦρος.
angelweit offen stehen πάντα od. πάντως ἀναπεπταμένον εἶναι.
angemessen ἀνάλογος, σύμμετρος 2. (verhältnissmässig), ἐπιτήδειος, ἱκανός 3. (zweckdienlich, hinreichend), ἐπιεικής 2., οἰκεῖος 3. — προσῆκων 3. (entsprechend), ἄξιος 3. (gebührend), δίκαιος 3. (billig). — Häufig durch κατά m. acc., z. B. der Grösse a. κατὰ τὸ μέγεθος, a. einem Menschen

κατ᾽ ἄνθρωπον (opp. ὑπὲρ ἄνθρωπον). — a. sein ἁρμόττειν πρός τι, προσαρμόττειν τινί od. πρός τι, συναρμόττειν τινί; συμφέρειν τινί; προσήκειν u. πρέπειν τινί, ἄξιον εἶναί τινος.
Angemessenheit ἡ ἀναλογία, συμμετρία; ἐπιτηδειότης, ἱκανότης; ἐπιείκεια, οἰκειότης od. die Neutra d. vhg. adj.
angenehm ἡδύς 3., γλυκύς 3. (eig. süss); τερπνός 3., ἐπιτερπής 2. (ergötzlich); χαρίεις, ίεσσα, ίεν, κεχαρισμένος 3. (anmuthig, reizend); καλός 3. (schön); φίλος 3., προσφιλής 2., ἀρεστός 3. (lieb, beliebt), ἀσπαστός 3. (erwünscht). — wenn es A. ist εἴ σοι ἡδομένῳ (auch βουλομένῳ) ἐστίν. — Einem etw. Angenehmes erweisen χαρίζεσθαί τινι. — Einem etw. Angenehmes erweisen χαρίζεσθαί τινι.
Anger ἡ νομή (auch ὁ λειμών, ῶνος). [τινί τι.
angenehm ἔνδοξος, δόκιμος, εὐδόκιμος 2., ἐν ἀξιώματι (ἀξιώσει) ὤν 3., γνώριμος 2. u. 3. — ἐπιφανής 2., λαμπρός 3. (hervorleuchtend). — περίβλεπτος 2. (auf den sich alle Blicke richten). — σεμνός 3. (ehrwürdig). — τίμιος 3., ἔντιμος 2. (in Ehren stehend). — a. sein ἐν ἀξιώματι εἶναι, εὐδοκιμεῖν, ἐν τιμῇ εἶναι, τιμᾶσθαι P.
angesessen, s. ansässig.
Angesicht τὸ πρόσωπον, ἡ ὄψις. — im A. Jmds. ἐναντίον τινός, auch ἐν m. dat. z. B. ἐν τοῖς δικασταῖς od. παρόντων τῶν δικαστῶν u. dgl. — vor Jmds. A. kommen ἔρχεσθαι εἰς ὀφθαλμούς τινι. ἐντυγχάνειν τινί. — vgl. Ansehen, Gesicht.
angespannt σύντονος 2.
angestammt οἰκεῖος 2.; s. angeboren.
angestrengt ἐν-, συν-τεταμένος 3., σύντονος 2.
angewöhnen Einem etw. ἐθίζειν τινά τι od. inf., συνεθίζειν τινά τινι od. inf.; sich etw. a. ἐθίζεσθαί od. συνεθίζεσθαί τι; σύνηθές γίγνεταί μοί τι.
Angewöhnung ὁ ἐθισμός, τὸ ἔθισμα.
Angewohnheit τὸ ἔθισμα, τὸ ἔθος, ἡ συνήθεια.
angiessen, s. be-, zugiessen; = anschmelzen, w. s. — wie angegossen ὥσπερ προσκεκολλημένος 3., προσάλληπτος 2.
anglänzen ἐπιλάμπειν τινί, καταλάμπειν τινός.
Angler ὁ ἀγκιστρευτής; ὁ καλαμεύς (poet.).
anglimmen ὑπεκκαίεσθαι P.
anglänzen, s. anstieren.
angreifbar ἐπίμαχος 2. (v. Oertern).
angreifen 1) anfassen: ἅπτεσθαι, ἀντι-, ἐπι-λαμβάνεσθαι, etw. τινός; τὴν χεῖρα προσβάλλειν τινί.— Gelder a. ἀφαιρεῖν τῶν χρημάτων, s. unterschlagen. — 2) etw. unternehmen: ἐπιχειρεῖν u. ἐγχειρεῖν τινι, ἅπτεσθαι, ἀνθ-, ἐφ-άπτεσθαί τινος; ἀντιλαμβάνεσθαί τινος; ἐπιβάλλεσθαί τι, ἰέναι ἐπί τι, ὁρμᾶν ἐπί τι. πρός τι; etw. geschickt a. καλῶς χρῆσθαί τινι. — 3) feindlich a., m. Waffen u. Gewalt: ἐπιχειρεῖν, ἐπιτίθεσθαι, ἐπιφέρεσθαί (P.) τινι; ἰέναι ἐπί τινα, ἐπιέναι τινί m. dat.; ὁρμᾶν ἐπί τινα. ἐφορμᾶν τινι; ἐπιστρατεύειν (u. M.) τινί; προσβάλλειν τινί od. πρός τι (e. festen Ort); εἰσβάλλειν εἰς τι od. εἴς τινα εἰς τι (e. Land); πλεῖν ἐπί τινα u. τι (zur See: ἐπιπλεῖν τινι in d. Seeschlacht a.); vgl. handgemein werden. — d. angreifende Theil ὁ ἄρχων χειρῶν ἀδίκων, ὁ ὑπάρχων (τῆς ἀδικίας). — m. Worten a. ἅπτεσθαι, καθάπτεσθαί τινος λόγοις; ἐπιπλήττειν τινί. — Jmd. bei d. Ehre διαβάλλειν; vgl. beschuldigen, anklagen. — 4) rühren: κινεῖν, διακινεῖν, ἐπικλᾶν. — 5) schwächen, entkräften: ἅπτεσθαί τινος, τὴν κατα-κοπεῖν, βλάπτειν, λυμαίνεσθαι: auch ἀσθενοῦν u. ἀσθενέστερον ποιεῖν (v. d. Witterung u. dgl.). — 6) sich a. = anstrengen: συντείνειν, συν-, ἐν-τείνεσθαί P., σπεύδειν, σπουδῇ χρῆσθαι, φιλοπονεῖν περί τι, φιλοτιμεῖσθαι (DP.) ἐν od. ἐπί τινι.

Angreifen, das. 1) Berührung ἡ ἀντίληψις, ἀφή. — 2) = Angriff, w. s.
angrenzen ὅμορον od. πρόσορον εἶναί τινι (ὁμορεῖν sp.); ὅμορον χῶραν ἔχειν τινί: auch γειτνιᾶν (γειτονιᾶν). — **angrenzend** ὅμορος, πρόσορος, πρόσχωρος 2.; πλησιόχωρος 2.(gew. v. Pers.); κιθόριος 2. (zwischen zwei Grenzen liegend).
Angriff ἡ ἐπιχείρησις, τὸ ἐπιχείρημα, ἐπίθεσις, ἐπιφορά, ἔφοδος, προσβολή, ἐφορμή, ἐφόρμησις; εἰσβολή, ἐμβολή; ἐπιδρομή (v. e. plötzlichen A.); ὁ ἐπίπλους (zur See). — m. Worten ἡ ἐπίπληξις; A. auf d. Ehre Jmds. ἡ διαβολή. — A. e. Krankheit ἡ ἀντίληψις. — einen A. machen, s. angreifen. — Häufig durch d. part. d. entspr. Verba, z. B. beim A. ἐπιών, συμβαλών u. dgl., den A. d. Feinde bestehen δέχεσθαι τοὺς πολεμίους ἐπιόντας, den A. d. Feinde abschlagen ἀποκρούεσθαι τοὺς πολεμίους προσβάλλοντας u. dgl. — d. Zeichen zum A. geben τὸ πολεμικόν σημαίνειν. — auf den ersten A. αὐτοβοεί. — Einem gegen e. A. beistehen
Angriffsbündnis ἡ συμμαχία. [ἐπιμαχεῖν.
Angriffspunkt ἡ λαβή; s. Blösse.
Angriffswaffen τὰ βέλη. [τινί.
angrinsen σεσηρέναι πρός τινα (προσσεσηρέναι **angst** ἡ ἀδημονία, ἀγωνία, auch τὸ δέος, ὁ φόβος (Furcht). — in A. sein um etw. ἀγωνιᾶν περί (τινὸς) τινος, ἐπί τινι, πρός τι, ἀδημονεῖν τινι u. ἐπί τινι. auch ἀπορεῖν, ἀμηχανεῖν, δεδιέναι περί τινος. — in grosser A. sein περιδεῶς ἔχειν, περιδεῆ εἶναι. — in A. setzen φόβον ἐμβάλλειν τινί, in d. grösste A. versetzen εἰς τὰς ἐσχάτας ἀπορίας ἐμβάλλειν (καθιστάναι) τινά. — ausser A. sein ἀδεῆ εἶναι. — es ist mir angst u. bang ἀδημονῶ.
Angstgefühl, s. Angst. [μονῶ τε καὶ ἀπορῶ.
Angstgeschrei ἡ οἰμωγή. — s. Geschrei.
Angstschweiss ὁ μετ' (ὑπ') ἀγωνίας ἱδρώς, ἱδρώς.
angstvoll περιδεής 2., περιδεδιὼς 3.
ängstigen ὑπο-, περι-ζωννύναι; παραζωννύναι (an d. Seite a.), — sich a. M.

anhaben 1) Kleider=tragen: ἠμφιέσθαι, ἐνδεδύσθαι; περιβεβλῆσθαι (v. Mänteln) u. allg. φορεῖν, ἔχειν; ὑποδεδίσθαι (v. Schuhen). — keine Schuhe a. ἀνυπόδητον εἶναι. — 2) Einem etw. a.: ἐπιλαμβάνεσθαί τινος; περιγίγνεσθαι, ἐπικρατεῖν τινος (überwältigen) ἐλέγχειν, ἐξελέγχειν τινά (überführen, widerlegen); auch βλάπτειν, ἀτραπανεύσαι (schädigen); vgl. anklagen, beschuldigen. — Einem etw. a. wollen λαβὴν ζητεῖν. — Einer dem man nichts a. kann ἀλήπτος, ἀνεπίληπτος 2.; ὁ μηδεμίαν λαβὴν ἐνδιδούς, παρέχων; ἄραμπτος 2. (untadlig). — Einer dem d. Neid nichts anhat κρείττων τῶν φθονούντων.
anhängen 1) tr. a) eig. ἀνακρεμαννύναι τι εἴς τι (ἔκ τινος): ἀν-, ἐξ-αρτᾶν τι ἔκ od. ἀπό τινος, ἐξάπτειν τί τινος (ἔκ τινος): προσαρτᾶν τινί τι u. πρός τι. — sich etw. a. ἐξαρτᾶσθαί τι. — sich an etw. a. κρίμασθαι ἔκ τινος, ἐκκρίμασθαί(P.) τινος: sich an Jemd. a.(v. Pers.)περιπλέκεσθαί(P.) τινι. b)übtr.a)beifügen: προσ τιθέναι, προσβάλλειν. προσάπτειν τί τι, συνάπτειν τι πρός τι: προσγράφειν (im Schreiben). β) zufügen: ἐπιφέρειν. προσβάλλειν. περιάπτειν, προστρίβειν. z. B, αἰσχύνην τινί, auch περιβάλλειν τινὰ αἰσχύνη. — 2) intr. (anhangen) a) eig. προσκεκολλῆσθαι (pf. P.), προσ-, συμ-πεφυκέναι τινί, προσειναί τινι. b) übtr. zugethan od. ergeben sein, e. Sache: ἀντέχεσθαί τινος: e. Person: ἔχεσθαί τινος, προσκεῖσθαι u. προσηρτῆσθαί τινι; εἶναί τινος, auch σύν τινι u. μετά τινος: τὰ τίνος φρονεῖν (zu Jmds. Partei halten); ἀκολουθεῖν τινι (sich nach Einem richten); διώκειν τινά(v. Einem nicht lassen).

Anhänger ὁ συνών τινι, ὁ μετά τινος ὤν; die A. Jmds. οἱ σύν τινι, οἱ μετά τινος; οἱ ἀμφί (περί) τινα (d. Umgebung, Partei, Secte, Schule Jmds.), οἱ ἀπό τινος (Secte, Schule). — ὁ ἑταῖρος (Genosse), ἀκόλουθος (der sich nach Jmd. richtet: sp. ὁ θιασώτης), ἐπιθυμητής (eifriger A.), ἐραστής(Liebhaber), φίλος(Freund),σύμμαχος (Bundesgenosse), συστασιώτης (Genosse bei e. Empörung). — Jmds A. sein, s. anhängen 2).
anhängig machen ἀναφέρειν, ἀποφέρειν (πρός τινα bei Einem), εἰσαγγέλλειν. — e. Klage a. m. δίκην λαγχάνειν (bei Jmd. gegen Einen πρός τινα τινι), λῆξιν ποιεῖσθαι. — a. sein vor Gericht ἐν τοῖς δικασταῖς εἶναι. [πιστός 3.
anhänglich εὔνους 2.; πρόθυμος, προσφιλής 2.;
Anhänglichkeit ἡ εὔνοια, προθυμία, πίστις; auch ἡ σπουδή. — es beweist Jmd. A. πιστόν παρέχει τις ἑαυτόν.
Anhängsel ἡ προσθήκη (τὸ ἐφόλκιον sp.). — e. A. sein ἐν προσθήκης μέρει εἶναι od. γεγενῆσθαι.
anhäufeln ἐπιδάττειν, ἐπαμᾶσθαι. — das A. ἡ ἐπίσαξις.
anhäufen ἐπισάττειν, ἐπαμᾶσθαι: συννεῖν, συνάγειν, συμφορεῖν, συλλέγειν: ἀθροίζειν, συναθροίζειν; σωρεύειν.
Anhäufung ἡ ἐπίσαξις: ὁ ἀθροισμός; ἡ σώρευσις.
anhalten ἐντέχεσθαι (P.) τινι, προσ-, συμ-πεφυκέναι τινί.
Anhalt 1)das Anhalten, Haltmachen: ἡ ἀνάπαυλα. — 2) das, woran man etw. halten kann: ἡ λαβή: vgl. Stütze.
anhalten 1)tr. a)(eig.1)an etw. halten: προσέχειν, προσβάλλειν τί τινι: sich an etw. a. ἀντι-, ἐπιλαμβάνεσθαί τινος, ἔχεσθαι u. ἀντέχεσθαί τινος, vgl. sich stützen. b) übtr. wozu a.: προτρέπειν τινά τι, παρορμᾶν εἴς τι, ἐθίζειν τινά τι od. πρός τι: vgl. zwingen. — 2) aufhalten, zum Stillstand bringen: κατ-, ἐπ-έχειν, ἐφιστάναι (ἵππον); ἐπιλαμβάνειν (τὴν κλεψύδραν, τὸ ὕδωρ): ἀναστέλλειν; συλλαμβάνειν (festhalten). — d. Athem a. κατ-, συν-έχειν τὸ πνεῦμα. — II)intr. 1) still stehen: ἐπέχειν, ἵστασθαι, ἐφίστασθαι: παύεσθαι (aufhören), ἀναπαύεσθαι, διαναπαύεσθαι (ausruhen). b) übtr. fortdauern: ἐπιμένειν, κατέχειν: ἰσχύειν (in Kraft bleiben): διατελεῖν.entspr. part., auch umschr. οὐ παύεσθαι, οὐ λήγειν u. dgl. — s. ausdauern. — 2) um etw. a.: μετιέναι, μετέρχεσθαί τι: λιπαρεῖν(dringend um etw. bitten): um e. Weib s. werben.
Anhalten, das, 1) Antrieb: ἡ προτροπή, παραόρμησις, ὁ ἐθισμός. — 2) Aufhalten: ἡ ἐπίσχεσις, ἐπίστασις, κατοχή, κάθεξις, (letztere auch vom A. d. Athems): Stillstand :ἡ μονή, ἐπιμονή: ἀνάπαυσις, ἀνάπαυλα (das Ausruhen). — 3) ἡ λιπάρησις (dringende Bitte sp.): Bewerbung, w. s.
anhaltend συνεχής 2., ἀδιάλειπτος 2.; μόνιμος 3., πολυχρόνιος 2. — a. Regen ὄμβροι συχνοί. — das adv. durch διατελεῖν, διαγειν, διαγίγνεσθαι u. dgl.
Anhaltsamkeit, s. beständig, eifrig.
Anhaltsamkeit, s. Beständigkeit, Eifer.
Anhang 1)ἡ προσθήκη; auch τὸ ἐπίμετρον, πάρεργον. — 2) = die Anhänger, w. s.
anhängen s. anhängen 2.)
anhängsweise ἐν προσθήκης μέρει.
Anhauch ἡ πνοή; ἡ ἐπίπνοια, ἐπίπνευσις (auch übtr.): ἡ προσένευσις, ἔμπνοή. [selten τινι.
anhauchen προσ-, ἐπι-πνεῖν τινι; εἰσπνεῖν τινα.
anhäufen προσ-, ἐπι-κόπτειν: ein neues Gestein im Bergwerk καινοτομεῖν.
anheben, s. anfangen.
anheften ἐξάπτειν τί τινος od. ἔκ τινος, προσ-,

συγ-άπτειν τινί τι; m. e. Nadel προσ-, συρράπτειν, m. e. Spange προσπείρονᾶν, m. e. Nagel προσηλοῦν, προσπατταλεύειν; an's Kreuz ἀνασταυροῦν.
Anheftung ἡ προσήλωσις (sp.); sonst Verba.
anheilen 1) tr. ἐξιώμενον od. φαρμάκοις χρώμενον ποιεῖν τι προσ-, συμ-φῦναι· — 2) intr. προσ-, συμ-φύεσθαι (P.) φαρμάκοις, θεραπείᾳ.
anheimfallen γίγνεσθαί τινος. — es fällt mir etw. anheim λαγχάνω τι. — wieder a. ἐπανιέναι εἰς (πρός) τινα, ἀναχωρεῖν εἰς τινα, ἀπολαμβάνειν τι. — s. verfallen.
anheimgeben ἀπο-, προσ-νέμειν; ἐπιτρέπειν, ἐφιέναι τινί τι. — das A. ἡ ἐπιτροπή.
anheimstellen, s. d. vhg.
anheischig, sich a. machen zu etw. ἀνα-, ὑποδέχεσθαί τι; ὑφίστασθαι, ὑπισχνεῖσθαι, ἐπαγγέλλεσθαί τι od. inf. fut.
anher δεῦρο. — bis a. μέχρι τοῦ νῦν.
anhetzen (d. Hunde auf Einen) ἐπαφιέναι τινά τινι, ἐπιορούειν τινά ἐπί τινι. — übtr. παροξύναν od. παροξύνειν τινά ἐπί τινα, συγκρούειν τινά τινι. — s. aufhetzen.
Anhetzung ἡ παροξύνησις. — s. Aufhetzung.
Anhöhe ὁ λόφος; ὁ γηλοφος; Anhöhen τὰ μετέωρα. — s. Hügel.
anhören ἀκροάσθαι (etw. τινός. τι, Einen τινός), ἀκροᾶσιν ποιεῖσθαί τινος; ἀκούειν τινός, ὑπακούειν τινός (τινί); εἰσακούειν τι; προσέχειν (τὸν νοῦν) τινί (aufmerksam a.); ἐπακούειν τινός (τι), κατακούειν τινός, παραγενόμενον ἀκούειν (Ohrenzeuge sein); διακούειν τινός (τι) (bis zu Ende. a.).
Anhören, **Anhörung** ἡ ἀκρόασις; auch ἡ ἀκοή, z. B. des A. werth ἀκοῆς ἄξιος 3.
anhüpfen, s. heranhüpfen.
anhusten, Einen, βήττειν κατά τινος (um ihm e. Zeichen zu geben); καταχρέμπτεσθαί τινος (beim Husten anspucken).
animalisch ζωικός 3., ζωώδης 2.
anjetzt, s. jetzt.
anjochen ζευγνύναι, ἐπι-, προσ-ζευγνύναι.
Anjochung ἡ ζεῦξις.
Anis τὸ ἄνηθον (sp. ἄνισον). — v. A. ἀνήθινος 3. — m. A. angemacht ὁ ἀνηθίτης (ἀνισίτης u. f. -σίτις, ιδος). — Decoct v. A. τὸ ἀνίσατον — Anisöl τὸ ἀνηθέλαιον.
ankämpfen διαμάχεσθαι, διαγωνίζεσθαι (gegen Jmd. τινί, πρός τινα); προσμάχεσθαι, προσπολεμεῖν τινι. — wogegen nicht anzukämpfen ist ἀπρόσμαχος 2. (poet. u. sp.).
Ankläufer, s. Käufer.
Ankauf, s. Kauf. — A. v. Gütern im fremden Lande ἡ ἐγκτησις.
ankaufen, kaufen — sich a. χωρίον τι ὠνεῖσθαι, κτᾶσθαι; sich im Auslande a. ἐγκτᾶσθαι.
ankeilen σφηνοῦν τι πρός τι.
Anker d. Schiffs ἡ ἄγκυρα (dem. τὸ ἀγκύριον). — d. A. werfen ἄγκυραν ἀφιέναι, βάλλεσθαι. — A. lichten a. ἀναίρεσθαι, αἴρεσθαι, — d.A.-kappen α. ἀποκόπτειν. — vor A. legen ὁρμίζειν (ναῦν) ἐπ' ἀγκύρων. προσορμίζειν — sich vor A. legen, vor A. gehen ὁρμίζεσθαι, προσορμίζεσθαι πρός τινι, καθορμίζεσθαι εἰς τι. — vor A. liegen ὁρμεῖν ἐπ' ἀγκύρων od. ἀγκύρας. bei e. Orte ἐφορμεῖν τινι (ἐπί τινι). — auf offener See vor A. l. ἐπ' ἀγκύρων (ἀγκύρας) ἀποσαλεύειν — auch übtr. z. B. τῆς πόλεως ἄ. [ὁ ἥμισυς.
Anker (als Mass) = ein halber Einer ἀμφορεύς
Ankerarm τὸ τῆς ἀγκύρας κέρας.
ankerförmig ἀγκυροειδής 2.
ankerlos ἀγκυρῶν ἔρημος 2.

ankern, s. Anker werfen, vor Anker gehen; nach etw. a. θηρᾶν u. M., διώκειν τι. [ἀγκυροβόλιον).
Ankerplatz ὁ ὅρμος, ὕφορμος, τὸ ἐπίνειον (τὸ
Ankertaue τὰ ἄγκυρια (σχοινία), τὰ πείσματα.
Ankerwurf τὸ ἀγκυροβόλιον.
anketteln, s. anketten. [πρός τι.
Anklage 1) das Anklagen: ἡ κατηγορία, ἔγκλησις, αἰτίασις, καταβοή τινος (sp. καταβόησις); ἡ αἰτίας ἐπιφορά; ἡ δίκη, δίωξις (vor Gericht); ἡ λῆξις δίκης (d. Anhängigmachen d. Klage). — Im Bes. ἡ μήνυσις, φάσις, ἔνδειξις, εἰσαγγελία, ἐπαγγελία, ἀπαγωγή, ἐφήγησις (s. „anklagen"). — vgl. Vorwurf. Beschuldigung. — 2) d. Inbegriff d. Klagepunkte: τὸ ἔγκλημα, αἰτίαμα. — d. Klageschrift: ἡ δίκη (Civilklage), γραφή (wegen e. Kriminalsache).
anklagen κατηγορεῖν u. κατειπεῖν τινός τι; αἰτιᾶσθαι, παραιτιᾶσθαί τινα; ἐπαιτιᾶσθαί τινά τινος; αἰτίαν ἐπιφέρειν τινί; ἐγκαλεῖν τινί τι. — vor Gericht εἰσ-, ὑπ-άγειν τινά εἰς δικαστήριον od. εἰς δίκην, auch blos εἰσ-, ὑπ-άγειν τινά (wegen etw. εἰσάγειν τινά τινος); κατηγορεῖν τινός τι; διώκειν τινά τινος; ἐπεξιέναι (ἐπεξέρχεσθαι) τινί τινος. — δίκην λαγχάνειν τινί, δίκην ἐπάγειν τινί, — δίκην διικάζεσθαί τινι (v. e. Civilklage). — γράφεσθαί τινα; γραφὴ γράφεσθαι κατά τινος (bei Kriminalsachen). — Im Bes. μηνύειν (anzeigen, angeben, auch φαίνειν, bes. wegen Schleichhandels), ἐνδεικνύναι (e. offenkundiges Verbrechen anzeigen), εἰσαγγέλλειν (wegen e. Verbrechens gegen den Staat anzeigen u. anklagen), ἐπαγγέλλειν (e. m. Atimie behafteten Redner anz. u. aukl.), ἀπάγειν u. ἐφηγεῖσθαι (e. auf frischer That ertappten Verbrecher anz. u. aukl.). — angeklagt werden φεύγειν, δίκην (γραφὴν) φεύγειν ὑπό τινος, διώκεσθαι ὑπό τινος — e. Abwesenden a. ἐρήμην (δίκην, γραφὴν) κατηγορεῖν τινος. — fälschlich a. ψευδῆ κατηγορεῖν τινος, ἐπιφέρειν τινί αἰτίαν ψευδῆ; boshaft a. συκοφαντεῖν τινα. — vgl. beschuldigen, vorwerfen.
Anklagepunkte τὰ ἐγκλήματα; τὰ τῆς γραφῆς (bei Kriminalklagen).
Anklageschrift, s. Anklage 2).
Anklagestand: Einen in A. versetzen, s. anklagen.
anklammern, sich an etw. ἀντιλαμβάνεσθαι, ἀντέχεσθαί τινος; περι-, προσ-πλέκεσθαί (P.) τινι; ἐμφῦναί τινι.
Anklang finden, s. Beifall, Beachtung finden.
ankleben 1) tr. κολλᾶν τι πρός τι. προσκολλᾶν τί τινι; sich ringsum a. περιπλάττεσθαί P. — 2) intr. προσκεκολλῆσθαί (pf. P.) τινι; προσ-, ἐμφῦναί τινι; προσκεῖσθαι, προσέχεσθαί τινι.
ankleiden ἐνδύειν, ἀμφιεννύναι τινά τι, περιστέλλειν τινά — sich a. ἐνδύεσθαι, ἀμφιέννυσθαι.
Ankleiden, das, durch d. Verba. [ντοῦται.
ankleiden lassen ἀνακοσμίζειν [ἡ κρόανι.
ankleiten κόπτειν, κρούειν, an etw. τι. — das A.
anknüpfen ἀφάπτειν τι od. ἀπαρτᾶν τι ἔκ τινος; ἐπιπλέκειν, ἐξαρτᾶν τί τινος od. ἐκ τινος (so dass es herabhängt); προσάπτειν τί τινι. — übtr. Unterhandlungen m. Jmd. a. λόγους προσφέρειν τινί, Freundschaft, Verwandtschaft φιλίαν ποιεῖσθαι πρός τινα; φιλίαν, κῆδος συνάπτεσθαί τινι. — **Anknüpfung** durch die Verba.
anknurren κνυζᾶσθαι πρός τινα.

anködern δελεάζειν; άγκιστρεύεσθαι (sp.); s. ködern. [ἔποικος (Pflanzer). **Ankömmling** ὁ ἐπηλυς, υδος; ὁ ξένος (d. Fremde). **ankörnen**, s. anködern. **ankommen** 1) eig. ἀφικνεῖσθαι, εἰσαφικνεῖσθαι: προσέρχεσθαι, προσιέναι; παρα-, προσ-γίγνεσθαι, εἴς τινα τόπον (an e. Ort), πρός od. παρά τινα zu Jmd.; auch ἥκειν. — v. Feinden: ἐπιέναι, ἐπέρχεσθαι. — zu Schiffe a. καταπλεῖν, κατκαίρειν, κατάγεσθαι. — v. leblosen Dingen: προσφέρεσθαι, προσκομίζεσθαι (P.), auch παρα-, προσ-γίγνεσθαι u. ἥκειν (zur See καταπλεῖν). — wiederholt a. φοιτᾶν, προσφοιτᾶν. — angekommen sein παρεῖναι εἴς (πρός, ἐπί) τινα τόπον. — 2) übtr. a) bei Einem a.: ἐντυγχάνειν τινί; u.dh. bei Einem etw. ausrichten τυγχάνειν παρά τινος ὃν βούλεταί τις, οὐκ ἄπρακτον ἀπέρχεσθαι παρά τινος; etw. erhalten, bekommen τυγχάνεσθαί τι, λαμβάνειν τι. b) mit etw. gut od schlecht a.: καλῶς (κακῶς) ἀπαλλάττειν, χαίροντα (κλαίοντα) ἀπαλλάττειν. καλῇ (κακῇ) τῇ τύχῃ χρῆσθαι περί τι. καλῶς (κακῶς) ἀποβαίνει μοί τι; da sind wir schön angekommen οὐκ εἰς δέον ἐπεχειρήσαμεν τοῦτο τὸ ἔργον. c) es kömmt mich (mir) etw. an, v. Gemüthszuständen: ἔκεισι od. ἐπέρχεταί μοί τι (z. B. δέος), εἴσεισι u. εἰσέρχεταί με (seltener μοί) τι. λαμβάνει μέ τι. — es kommt mich (mir) leicht od. schwer an, z. B. zu lernen ῥᾳδίως od. χαλεπῶς μανθάνω, ἔργον οὐδέν ἐστί μοι (ἔργον ἐστί μοι) μανθάνειν; es kommt mich (mir) hart an dich zu züchtigen ἐπαχθές μοί ἐστι τὸ κολάζειν σε u. dgl. d) es kommt auf etw. od. Einen an: ἀνήρτηται εἴς τι (τινα); ἔστιν ἐπί (ἐν) τινι, τοῦτ πρός τι, διὰ τίνος. — es kommt auf e. Versuch an πείρας δεῖ. πείρας δεῖταί τὸ πρᾶγμα od. διεῖσθαι, πειρατέον ἐστί, πεῖραν δεῖ λαμβάνειν, auch ἄγε πειρώμεθα. — es kommt mehr auf Vorsicht als Tapferkeit an εὐλαβείας μᾶλλον ἢ ἀρετῆς ἔργον ἐστί. — es kommt viel od. nichts darauf an πολὺ (οὐδὲν) διαφέρει. — ich glaubte nicht, dass es so wenig darauf a. werde, sondern viel οὐκ ᾤμην ἔγωγε οὕτω παρ' ὀλίγον ἔσεσθαι ἀλλὰ πολύ: glauben dass es nicht darauf ankomme ὑπολαμβάνειν ὡς οὐ παρὰ τοῦτ' ἔστιν. — es wird viel darauf a. ob ... μεγάλη ἔσται ῥοπὴ εἰ ... dass nicht wenig darauf ankommt ob sie anwesend od. abwesend sind ὅτι οὐ μικρά τις αὐτῶν ῥοπή ἐστι καὶ παρόντων καὶ ἀπόντων. — es kommt noch darauf an λοιπὸν ἔτι ἐστί. — mir kommt es nicht d. an οὐθὲν μέλει μοι τούτου, οὐκ ἀντιλέγω (widerspreche nicht), οὐ κωλύω (hindere nicht), οὐ πολλή μοι nicht auf d. Mühe a. οὐ φεύξομαι τὸν πόνον u. 3. — es auf etw. od. Jmd. a. lassen ἀναφέρειν τι εἴς (πρός) τινα od. τι, ἀναρτᾶν τι εἴς τινος, ἐπιτρέπειν τινί τι, bei gefährlichen Dingen: κινδυνεύειν, διὰ-, παρακινδυνεύειν, κίνδυνον ἀναῤῥίπτειν; ich lasse es darauf a. ἀναρρίπτω ὁ κύβος.

ankoppeln συζευγνύναι. **ankrallen** (mit d. Krallen ergreifen) συναρπάζειν (τοῖς ὄνυξι). — sich an etw. a. ἀντέχεσθαί τινος τοῖς ὄνυξιν. **ankreiden** ἐγγράφειν (ἐγκαραγίναι) τινί. **ankündigen** ἀγγέλλειν, ἐκ-, κατ-, παρ-, προσ-αγγέλλειν; εἰσ-, ἀπ-αγγέλλειν (in Jmds. Auftrag); προσαγορεύειν, προειπεῖν (öffentl. bekannt machen), κηρύττειν, ἀποκηρύττειν (durch d. Herold), προγράφειν (durch öffentl. Anschlag); Krieg a. ἐπαγγέλλειν πόλεμον. — nicht angekündigt ἀπρόκλητος od. ἀπαράγγελτος 2. — vgl. kund machen, offenbaren, zeigen. **Ankündigung** ἡ ἐπαγγελία (als Handlung), τὸ

ἐπάγγελμα, κήρυγμα (als Sache); öffentl. A. ἡ πρόῤῥησις, durch öffentl. Anschlag ἡ προγραφή. — ohne vorhergegangene A. = nicht angekündigt, w. s.; adv. ἀπροῤῥητί. **ankünsteln** προσμηχανᾶσθαι; angekünstelt προσποίητος 2, πλαστός 3. (opp. ἔμφυτος). **Ankunft** ἡ ἄφιξις: zur See ὁ κατάπλους, ἡ κατ- αγωγή. — A. in d. Heimath ἡ οἴκαδε ἄφιξις, ἐπιδημία. — häufig durch part., z. B. bei d. A. προσιών, nach d. A. ἀφικόμενος, προσελθών u. dgl. **anlachen** προσ-, ἐπι-γελᾶν τινι; m. Hohn ἐγγελᾶν, ἐπεγγελᾶν τινι, vgl. angrinsen. — v. Sachen: ἐπιλάμπειν. **anlächeln** διαμειδιᾶν πρός τινα: προσμειδιᾶν τινι, ἐπιμειδιᾶν (sp.). — das A. ἡ ἐπιμειδίασις (sp.). **Anlage** 1) Beilage: ἡ προσθήκη. — 2) Entwurf, erste Grundlage v. etw.: ἡ ἀρχή, καταβολή, ὑπόθεσις: auch ἡ σκιαγραφία (Riss). — auch die Ausführung, Errichtung v. etw. u. das Errichtete: ἡ κατασκευή, τὸ κατασκεύασμα: bes. v. Gartenanlagen οἱ κῆποι, ὁ παράδεισος (Park), περίπατος (Allee). — 3) natürliche Fähigkeit, Talent, w. s. [τινι. **anlallen** ψελλίζεσθαι πρός τινα: ἀσήμως λαλεῖν **Anlass** ἡ αἰτία, ἀφορμή, πρόφασις. — A. zu etw. geben αἰτίαν od. πρόφασιν παρέχειν τινός od. m. inf., ἀφορμὴν διδόναι τινί πρός τι. — A. nehmen v. etw. προφάσει χρῆσθαί τινι, ἀφορμήν λαβεῖν ἔκ τινος. — e. A. suchen λαβὴν ζητεῖν. — s. Veranlassung. **anlassen** 1) tr. a) Einen etw. anbehalten lassen: ἐᾶν τινα ἔχειν τι, οὐ περιαιρεῖσθαί τινά τι. b) etw. in Bewegung setzen: κινεῖν, ἀφιέναι, d. Hunde ἀφιέναι. c) Einen m. Worten a., u. z. gew. „hart od. übel a.", χαλεπῶς προσφέρεσθαί (P.) τινι, ἰσχυρῶς καθάπτεσθαί τινος, ἐπιπλήττειν τινι. — 2) refl. sich a.: ἔοικέναι, μέλλειν m. inf. fut. — d. Sache lässt sich gut an καλῶς προχωρεῖ. d. Knabe lässt sich gut an καλήν παρέχεται τὴν ἐλπίδα, er lässt sich dabei gut an δοκεῖ οὐκ ἀφυῆς πρός τοῦτο εἶναι u. dgl. **Anlauf** d. Ansetzen zum Sprunge: ἡ ὁρμή. ῥύμη: v. Feinden ἡ προσβολή, ἐπιδρομή. — e. A. zu etw. nehmen ὁρμᾶν ἐπί τι. — vgl. Angriff. **anlaufen** 1) heranlaufen: ἐπιτρέχειν: ἐφορμᾶν τινι; δρόμῳ φέρεσθαι (P.) ἐπί τι; d. Wild a. lassen ἐφίεσθαι προσκαταλείπειν τὸ θηρίον. — 2) beim Laufen an etw. anstossen: τρέχοντα προσπταίειν τινί. — d. Schiff läuft an Felsen an ἐποκέλλει ἐπὶ πέτρας. übtr. προσπταίειν. προσκόπτειν. ἀνακόπτειν. — 3) anschwellen, w. s. — 4) d. Glanz verlieren: ἀμαυροῦσθαι P. — v. Weine λαμπηρὸν γίγνεσθαι. — angelaufen ἀμαυρός 3. v. Weine λαμπηρός 3. v. Stahle „blau a." κυανοῦς 3. **Anlaut**, s. Anfangsbuchstabe. **anlegen** 1) eig. anfügen: προσάπτειν. προσβάλλειν, auch προσερείδειν (anstemmen) τί τινι: ἐπικλίνειν (anlehnen), τι πρός τι. bes. v. Hunden τά ὦτα, s. Schiff od. m. d. Schiffe, s. ankern. anlaufen — Feuer a., s. Feuer. — an d. Brust legen, s. Brust. — e. Kleid a., s. anziehen; e. Ring

περιβάλλειν (einem Anderen), M. u. περιτίθε-
σθαι (sich selbst). — Hand a., s. Hand. — 2) übtr.
a) Zeit, Geld a., s. anwenden; sein Geld a. (auf
Zinsen) τὰ χρήματα ἐνεργὰ ποιεῖν, δανείζειν ἐπὶ
τόκῳ. b) gründen, begründen· κατασκευάζειν,
z. B. κήπους, ὁδούς; c. Stadt κτίζειν, e. Festung
οἰκοδομεῖν; e. Plan κατασκευάζειν, συντιθέναι
(u. M.); es auf etw. a., s. absehen, beabsichtigen.
Anlegung 1) ἡ πρόσθεσις. — 2) ἡ κατασκευή.
κτίσις. — Gew. Verba.
Anlehen, s. Anleihe.
anlehnen ἀνα-, ἐγ-, ἐπι-κλίνειν; s. anlegen 1). —
sich an etw. a. ἐγ-, ἐπι-, προσανα-κλίνεσθαί (P.)
τινι; übtr. ἐξηρτῆσθαί τινος od. ἐκ τινος.
Anlehnen, das, ἡ ἀνά-, ἐπί-κλισις (sp.), gew.
anlehren, s. lehren. [Verba.
Anleihe τὸ δάνεισμα, τὸ δάνειον. — e. A. machen
δάνεισμα ποιεῖσθαι, δανείζεσθαι (ἐπὶ τόκοις).
anleimen κολλᾶν τι πρός τι; κατα-, ἐπι-κολλᾶν·
προσκολλᾶν τί τινι. — das Angeleimte τὸ ἐπικόλ-
λημα. — d. **Anleimen** ἡ κόλλησις, προσκόλλησις.
anleiten εἰσηγεῖσθαί τινί τι, ἡγεῖσθαι, ὑφ-, προ-,
καθ-ηγεῖσθαί τινί τινος od. πρός τι. — ἄγειν,
προάγειν, προβιβάζειν τινὰ εἴς (πρός) τι. —
παιδεύειν τινὰ εἴς (πρός) τι. — διδάσκειν τινά
τι od. inf.
Anleitung ἡ εἰσ-, ὑφ-ήγησις; ἡ διδασκαλία (ἡ
ἀγωγή sp.). — A. zu etw. geben διδασκαλίαν
ποιεῖσθαί τινος, d. παρέχειν τινί τινος. — s. an-
anlernen καταμανθάνειν τι. [leiten.
anleuchten ἐπιλάμπειν τινί, καταλάμπειν τινός.
anliegen 1) eig. ἐπι-, προσ-κεῖσθαί τινι; ἔχεσθαί
τινος; v. Kleidern· ἁρμόττειν, ἐφαρμόττειν τινί.
— 2) übtr. a) Einem m. Bitten a.: προσκεῖσθαί
(seltener ἔγκεῖσθαι) τινι, προσκεῖσθαί τινι ἀξι-
οῦντα, λιπαρεῖν τινα m. inf., auch λιπαρεῖν καὶ
προσκεῖσθαι; ἐνοχλεῖν τινι ὅπως m. ind. fut.
(wenn man mit seinen Bitten lästig fällt). b) es
liegt mir an = liegt mir am Herzen, kommt
mir zu, w. s. — **anliegend** ἐπι-, προσ-κείμενος 3.
s. angrenzend; v. Kleidern χιτὼν προσεχὴς τινι.
Anliegen, das, ἡ δέησις (λιπάρησις sp.); ἡ ἔν-
τευξις; ἡ χρεία; auch ἡ φροντίς, ίδος (Beküm-
merniss). — es ist etw. ein A. für mich μέλει μοί
τινος. — e. A. an Jmd. haben δεῖσθαί τινος, ἐν-
τυγχάνειν τινὶ περί τινος.
anlocken ἐκ-, προσ-, ὑπ-άγεσθαί τινα, ἐπισπᾶ-
σθαι, ἐφέλκειν u. M.; κηλεῖν, ψυχαγωγεῖν. —
Vögel (durch Lockvögel) καλεύειν (auch übtr.);
vgl. ködern.
Anlockung ἡ ἐπ-, ὑπ-αγωγή, κήλησις.
anlöthen συστέγνουν τί τινι; κολλᾶν, προσκολλᾶν.
Anlöthung ἡ κόλλησις, προσκόλλησις.
anlügen Einem etw. καταψεύδεσθαί τινός τι. —
s. belügen.
anmachen 1) anfügen· προσάπτειν, προστιθέναι
τινί τι. — 2) Feuer a., s. anzünden. — 3) m. etw.
a.: προσ-, μι-μιγνύναι τι τινι; m. e. Flüssigkeit
δεύειν τινί od. ἔν τινι; gew. gebraucht man hier
substant. Bildungen, z. B. mit Anis, Honig u. dgl.
angemachter Wein ἀνηθίτης, μελιτίτης u.
dgl. — 4) sich an Jmd. a. ὑπέρχεσθαί τινα, sp.
ὑπιέναι τινά.
anmahnen παρακελεύεσθαι, παραινεῖν τινι.
Anmahnung ἡ παρακέλευσις, ὁ παρακελευσμός·
ἡ παραίνεσις. [χρωννύναι.
anmalen χρίειν, ἐπιχρίειν, ἐπιχρωματίζειν, ἐπι-
Anmarsch ἡ ἔφοδος, ἐπαγωγή, ἐκ-, προσ-έλασις.
— „im A. sein", s. d. f. W. [προσ-ελαύνειν.
anmarschieren ἐκ-, προσ-ιέναι (-έρχεσθαι), ἐπ-,
anmassen, sich etw., προσκοιεῖσθαί τι od. m.
inf., ἀντικοιεῖσθαί τινος od. m. inf., μεταποιεῖ-

σθαί τινος; ἐπιγράφειν ἑαυτὸν ἐπί τι od. τινι,
ἐπιγράφεσθαί τινι; ἀντιλαμβάνεσθαί τινος, ἀμ-
φισβητεῖν τινος od. ὑπέρ τινος (bes. im Streite);
ἰδιοποιεῖσθαι, οἰκειοῦσθαι, σφετερίζεσθαί τι
(sich zueignen). — sich viel a. ὑπερηφανία τε
καὶ ὕβρει χρῆσθαι. — angemasste Macht ἐξουσία
ἐπίθετος.
anmassend αὐθάδης, ὑπερήφανος 2., ἀλαζών 2.
(v. Pers.), ἀλαζονικός 3. (v. Sachen): ὁ ὑβριστής.
— a. sein αὐθαδίζεσθαι (αὐθαδιάζεσθαι sp.),
ὑπερηφανία od. ὕβρει χρῆσθαι, ἀλαζονεύεσθαι.
Anmassung 1) An-, Zueignung: ἡ προσποίησις,
ἀντιποίησις, ἀντίληψις; ἡ οἰκείωσις, ὁ σφετερι-
σμός. — 2) anmassendes Wesen: ἡ αὐθάδεια,
ὑπερηφανία, ἀλαζονεία, ὕβρις. — wenn man das
ohne A. sagen darf εἰ ἀνεπίφθονόν ἐστι τοῦτο
εἰπεῖν.
anmelden εἰσαγγέλλειν (e. Besuch); ἀπ-, ἐπ-
κατ-, παρ-, προσ-αγγέλλειν (ankündigen); προα-
γορεύειν (προειπεῖν) m. inf. (dass etw. geschehen
solle). — sich a. ἐπισημαίνειν (v. e. Krankheit);
sich a. lassen bei Jmd. ἐπαγγέλλεσθαί τινι, z. B.
zu e. Besuche ἐντεύξεσθαι.
Anmelder ὁ εἰσαγγελεύς, οντος (εἰσαγγελεύς); ὁ
Anmeldung ἡ εἰσ-, ἐκ-αγγελία. [ἀγγελος.
anmerken 1) durch ein Zeichen· δια-, ἐπι-, παρα-
σημαίνεσθαι, ἐπι-, παρα-σημειοῦσθαι, auch ση-
μειοῦσθαι u. παραγραφὴν ποιεῖσθαι. — 2) sich
etw. aufzeichnen· ἐπισημαίνεσθαι, σημειοῦσθαι,
ἀπογράφειν u. M. — 3) bei etw. a. = dazu sa-
gen: ἐπιπεῖν. — 4) an etw. bemerken: αἰσθά-
νεσθαι u. παραισθάνεσθαί τινος m. gen. d. part.
καταμανθάνειν τί τινος, ἐνορᾶν τί τινι od. ἔν
τινι; καταγιγνώσκειν τινός τι (etw. Schlimmes)
— ich lasse mir a., dass ... δῆλός εἰμι, φανερός
εἰμι, φαίνομαι m. entspr. part.
Anmerkung das Anmerken: ἡ σημείωσις, πα-
ρασημείωσις, παρασημασία. — 2) das beigesetzte
Zeichen: τὸ σῆμα, σημεῖον; ἡ παραγραφή. —
3) die bei etw. gemachte Bemerkung: ἡ παρασημα-
σία; bes. zur Erklärung e. Stelle τὸ σχόλιον, ὑπό-
anmessen συμμετρεῖσθαί τι πρός τι. [μνημα.
Anmuth ἡ χάρις, ιτος· — ohne A. ἄχαρις, ι, g.
ιτος, ἀχάριστος 2. — Mangel an A. ἡ ἀχαριστία.
anmuthen 1) = zumuthen, w. s. — 2) es muthet
mich etw. an, s. ansprechen I) 2).
anmuthig χαρίεις 3., ἐπίχαρις, ι. g. ιτος; ἡδύς 3.
(angenehm); τερπνός 3., ἐπιτερπής 2. (ergötz-
lich); ἀνθηρός 3. (blühend, reizend); ἐπαφρόδι-
τος 2. (liebreizend); ἐράσμιος 2. (liebenswürdig);
καλός 3. (schön).
Anmuthung, s. Zumuthung, Neigung.
annähen προσράπτειν τι πρός τι od. τί τινι, συρ-
ράπτειν τί τινι od. πρός τι, καταρράπτειν τι εἴς
τι, ἐπιρράπτειν τι ἐπί τινι.
annähern, s. nähern. — sich a., s. annahen.
Annäherung ὁ πλησιασμός; sp. ἡ πλησίασις, s.
Anzug.
annageln προσηλοῦν τί τινι, καθηλοῦν τι πρός
τι; προσκατταλεύειν τί τινι u. πρός τι; διακατ-
ταλεύειν τι.
annahen πλησιάζειν, ἐπιέναι (-έρχεσθαι), sp.
προσεγγίζειν; v. d. Zeit προ-, ἐπι-κεῖσθαι, μέλλειν.
Annahme 1) d. Annehmen: ἡ ἀναίρεσις, παραδοχή;
gew. durch Verba. — A. an Kindes Statt ἡ εἰσ-
ποίησις (ἡ ποίησις). — 2) Billigung: ἡ ἀπο-
δοχή, sp. ἐπικύρωσις. — 3) Voraussetzung: ἡ
ὑπόθεσις, ὑπόληψις, δόξα: im Dialektik τὸ
λῆμμα. [γραφαί.
Annalist ὁ χρονικά (οἱ ὧροι), auch allg. al etw.
Annalist ὁ χρονογράφος (ὡρογράφος), auch alle.
ὁ συγγραφεύς. — d. Schriftstellern, mit wel-

chen (L Geschichtschreibg. bei e. Volke beginnt)
ὁ λογογράφος.
annehmbar ἄπο-, προσ-δεκτός 2. od. besser um-
schr. ὃ ἄν τις δέξαιτο, ἄπο-, προσ-δέξαιτο.
annehmen 1) eig. in Empfang nehmen: λαμβά-
νειν, παραλαμβάνειν: δέχεσθαι, ἄπο-, εἰσ-, προσ-
δίχεσθαι.— Jmd. a. (vor sich lassen) ἄπο-, προσ-
δίχεσθαι. προσίεσθαί τινα; bei Jmd. angenom-
men werden εἰσάγεσθαι P. παρά τινι, ἐντυγχά-
νειν τινί: Einen nicht a. οὐ προσίεσθαι, ἀπο-
πέμπειν od. ἀπελαύνειν τινά.—Geld (Geschenke)
a. χρήματα (δῶρα) λαμβάνειν, δωροδοκεῖν. —
Jmd. zum Lehrer a. ἀποδέχεσθαι, αἱρεῖσθαί od.
ποιεῖσθαί τινα διδάσκαλον. — Jmd. zum Patron
a. ἐπιγράφεσθαί τινα προστάτην od. ἐπίτροπον.
— as Kindes Statt a. ποιεῖσθαι od. τίθεσθαί τινα
παῖδα od. υἱόν, εἰσποιεῖσθαί τινα; (dh. (an K. St.)
angenommen ποιητός 3., εἰσποίητος 2., θετός 3.
— e. Farbe annehmen χρῶμα ἀναφέρειν.— 2)
uneig. a) billigen, genehmigen: ἄπο-, εἰσ-, προσ-
δίχεσθαι. auch ἐπαινεῖν. — e. Gesetz a. ἐπικυ-
ροῦν νόμον: d. Beschluss ward angenommen ἔδοξε
ταῦτα.—e. Meinung a. αἱρεῖσθαι γνώμην. b) sich
eigen machen: αἱρεῖσθαι, ἀναιρεῖσθαι, λαμβά-
νειν τι. od. χρῆσθαί τινι; bes. zum Scheine a.
προσποιεῖσθαί τι, περιβάλλεσθαί τι: er nimmt
d. Schein an als ob er demokratisch gesinnt wäre
προσποιεῖται δημοκρατικός εἶναι; v. Sachen:
φαίνεται od. δοκεῖ εἶναι :..; e. Maske a. ὑποδύε-
σθαί τι u. etw. c) dafür halten, meinen: ὑπολ-
ζειν, ἡγεῖσθαι, ὑπολαμβάνειν: ὑποτίθεσθαί τι
(etw. voraussetzen), auch τιθέναι, ποιεῖν, z. B.
lass uns die Meinungen der Audern als gültig a.
ποιῶμεν τὰς τῶν ἄλλων δόξας κυρίας (εἶναι),
ich will annehmen, dass er im Unrecht ist θήσω
αὐτὸν ἀδικεῖν od. (seltener) ἀδικοῦντα. d) sich
einer Sache a.: ἀντιλαμβάνεσθαί τινος, προσέχειν
τὸν νοῦν τινι, σπουδάζειν περί τινος od. ὑπέρ
τινος, auch ἐπιμελεῖσθαι od. ἐπιμέλειαν ποιεῖ-
σθαί τινος; sich um Jmd. a. σπουδάζειν περί τινα,
προνοεῖν τινος, βοηθεῖν od. ἐπικουρεῖν τινι, vor
Gericht ἀπολογεῖσθαι ὑπέρ τινος, συνειπεῖν τινι.
annehmlich 1) annehmenswerth: ἀποδεκτός 2.
od. besser ἀποδέξασθαι ἄξιος 3. od. ὃ ἄν τις
ἀποδέξαιτο. auch ἀρεστός 3. — etw. a. finden
ἄπο-, προσ-δίχεσθαί τι, προσίεσθαί τι, auch δο-
κεῖ μοί τι: etw. nicht a. finden ἀπωθεῖσθαί τι.
— vgl. angemessen. — 2) angenehm, w. s.
Annehmlichkeit 1) annehmliche Beschaffenheit:
τὸ ἀρεστόν: vgl. Angemessenheit. — 2) angeneh-
me Beschaffenheit: ἡ χάρις, ἱρος. b) angenehme
Sache: ἡ ἀπόλαυσις, ἡ ἡδονή, τὸ ἡδύ, τὸ καλόν;
auch ἡ διατριβή (Unterhaltung). — Einem e. A.
bereiten διατριβὴν παρέχειν τινί, εὐφραίνειν
τινά.
anneln, s. annageln. [τινά.
annoch und nun etc.
annulliren διαλύειν, ἀκυροῦν, ἀθετεῖν: e. Pro-
zess ἀποψηφίζεσθαι γραφήν od. δίκην.
Anomalie ἡ ἀνωμαλία, ἀνωμαλότης; τὸ ἀνώμα-
λον.
anomalisch ἀνώμαλος 2. [λον.
anonym (v. Schriftwerken) ἀνεπίγραφος. ἀδέ-
σποτος 2.
anordnen 1) in e. gewisse Ordnung bringen: δια-,
συν-τιθέναι (v. M.); τάττειν, δια-, συν-τάττειν;
διακοσμεῖν, οἰκονομεῖν; διοικεῖν (verwalten). —
gut a. εὐθετεῖν, sp. εὐθετίζειν. — 3) festsetzen:
καθιστάναι: anbefehlen τάττειν, δια-, ἐπι-, προσ-
τάττειν, προειπεῖν. — da es angeordnet ist προει-
ρημένον. [της.
Anordner ὁ διαθέτηρ, ἧρος (διαθέτης), διοικη-
Anordnung 1) ordentliche Einrichtung: ἡ διάθε-
σις; ἡ τάξις, δια-, σύν-ταξις; ἡ διακόσμησις, οἱ-

κονομία, διοίκησις; ἡ κατάστασις. — e. Heeres
zur Schlacht ἡ παράταξις. — 2) Feststellung: ἡ
κατάστασις; Befehl τὸ πρόσταγμα. — e. A. tref-
fen δια-, προσ-τάττειν τι.
anpacken κατα-, συλ-λαμβάνειν τι; ἀντιλαμβά-
νεσθαι, ἅπτεσθαι u. ἀνθάπτεσθαί τινος; ἐπιχει-
ρεῖν τινι. — vgl. angreifen.
anpassen 1) tr. etw. an etw.: ἐν-, ἐφ-, προσ-αρμότ-
τειν τί τινι; sich an etw. ἐφαρμόττεσθαί τινι,
μεθαρμόττεσθαι πρός τι. ὁμοιοῦσθαί (P.) τινι.—
2) intr. ἁρμόττειν, ἐν-, ἐφ-, προσ-αρμόττειν τινί.
Anpassung ἡ ἐφάρμοσις, ἐφαρμογή. — Gew. Verba.
anpeitschen (Pferde) μαστίζειν (sp.), κεντεῖν.
anpfählen (e. Weinstock) χαρακοῦν sp.
Anpfählung (e. Weinstockes) ἡ χαράκωσις sp.
anpflanzen φυτεύειν, καταφυτεύειν.
Anpflanzung 1) als Handlung: ἡ φυτεία, φύτευ-
σις. — 2) als Sache: ἡ φυτεία.
anpflöcken προσκατταλεύειν τί τινι u. πρός τι.
anpochen κρούειν, κόπτειν τι.
Anpochen δια, ἡ κροῦσις.
Anprall ἡ ὁρμή, ῥύμη, ἐπιφορά: ἡ ῥιπή (poet.).
anprallen συγκρούειν τινί, προσπταίειν τινί: v.
Lichte u. Schalle κατακλᾶσθαι (P.) πρός τι od.
ἔν τινι. [ἡ κατάκλασις.
Anprallen, das, ἡ σύγκρουσις: v. Lichte u. Schalle
anpreisen ἐπαινεῖν τι, ἐπαινον ποιεῖσθαι περί
τινος: Einem etw. παραινεῖν τινί τι.
Anpreisung ὁ ἔπαινος, ἡ παραίνεσις.
anpressen ἀποθλίβειν, προσπιέζειν τι πρός τι.
anprobieren πειρᾶσθαί (DP.) τινος.
Anputz, s. Putz; **anputzen**, s. putzen.
anräuchern καπνίζειν τι: (m. Weihrauch od. ä.)
ὑποθυμιᾶν τι.
anranzen, sich, πριλίττεσθαι (P.) περί τι.
anrathen, Einem etw. εἰσηγεῖσθαί τινί τι: εἰση-
γητὴν γίγνεσθαί τινί τινος: ὑποτίθεσθαί τινί
τι (an d. Hand geben): συμβουλεύειν (Rath ge-
ben): παραινεῖν od. παρακελεύεσθαί τινί τι (an-
empfehlen); πείθειν τινά (überreden); αἴτιον
γίγνεσθαί τινι (etw. veranlassen).
Anrathen, das, ἡ εἰσήγησις, συμβουλή, παραίνε-
σις. — auf Jmds. A. συμβουλεύσαντος od. ὑπο-
θεμένου τινός, εἰσηγησαμένου τι.
anrechnen 1) eig. κατα-, ὑπο-λογίζεσθαι (ὑπολο-
γεῖν). — für baares Geld — τιμᾶν, sich als b.
G. a. lassen ἐντιμᾶσθαι. — etw. angerechnet be-
kommen εἰς ὑπόλογον λαμβάνειν τι. — 2) übtr.
ἀνατιθέναι od. ἐπάγειν τινί τι, ἀναφέρειν τι
πρός (εἰς) τινα, ἐπαναφέρειν τι εἴς τινα: etw.
als e. Wohltat a. καταλογίζεσθαί (ποιεῖσθαι,
τίθεσθαι) τινί τι εἰς εὐεργεσίας μέρει. — etw. als e.
Schande a. αἰσχύνην ἡγεῖσθαί od. ποιεῖσθαί τι.
— sich etw. zur Ehre a. φιλοτιμεῖσθαι (DP.) ἐπί
τινι. — Einem etw. hoch a. κλείειν μέγαν εἰδέ-
ναι τινί. — man kann mir das nicht a. τοῦτο οὐκ
ἂν ὑπόλογον γένοιτο ἐμοί.
Anrechnung ὁ ὑπόλογος. — Einem etw. in A.
bringen ἀπογράφειν τινί τι, in A. b. lassen ἀπο-
γράφεσθαί τινί τι; im übtr. Sinne, a. anrechnen.
— etw. ist Einem etw. in A. zu bringen ὑπόλογός
ἐστί od. γίγνεταί τινί τινος.
Anrede a) das Anreden: ἡ πρόσρησις, ἡ πρόσ-
ρημα; ἡ προσαγόρευσις sp. d) Inhalt der A.: ὁ
λόγος. — e. A. an Jmd. halten λόγον (λόγους)
ποιεῖσθαι πρός τινα.
anreden προσαγορεύειν (προσειπεῖν) τινά, προσ-
φωνεῖν τινα (sp. τινι). — freundlich a. φιλαν-
θρώπως διαλέγεσθαί (DP.) τινι. — Jmd. um etw.

λόγους προσφέρειν τινὶ ὑπέρ τινος, ἐντυγχάνειν τινὶ ὑπέρ τινος.

anregen κινεῖν: Einen zu etw. ὁρμᾶν, ἐξ-, παρ-ορμᾶν, παρακινεῖν, παροξύνειν τινὰ ἐπί (πρός) τι, προτρέπειν τινὰ εἰς (ἐπί, πρός) τι od. m. inf.; δια-, παρα-κελεύεσθαί τινι m. inf. — etw. a. = in Anregung bringen.

anregnen ὕειν τι.

Anregung ἡ ὁρμή, παρόρμησις. — etw. in A. bringen λόγον od. μνήμην ἐμβάλλειν περί τινος, εἰσάγειν od. προτιθέναι τι. — Einem e. A. zu etw. geben, s. anregen.

anreiben προστρίβειν τινί τι.

Anreiben, das, ἡ πρόστριψις.

anreihen ἐν-, συν-είρειν, συνάπτειν τί τινι. — sich an etw. ἀκολουθεῖν, (συν)ἐπεσθαί τινι (v. Pers.); ἔχεσθαί τινος, ἐπι-, συγ-κεῖσθαί τινι (v. Sachen).

Anreihung ἡ συναφή, συνάψια, ὁ συνειρμός.

anreißen ἀπορρηγνύναι od. ἀποτέμνειν τινός. — Vorräthe a. ἅπτεσθαί τινος.

anreiten προσελαύνειν τῷ ἵππῳ, ἐφιππεύειν.

anreizen ὁρμᾶν, παρορμᾶν, παρακινεῖν, παροξύνειν ἐπί (πρός) τι, προτρέπειν τινὰ εἰς (ἐπί, πρός) τι od. m. inf.; δια-, παρα-κελεύεσθαί τινι m. inf.; ἐπαίρειν τινὰ πρός τι od. inf.; ἐρεθίζειν, διερεθίζειν (erbittern); ἐξ-, παρ-οργίζειν (zum Zorne reizen).

Anreizung ἡ ὁρμή, παρόρμησις, ὁ παροτυσμός; ἡ παρακέλευσις, ὁ παρακέλευσμός.

Anreizungsmittel τὸ ὁρμητήριον.

anrennen a) προσκόπτειν, προσπταίειν τινί; etw. an etw. a. lassen συγκρούειν τί τινι; übtr. bei Einem a. προσκόπτειν, προσπταίειν, προσκρούειν τινί. b) feindlich a. gegen Jmd. od. etw.: ἐπιτρέχειν τινί u. ἐπί τι, προστρέχειν τινί u. πρός τι; ἐπι-, προσφέρεσθαί (P.) τινι, προσβάλλειν τινί u. πρός τι, καὶ ἐπιδρομὴν ποιεῖσθαί ἐπί τινα. — d. Streitwagen gegen Jmd. a. lassen ἐπαφιέναι τὰ ἅρματά τινι.

Anrennen, das a) ἡ πρόσκρουσις, τὸ πρόσπταισμα; übtr. ἡ πρόσκρουσις, τὸ πρόσκρουσμα, πρόσκομμα. b) im feindl. Sinne: ἡ ἐπιφορά, ἐπιδρομή.

Anrichte τὸ ἐλεόν, ἡ ἐλεός.

anrichten 1) v. Speisen: σκευάζειν, παρασκευάζειν, κατορτύειν; auch παρατιθέναι (eig. auftragen). — 2) etw. zu Stande bringen, bes. etw. Schlimmes od. Widerwärtiges: ποιεῖν, ἐργάζεσθαι, ἀπεργάζεσθαί τι, αἴτιον εἶναί τινος.—Schaden a. βλάβην φέρειν, βλάπτειν. — Verdruss a. πράγματα παρέχειν τινί. — Freude a. εὐφροσύν-.

Anrichtetisch, s. Anrichte.   [νην παρέχειν.

anriechen 1) etw.: προσάγειν τὰς ῥῖνάς τινι; Einem etw. ὀσφραινόμενον αἰσθάνεσθαί τινος m. part. od. f. ὅτι; übtr. καταγιγνώσκειν τινός τι. — 2) d. Braten riecht mich gut an: ἡδύ μοι προσπνεῖ ὀπτῶν κρεῶν. — d. Käse riecht mich an τυροῦ με

anritzen ἐπισχίζειν.   [προσβάλλει (ἀλλει).

anrollen 1) tr. προσ-, ἐπι-κυλινδεῖν. — 2) intr.

anrosten, s. rosten.   [durch d. P.

anrüchig ὕποπτος 2.; κακόδοξος 2.; κακῶς ἀκούων 3.

anrücken 1) tr. προσάγειν, προσκινεῖν. — 2) intr. προσ-, ἐπι-ιέναι (-ἐρχεσθαι), προσ-, ἐπ-ελαύνειν; προσ-, ἐπ-άγειν (auch = a. lassen, z. B. στρατόν). — zur See ἐπι-, προσ-πλεῖν.

Anrücken, das. (intr.) ἡ ἔφοδος, ἐπ-, προσ-έλασις; (zur See) ὁ ἐπίπλους.

anrühmen, s. anpreisen.

anrühren ἅπτεσθαι, ἐφ-, καθ-, προσ-άπτεσθαί τινος, ἐπιλαμβάνεσθαί τινος, ψαύειν u. ἐπιψαύειν τινός, θιγγάνειν τινός, προσάγειν τὴν χεῖρά τινι.

— 2) m. etw. mischen: ἀι μιγνύναι τί τινι.

Anrühren, das, ἡ ψαῦσις. **anrufen** καλεῖν, ἀνα-, ἐπι-νεῖν τινα. — um Hilfe od. S ἐπιβοᾶσθαί τινα. — d. Gι ἐπευχεσθαι τοῖς θεοῖς, ἐπ gen a. μαρτύρεσθαι. ἐπιμα μαρτύρεσθαί τινα (wenn nes Unrecht beschwert od. klage vertheidigt).

Anrufung ἡ κλῆσις, ἀνάκλ ἡ εὐχή, προσευχή; ὁ ἐπιθ sp.); ἡ ἐπιμαρτυρία. — I z. B. unter A. d. Götter ἐ θεούς.

anrüstig ἐγκεκτημένος 3. chen ἐγκτᾶσθαι (das sich a a. sein ἐγκεκτῆσθαι.

ansagen προαγορεύειν (πρ s. ankündigen, anmelden. t εἰπεῖν, καταλέγειν; auch λ

Ansage ἡ ἐπαγγελία.—

ansammeln ἀθροίζειν, συ ten συναλίζειν. — „sich a nach u. nach a. ἐπαυξάνε

Ansammeln, Ansammlun γῇ, σύλλεξις; ἡ ἐπαύξη, ἐκ

Ansatz 1) zum Sprunge u v. Pferde: ἡ ἐπικείλισις. — ὁρμᾶν ἐπί τι, ἐπιχειρεῖν τ ἐν δέειν εἰς (πρός) τι. au τι. — 2) Zusatz: ἡ προσθ Haut, Knochen u. dgl.); ἡ bei Pflanzen). — 3) in d. Re — in A. bringen τιθέναι.

ansaugen μύζειν; sich a. ἐ **anschaffen** πορίζειν, ἐκπ σκευάζειν. — sich a. durch **Anschaffung** ὁ πορισμός, ἡ κτῆσις. — gew. Verba.

anschauen εἰσ-, προσ-βλέπ θεᾶσθαι u. θεωρεῖν (b (überschauen). — s. betra

anschaulich a) eig. θεατό φανερός, δῆλος 3., ἐμφανι a. machen δῆλον, φανερόν

Anschaulichkeit ἡ ἐμφάνι

Anschauung ἡ θέα, θεωρ ρία, ἡ σκέψις, αἴσθησις, · θέαμα.

Anschauungsvermögen τ

Anschein ἡ δόκησις, δόξα, gehen, als ob … δόξαν πι ἐμφασιν ποιεῖν ὡς m. par etw. geschehen würde δοκ ἐπίδοξόν ἐστι m. inf. fut., a ἐπίδοξός ἐστι κινεῖσθαι (πο δόκησιν παρέχει m. f. inf. (haben ἔμφασιν ἔχειν ὡς n — dem Anscheine nach — εἰκότων, ὥσπερ εἰκός, ὡς ἡ εἰκασία, τὸ εὐπρεπές.

anscheinen καταλάμπειν τ — **anscheinend** δοκῶν, · ὤν 3. m. entspr. inf., z. B. μικρὰ δοκοῦντα εἶναι. — ἀνὴρ ὡς ἔοικεν εὐήθης.

anschicken, sich, παρασκ (ὡς) εἰς od. ἐπί τι, auch ως; ἀνάγεσθαι m. part. f(σθαι πρός τι. — sich zur R

τὴν πορείαν od. μέλλειν ἤδη πορεύεσθαι. — sich gut zu etw. a. ἱκανὸν, ἐπιτήδειον εἶναι πρός τι od. ποιεῖν τι, auch οἷόν τ' εἶναι ποιεῖν τι. **Anschickung** ἡ παρασκευή; (zur Reise) ἡ συσκευασία. — Gew. Verba.
anschieben προσκινεῖν, προσκυλινδεῖν.
anschielen πλαγίοις ὄμμασι προσβλέπειν τινά τινέ); παραβλέπειν; ὑποβλέπειν (u. M.) τινά.
anschiessen 1) tr. τιτρώσκειν; übtr. v. Verliebten: angeschossen sein τετρῶσθαι. — 2) intr. a) sich schnell heranbewegen: ἐπι-, προσ-φέρεσθαι P., ἐπι-, προσ-πίπτειν, ἐπι-, προσ-βάλλειν. b) v. Salz u. krystallartigen Massen: συμπήγνυσθαι P. c) v. Pflanzen: ἀνα-, ἐκ-βλαστάνειν; auf d. Oberfläche v. etw. hervorkommen ἐξανθεῖν.
anschiffen ἐπι-, προσ-πλεῖν.
Anschiffen, das, ὁ ἐπί-, πρόσ-πλους. [τινί.
anschimmern καταλάμπειν τινός, ἐπιλάμπειν
anschirren ζευγνύναι, ὑποζευγνύναι; ἐνσκευάζεσθαι.
Anschirren, das, ἡ ζεῦξις, ὑπόζευξις. [ζειν sp.
anschläfig μηχανικός 3., sp. ἐπινοητικός 3., auch πανοῦργος 2.
anschlämmen κατιλύειν, προσχοῦν.
Anschlag 1) d. Hundes: ἡ κλαγγή; d. Saiten: ὁ ψαλμός. — 2) öffentl. Bekanntmachung: τὸ πρόγραμμα. ἡ προγραφή, sp. τὸ ἔκθεμα; durch öffentl. A. bekannt machen, anordnen προγράφειν τι. — 3) Berechnung v. Kosten: ὁ λογισμός, ἐκλογισμός; d. Werthes ἡ τιμή, τὸ τίμημα. — e. A. v. etw. machen (v. Kosten) προδιαγιγνώσκειν od. διαλογίζεσθαι πόσον ἔσται τὸ ἀνάλωμα, (v. Werthe) τιμᾶν τι. — etw. in A. bringen λογίζεσθαι, ἐκ-, ὑπο-λογίζεσθαί τι, λόγον ἔχειν od. ποιεῖσθαί τινος, ὑπόλογον ποιεῖσθαί τι, ἐν ὑπολόγῳ ποιεῖσθαί τι: nicht in A. bringen οὐδένα ὑπόλογον ποιεῖσθαί τινος. — in A. kommen ἐν ἀριθμῷ εἶναι. λόγῳ εἶναι, ὑπόλογον εἶναι: nicht in A. kommen ἐν οὐδενὸς λόγῳ εἶναι, οὐδὲν ὑπόλογον εἶναι. — 4) Plan, Entwurf, Vorhaben: ἡ βουλή, ἐπιβολή. τὸ βούλευμα; gegen Jmd. ἡ ἐπιβουλή, τὸ ἐπιβούλευμα, ἡ μηχανή, τὸ μηχάνημα. — e. A. gegen Jmd. fassen ἐπιβουλεύειν τινί, μηχανᾶσθαι ἐπί τινι, ἐπιμηχανᾶσθαί τινί τι.
anschlagen 1) tr. 1) an etw. schlagen: κρούειν, πλήττειν τι; an Saiten ψάλλειν, leise a. ὑποκρούειν, ὑποψέκειν. — 2) durch Schlagen an etw. anheften: προσπηγνύναι, προσάπτειν, προσηλοῦν, προσκατταλεύειν τί τινι; übtr. gerichtlich a., dass etw. versteigert werden soll ὅρον ἱστάναι od. τιθέναι ἐπί τινος, z. B. ἐπὶ τῆς οἰκίας. — 3) durch Schlagen erzeugen: ἐγείρειν od. ἐξάγειν πῦρ. — 4) schätzen, berechnen: λογίζεσθαι, ἐκ-, δια-λογίζεσθαί τι, ἀξιοῦν od. M. τι, ἀξιοῦν od. συνιστάναι τιμήν τινος — d. Aufwand auf 200 Talente a. τιμᾶν (τιμᾶσθαι) τὰς δαπάνας διακοσίων ταλάντων — wie hoch schlägst du die Truppenmacht an? πόσον τὸ πλῆθος φῂς εἶναι τῆς δυνάμεως; — übtr. etw. hoch a. περὶ πλείονος ποιεῖσθαί τι, etw. höher a. περὶ πλείονος ποιεῖσθαί τι, ἐν πλείονι λόγῳ τίθεσθαί τι τινός, auch προτιμᾶν τι τινος. — etw. gering a. παρ' οὐδὲν od. ἐν οὐδενὶ λόγῳ τίθεσθαί τι, auch ἀτιμάζειν τι od. καταφρονεῖν τινος. — II) intr. 1) v. Hunde: προσκόπτειν, προσπταίειν τινί; v. Wasser προσκλύζειν, προσβάλλειν τινί (an e. Ort). — 2) v. Hunde: κλάζειν, ἀναλάζειν. — 3) Wirkung thun: ποιεῖν (v. Arzeneien). — d. Kost schlägt dir gut an οὐκ ὀλίγον ἀπολαύεις τῆς σιτήσεως.
Anschlagen, das. 1) tr. ἡ κροῦσις; d. Saiten ὁ ψαλμός. — 2) intr. (d. Hunde) ἡ κλαγγή; (d. Kost) ἡ ἀπόλαυσις (τῆς τροφῆς).

anschleichen, sich, προσέρπειν τινί. ὑπιέναι (-ἔρχεσθαι) τινά, λανθάνειν προσερχόμενόν τινι.
anschleudern σφενδονᾶν τι πρός τι, προσαράττειν τί τινι.
anschliessen 1) tr. 1) in Ketten legen: δεσμεύειν od. καταδεῖν τινα, δεσμὰ περιβάλλειν τινί. — 2) beifügen: προσ-, συν-άπτειν, προστιθέναι, προσβάλλειν τί τινι — sich a. ἔχεσθαί τινος; ἐπεσθαι, συνέπεσθαι, ἀκολουθεῖν, παρ-, συν-ακολουθεῖν τινι; in Reih u. Glied sich a. παρα-τάττεσθαί τινι, συγκλείειν; übtr. συνίστασθαί τινι od. πρός τινα; προστίθεσθαι, προσγίγνεσθαί u. προσχωρεῖν τινι; γίγνεσθαι σύν τινι od. μετά τινος. — es schliesst sich etw. an etw. an γίγνεταί τι ἐπί τινι, ἑξῆς τινός ἐστί τι. — II) intr. 1) = sich a., w. v. s. — 2) = anpassen 2), u. anliegen. **Anschliessen**, das, durch d. vbg. Verba. — das sich A. ἡ σύγκλεισις.
anschlingen συνδεῖν; συμπλέκειν.
anschmeicheln sich an Jmd. (v. Thieren) περισαίνειν τινά; (v. Menschen) ὑπέρχεσθαι od. ὑποτρέχειν τινὰ θωπείαις, μετιέναι τινὰ θωπεύμασι.
anschmeissen προσαράττειν τί τινι. [δειν.
anschmelzen 1) tr. χωνεύοντα προσ-, συμ-πηγνύναι. — 2) intr. χωνευθὲν προσ-, συμ-πήγνυσθαι.
anschmettern προσαράττειν τί τινι (P.).
anschmieden συγκροτεῖν; προσκαταλεύειν (durch Bande befestigen).
anschmiegen, sich an etw., περι-, προσ-κτύσσεσθαί τι; προσκλίνεσθαί (P.) τινι.
anschmieren ἐπι-, προσ-χρίειν, προσαλείφειν.
anschmücken κοσμεῖν, ἐπικοσμεῖν, καλλωπίζειν.
anschnallen ἐμ-, προσ-περονᾶν, auch umschr. περόνῃ od. πόρπῃ κατ-, συν-έχειν; sich (sibi) a. ἐμπεριονᾶσθαι, ἐμπορποῦσθαι. — sich d. Säbel a. περι-, παρα-ζώννυσθαι ἀκινάκην.
anschnauben ἐπι-, προσ-πνεῖν.
anschnauzen ὑλακτεῖν τινι.
anschneiden ἐπιτέμνειν.
Anschnitt ἡ ἐπιτομή (als Handlung); τὸ τμῆμα (als Sache). [ταις,
anschnüren ἐπι-, περι-σφίγγειν, ἀναδεῖν σπάρ-
anschrauben τῷ κοχλίᾳ προσδεῖν τι.
anschreiben ἀνα-, ἀπο-, κατα-γράφειν (vgl. anrechnen). — gut angeschrieben sein bei Jmd. εὐδοκιμεῖν παρά τινι, καλῶς ἀκούειν ὑπό τινος, schlecht ang. sein bei Jmd. κακῶς ἀκούειν ὑπό τινος, ἐν οὐδενὶ λόγῳ εἶναι παρά τινι, παρορᾶσθαι (P.) ὑπό τινος.
anschreien καταβοᾶν τινος, ἐμ-, ἐπι-βοᾶν τινι, [ἐγκεκραγέναι τινί.
Anschrot ἡ καφφά.
anschüren (Feuer) σκαλεύειν, ὑποσκαλεύειν (πῦρ); ἀνεγείρειν τὴν φλόγα.
anschütten ἐπι-, προσ-χεῖν. [δήματα.
anschuhen, sich, ὑποδεῖσθαι (ὑποδύεσθαι) ὑπο-
anschuldigen αἰτιᾶσθαι u. ἐπαιτιᾶσθαι τινά τινος od. m. inf., αἰτίαν ἐπάγειν od. ἐπιφέρειν τινί τινος; ἐγκαλεῖν τινί τι; κατηγορεῖν τινός τι. — fälschlich a. αἰτίαν ψευδῆ ἐπιφέρειν. — angeschuldigt werden αἰτιάζεσθαι P. (selten), ἐν αἰτίᾳ εἶναι, αἰτίαν ἔχειν ὑπό τινος, ὀφλισκάνειν τινί — angeschuldigt ὑπαίτιος 2. (τινός).
Anschuldigung ἡ αἰτίασις, ἡ αἰτίας ἐπιφορά, auch ἡ αἰτία (als Handlung); τὸ ἔγκλημα, αἰτίαμα (als Sache).
anschwärzen tr. schwärzen; übtr. Einen bei Jmd. διαβάλλειν τινὰ πρός τινα, διακαίνειν τινά.
anschwärzung ἡ διαβολή, βασκανία.
anschweben τετόμενον ἐπιφέρεσθαι.
anschweissen συγκροτεῖν.

3*

anschwellen 1) *tr.* πληροῦν; ἐμπιπλάναι (bes. Segel); ἐπαυξειν (ἐπαυξάνειν). — 2) *intr.* οἰδεῖν, ἐξαιδεῖν, διογκοῦσθαι *P.*; v. Flüssen πληροῦσθαι *P.*, πλήρη γίγνεσθαι, πληθύειν, ἐπαύξεσθαι *P.*, ἀναβαίνειν; d. Fluss ist angeschwollen ὁ ποταμός ῥεῖ μέγας.

Anschwellen, das, *a)* v. Flüssen: ἡ πλήρωσις, ἀνάβασις. *b)* v. Körpertheilen: ἡ οἴδησις, ἔπαρσις, [αις.

Anschwellung (Geschwulst) τό οἴδημα, ἡ ἔπαρσις **angeschwemmtes** προσχοῦν. — angeschwemmtes Land τό πρόσχωμα. [χωσις.

Anschwemmen, das, **Anschwemmung** ἡ πρόσ-anschwimmen προσνεῖν, sp. προσνήχεσθαι.

ansegeln ἐπι-, προσ-πλεῖν.

ansehen 1) eig. βλέπειν εἴς τι od. τινα, ἀποβλέπειν πρός (εἰς) τι od. τινα; εἰσβλέπειν εἴς τι u. τινα; εἰς-, ἐφ-, προσ-ορᾶν τι u. τινα. — βλέπειν πρός τινα, προσβλέπειν τινά (τινί), θεᾶσθαί τινα (bes. m. Aufmerksamkeit od. Bewunderung). — starr, scharf a. ἐμβλέπειν τινί od. εἴς τινα, διαβλέπειν τινά u. εἰς (πρός) τινα, ἐνορᾶν τινι. — unverwandt a. ἀτενές od. ἀσκαρδαμυκτί βλέπειν πρός τινα. — gerade a. ἀντιβλέπειν τινί u. εἰς (πρός) τινα. — m. Verachtung a. ὑποβλέπειν, παρορᾶν τινα. — 2) übtr. *a)* etw. mit a. = gestatten, gedulden: περιορᾶν m. *acc.* u. *part.*, ἀνέχεσθαι m. *acc.*, *gen.* u. *part.*. z. B. wir werden es nicht ruhig mit a., dass d. Land verwüstet wird οὐ περιοψόμεθα τὴν χώραν πορθουμένην, auch οὐκ ἀνεξόμεθα τὴν χ. π. od. τῆς χώρας πορθουμένης; auch οὐκ ἐᾶν, κωλύειν. — etw. gleichgültig mit a. ὀλιγωρεῖν τινος. — ich will es gern mit a. οὐδείς φθόνος. — das lässt sich nicht mit a. οὐκ ἀνεκτά ταῦτα. *b)* erwägen: σκοπεῖν, ἀθρεῖν, θεωρεῖν, θεᾶσθαί τι, λόγον ἔχειν od. ποιεῖσθαί τινος. — d. Kosten nicht a. οὐ φείδεσθαι χρημάτων. *c)* Jmd. etw. a. ἐνορᾶν τινί τι, ἐπαισθάνεσθαί τινος. — man sieht es Einem an, dass er sich kränkt δῆλος od. φανερός ἐστι τις ἀνιώμενος. *d)* dafür halten: νομίζειν, ἡγεῖσθαι, τιθέναι τί τι, τι ἔν τινι, τι ἐν μέρει τινός, auch κρίνειν m. dopp. *acc.* *e)* hart od. übel a.: χαλεπῶς προσφέρεσθαί (*P.*) τινι, τραχέως περιέπειν τινά, κακῶς χρῆσθαί τινι, auch κολάζειν τινά. *f)* = absehen 2) b) β).

Ansehen 2) 1) das Hinblicken auf etw.: ἡ θέα, θεωρία, ἡ ἐμ-, προσ-, ἀντί-βλεψις; ἡ πρόσοψις. — 2) äussere Gestalt: ἡ ὄψις, τό εἶδος, ἡ ἰδέα, τό σχῆμα. — v. gutem A. εὐσχήμων 2., v. schlechtem A. ἀσχήμων 2. — schön von A. καλός τό εἶδος od. ἰδεῖν. — die Wendung: „vom A. eines Kiesels, wie ein Käse von A." drückt man im Griech. durch *adj.* auf -ειδής aus, wie ψηφοειδής, τυροειδής 2. — 3) Schein, Anschein: ἡ δόξα. — d. A. haben als ob... δοκεῖν, ἐοικέναι, ἐπίδοξον εἶναι m. *inf.* — vgl. Anschein. — nach menschlichem A. κατὰ τὸ ἀνθρώπειον, κατὰ τὴν ἀνθρωπίνην δόξαν, ἐξ ἀνθρωπίνης γνώμης. — 4) Achtung, Würde: ἡ ἀξίωσις, τό ἀξίωμα, ἡ δόξα, εὐδοκιμία. sp. ἡ ἐπιφάνεια. — in A. stehen ἀξίωμα ἔχειν, bei Jmd. ἐν ἀξιώματι εἶναι ὑπό τινος, εὐδοκιμεῖν u. εὐδοξεῖν παρά τινι, τιμᾶσθαι (*P.*) πρός od. ὑπό τινος. — zu A. bringen εἰς ἀξίωμα καθιστάναι τινά. — in A. stehend, s. angesehen. — sich e. A. geben σεμνύνεσθαι.

ansehenswerth ἀξιοθέατος 2., θέας ἄξιος 3.

ansehnlich *a)* v. gutem Ansehen: εὐσχήμων, εὐπρεπής 2. *b)* beträchtlich, bedeutend: πολύς, πολλή. πολύ, συχνός 3., οὐκ ὀλίγος 3.; μέγας, μεγάλη. μέγα, εὐμεγέθης 2., μεγαλεῖος 3., μεγαλοπρεπής 2., λαμπρός 3; ἐλλόγιμος, ἀξιόλογος 2.,

λόγου ἄξιος 3., οὐ φαῦλος 3. od. οὐχ ὁ τυχών u. s. w. *c)* angesehen: ἐν ἀξιώματι ὤν 3., τίμιος 3.. ἔντιμος, ἐλλόγιμος 2., σεμνός 3.

Ansehnlichkeit *a)* ἡ εὐσχημοσύνη, εὐπρέπεια. *b)* τό μέγεθος, πλῆθος, ἡ μεγαλοπρέπεια, λαμπρότης; τό ἐλλόγιμον, ἀξιόλογον. *c)* ἡ τιμή, ἀξίωσις, τό ἀξίωμα.

Ansehung: in A. κατά, εἰς, περί m. *acc.*, auch ἕνεκα m. *gen.* — Gew. durch d. *acc.* d. näheren Bestimmung, seltner durch d. *dat.*, od. durch d. relativen *gen.*

anseizen 1) *tr.* 1) eig. ἐπι-, προσ-τιθέναι, προσβάλλειν, προσ-, συν-άπτειν; d. Kessel an's Feuer προσάγειν τὸν λέβητα τῷ πυρί; Leitern a. προσφέρειν, προσβάλλειν, προσερείδειν κλίμακας (τοῖς τείχεσι); d. Becher a. ἐπιχέεσθαι: im Bes. anleimen: προσκολλᾶν, annähen: ἐπιρ-, προσ-, συρράπτειν, durch Klammern anfügen: ξευγνύναι. — angesetzt πρόσθετος 2. — v. Pflanzen: Blätter, Früchte a. ἄνθη, καρπούς φύειν, γονεύειν, ἐκβάλλειν; v. Thieren: Brut a. νεόττια γεννᾶν, ἐκτικειν; γονεύειν; Fleisch, Fett a. παχύνεσθαι *P.*, εὐσαρκον, πιμελῆ γίγνεσθαι. — Kolonisten an e. Lande οἰκίζειν χωρίον τι. — sich a. ἔχεσθαί τινος. προσφύεσθαι, προσπηγνυσθαί (*P.*) τι νι, auch καλύπτειν τι. — sich fest a. ῥιζοῦσθαι *P.* — 2) übtr. *a)* e. Termin. e. Strafe u. dgl. = bestimmen: τάττειν u. *M.*. τιθέναι, καθιστάναι, ὁρίζειν. *b)* anrechnen: ἐπιτιθέναι, ὑπολογίζεσθαι. *c)* es auf etw. a. = anlegen, absehen. — II) *intr.* 1) e. Ansatz nehmen zu etw.: ὁρμᾶν u. ὁρμᾶσθαι ἐπί τι, auch ὁρμᾶσθαι m. *inf.*; auch etw. beginnen od. versuchen ἅπτεσθαί τινος, ἐπιχειρεῖν τινι, πειρᾶσθαι (*DP.*) τινος. — 2) v. Pflanzen: βλαστάνειν, ἐκβλαστάνειν, προσφύεσθαι.

Ansetzung 1) eig. ἡ πρόσθεσις, προσβολή. — 2) übtr. e. Termines u. dgl. ἡ τάξις, κατάστασις.

Ansicht 1) d. Ansehen. m. s. — 2) das was man ansieht, Anblick: ἡ ὄψις, θέα: τό θέαμα; auch τό εἶδος (äussere Erscheinung). — 3) Urteil, Meinung: ἡ γνώμη, δόξα, ἀξίωσις od. δόγμα. — Sehr häufig durch d. Verba γιγνώσκειν, δοκεῖν τινι, δοξάζειν τι. z. B. das ist meine A. ταῦτα ἐμοὶ δοκεῖ od. δοκοῦντά ἐστιν. — das ist auch meine A. ταῦτα συνδοκεῖ καὶ ἐμοί. — gleiche A. mit Jmd. haben ταῦτά γιγνώσκειν od. δοξάζειν τινί, verschiedene A. haben οὐ ταῦτά γιγνώσκειν τινί, διχογνωμονεῖν. — d. richtige A. v. etw. haben ὀρθῶς γιγνώσκειν περί τινος; e. unbefangene A. v. etw. haben ὀρθῶς σκέψασθαί τι od. περί τινος. — nach meiner A. ἐξ οὗ ἐγὼ γιγνώσκω, ὡς ἐμοὶ δοκεῖ, ἐμοὶ δοκεῖν.

ansichtig werden, s. erblicken.

ansiedeln οἰκίζειν, ἀπ-, εἰσ-οικίζειν εἴς τι χωρίον; ἐνοικίζειν, ἀπ-, εἰσ-οικίζειν εἴς τι χωρίον, ἀποικεῖν εἴς τι χωρίον. — sich a. ἐνοικίζειν, ἀπ-, εἰσ-οικίζεσθαι εἴς τι χωρίον, ἀποικεῖν εἴς τι od. οἰκεῖν τι χωρίον.

Ansiedelung 1) als Handlung: ἡ ἀποίκισις, ὁ ἀποικισμός. — 2) als Sache: ἡ ἀποικία, ὁ ἀποικισμός, ἡ ποικία. — vgl. Kolonie.

Ansiedler ὁ ἄποικος, ἔποικος, ὁ οἰκήτωρ, ορος; ὁ κληροῦχος. — vgl. Kolonist.

ansingen ἐπάδειν τινί.

Ansinnen οἰκίζειν, ἀπ-, εἰσ-οικίζειν εἰς τι χωρίον;

anslimmen ἐπι-, προσ-, συν-τείνειν τι.

Anslimmen, das, ἡ ἄξίωσις, δικαίωσις.

anslizen ἐπιρράπτειν, παρα-καθῆσθαι, προσεδρεύειν. — vgl. ankleben 2).

anspannen 1) anjochen: ζευγνύναι, ὑποζευγνύναι; angespannt ξευγνύμενος 3. — 2) straff anziehen: ἐπαίνειν; δια-, ἐκ-, ἐν-, ξυν-, κατα-, συν-τείνειν. — alle K. a. δια-, ἐκ-, συν-τείνεσθαι. auch κατα-, συν-τείνειν. — alle Segel a. (sprichw.)

πάντα κάλων ἐξ-, ἐφ-ιέναι (ἵημι) od. ἐκτείνειν, κινεῖν. — angespannt ἐκτενής, σύντονος 2.

Anspannung 1) ἡ ξεῦξις. — 2) ἡ διά-, ἐκ-, ἐν-, ἐπί-, κατά-, σύν-τασις, σύντονία.

anspeien, s. anspucken.

anspielen, auf etw., αἰνίττεσθαί τι, auch εἴς (πρός) τι, αἰνυμφαίνειν τι (mit andeuten); ὑποφαίνειν u. ὑπαινίττεσθαί τι (leise a.); v. Sachen: τείνειν εἴς (ἐπί, πρός) τι.

Anspielung ὁ αἰνιγμός, τὸ αἴνιγμα, ἡ συνέμφασις, ἡπόνοια. — m. e. A. καθ' ὑπόνοιαν. [s. anheften.

anspinnen ἀνα-, δια-, κατα-, περι-πείρειν. —

Anspinnen a) eig. συννήθειν. b) übtr. Ränke u. dgl. ὑφαίνειν, πλέκειν, καττύειν, ῥάπτειν, auch πραγματεύεσθαι, μηχανᾶσθαι, σκευωρεῖσθαι. — es spinnt sich etw. an γίγνεταί τι, ἀρχήν λαμβάνει τι.

anspornen a) eig. κεντεῖν, κεντρίζειν, μυωπίζειν. b) übtr. παροξύνειν, παρορμᾶν, παροτρύνειν τινά, ἐπικελεύειν τινί (τινά), ἐπι-, παρα-κελεύεσθαί τινι.

Ansprache a) d. Anreden: ἡ πρόσρησις, τὸ πρόσρημα; ἡ προσηγορία sp. b) Bitte, Gesuch: ἡ δέησις, προσαίτησις, ἔντευξις.

ansprechen 1) anreden: προσαγορεύειν (προσειπεῖν) τινά, προσφωνεῖν τινα (sp. τινι). — 2) Jmd. um etw.: αἰτεῖν u. προσαιτεῖν τινά τι, ἐντυγχάνειν τινί ὑπέρ τινος. — 3) es spricht mich etw. an: ἀντιλαμβάνεταί μού τι, ἀρέσκει μοί τι: im höheren Grade ψυχαγωγεῖ od. κηλεῖ μέ τι. — 4) = beanspruchen od. für etw. erklären, w. s.

ansprengen 1) tr. = besprengen, w. s. — 2) intr. προσελαύνειν (ἀνά κράτος od. ἰσχροῦντι τῷ ἵππῳ) πρός τινα, ἀνιέναι (ἵημι) ἐλαύνειν εἴς τινα; übl. ἐπιφέρεσθαι P., ἐφορμᾶν τινι.

anspringen ἐφ-, ἐν-άλλεσθαι, ἐπιπηδᾶν τινι; v. Dingen: καταφέρεσθαι P. κατά τινος.

anspritzen προσραίνειν.

Anspruch ἡ ἀξίωσις, δικαίωσις; d. A. auf e. Sache als Eigenthum ἡ ἐπίληψις. — A. auf etw. machen ἀξιοῦν τυχεῖν τινος, ἀξιοῦν m. inf., δικαιοῦν τι u. inf., ἀντιποιεῖσθαί τινος u. inf., μετα-, προσποιεῖσθαί τινος, ἀντέχεσθαί τινος: etw. als sein Eigenthum in A. nehmen ἐπιλαμβάνεσθαί τινος: gerichtlich auf etw. A. machen ἐπιδικάζεσθαί τινος, ἀμφισβητεῖν τινος u. ὑπέρ τινος: worauf man vor Gericht A. machen kann ἐπίδικος 2. — A. an Jmd. machen ἀξιοῦν τυχεῖν τινος παρά τινος. — ich habe A. auf etw. δίκαιός εἰμι τυχεῖν τινος. ἄξιός εἰμί τινος, μέτεστί μοί τινος.

anspruchlos μέτριος 3. (μέτρια φρονῶν 3.), εὔκολος. **Anspruchlosigkeit** ἡ μετριότης, τὸ μέτριον φρόνημα, ἡ εὐκολία, ἐπιείκεια.

anspruchvoll δύσκολος, αὐθάδης, ὑπερήφανος 2, s. anmassend. — A. Wesen ἡ δυσκολία, αὐθάδεια, ὑπερηφανία.

Anspruchung ἡ καχλάζειν πρός τινα.

Ansprung 1) das Anspringen: ἡ ἐπιπήδησις, ἐπιδρομή, ὁρμή; v. Pferde: ἡ ἐπισκέλισις. — 2) als Ausschlag etwa: τὸ τῶν ἐπιμαστιδίων βρεφῶν ἔνεμα.

anspucken ἐμπτύειν, ἐγχρέμπτεσθαί τινι; bes. als Zeichen der Verachtung καταπτύειν u. καταχρέμπτεσθαί τινος, προσπτύειν τινί. — **Anspucken**, das, ἡ ἔμπτυσις sp. — **anspuckenswerth** κατά-, πρόσ-πτυστός 3.

anspülen ἐπι-, προσ- κλύζειν τινί.

anstacheln, s. anspornen.

anständig πρέπων 3., πρεπώδης 2., εὐπρεπής 2., ἄξιος 3. (übl. geziemend); εὐσχήμων 2. (v. d. ganzen äusseren Haltung) εὐσταλής 2. (v. d.

Kleidung); κόσμιος 3., ἀξιοπρεπής, ἐπιεικής 2. (v. Betragen). — a. Haltung, a. Betragen ἡ εὐπρέπεια, εὐσχημοσύνη, κοσμιότης, ἐπιείκεια. — c. a. Beschäftigung ἐπιτήδευμα τίμιον. — es ist a. πρέπει, καλῶς ἔχει. — sich a. betragen εὐσχημονεῖν. b) was Jmd. ansteht (behagt): ὁ ἀρέσκει τινί od. ᾧ ἀγαπῷ ἄν τις.

Anständigkeit ἡ εὐπρέπεια, εὐσχημοσύνη, ἡ κοσμιότης, ἐπιείκεια, τὸ πρέπον, τὸ εὐπρεπές, κόσμιον: τὸ κάλλος.

Anstalt 1) Anordnung, Vorbereitung: ἡ διάθεσις, κατα-, παρα-σκευή. — A. zu etw. treffen παρασκευάζεσθαί τι u. εἴς (πρός) τι (ὡς εἴς τι), m. f. inf. od. ὅπως m. ind. fut., m. part. fut. (gew. m. ὡς). — A. zur Heimreise treffen παρασκευάζεσθαι οἴκαδε. — 2) die getroffene Einrichtung: ἡ κατάστασις, τὰ καθεστῶτα. — gew. aber durch bes. subst., z. B. Turnanstalt τὸ γυμνάσιον, Lehranstalt τὸ διδασκαλεῖον u. dgl.

Anstand 1) bei d. Jägern: ἡ ἐνέδρα. — auf d. A. gehen od. sein ἐνεδρεύειν, λοχᾶν, ἐλλοχᾶν τὰ θηρία. — 2) Haltung: τὸ σχῆμα: bes. guter, geziemender A. s. Anständigkeit: m. A. καλῶς, πρεπόντως, εὐπρεπῶς, εὐσχημόνως, κοσμίως: d. A. beobachten εὐσχημονεῖν: εὐσχημόνως, πρεπόντως ἀναβολή: μέλλησις, διαμέλλησις, auch ὁ ὄκνος. — A. nehmen ἀναβολήν ποιεῖσθαί τινος, ἐπέχειν m. inf., μέλλειν, ὀκνεῖν m. inf. — ohne A. ἀμέλλητος, ἀνυπερθέτως, ἀπροφασίστως, ἀόκνως. — s. Bedenken. [τινα (τι).

anstarren ἀτενές od. ἀσκαρδαμυκτί βλέπειν εἴς **anstatt** ἀντί m. gen.; anstatt dass εἰ od. ἀντί τοῦ m. inf.

anstaunen θεώμενόν τι (τινα) θαυμάζειν od. ἐκπλήττεσθαι P. — προσβλέπειν τινά εἰ (angaffen).

anstechen 1) eig. a) e. Bissen, Fleisch an d. Gabel: ἀνα-, δια-, περι-πείρειν. b) e. Pferd u. s. w., s. anspornen, anstacheln. c) ein Fass: ἀνοίγειν πίθον. — 2) übtr. a) mit Worten a.: ἐρεθίζειν, ἐπισκώπτειν, sp. ἐπικερτομεῖν τινα. b) angestochen sein: ὑποσβέννυσθαι od. ὑποβέβρωμένον εἶναι. c) angestochen kommen: etwa σοβεῖν πρός τινα. [m. Worten ἡ ἐπίσκωψις.

Anstechung ἡ κίνησις: e. Fasses ἡ ἀνοῖξις. **anstecken** I) tr. 1) anfügen: προσ-, συν-άπτειν τί τινι: προσπείρονάν τι τινι (m. e. Nadel): an d. Bratspiess ἀναπείρειν ἀνὰ τὸν ὀβελόν; d. Degen a. παρα-, περι-ζώννυσθαι ξίφος; d. Ring a. περιτίθεσθαι δακτύλιον. — 2) anzünden: ἅπτειν, ἀν-, ὑφ-άπτειν, ἐμπιπράναι, πῦρ ἐμβάλλειν τινί. — 3) mittheilen v. Krankheiten u. übtr. v. Fehlern: ἀνα-, κατα-, συγκατα-πιμπλάναι τινά τινος, ἐμπιπλάναι τινά τινος, μεταδιδόναι τινί τινος, διαφθείρειν u. προσδιαφθείρειν τινά; auch νοσοποιεῖν τινά (sp.). — angesteckt werden ἀνα-, κατα-πίμπλασθαι, ἐμπίπλασθαί τινος, μετέχειν τινός. — II) intr. v. Krankheiten: ἥκειν, διαδίδοσθαι P. — ansteckende Krankheit ὁ λοιμός, ἡ λοιμώδης νόσος, τὸ λοιμικὸν πάθος.

Ansteckung τὸ μίασμα (übtr.). — sonst Verba. **anstehen** 1) daran stehen: προσ-, προσ-εστάναι τινί, παρα-, προσ-κεῖσθαί τινι, ἔχεσθαί τινος. — 2) passend, geziemend sein: πρέπειν, ἁρμόττειν τινί, ἔστι τι πρός τινος, auch κοσμεῖ τινά τι: es steht einer Sache an ἐπιτρέπει ἔστι πρός τι, steht e. S. nicht an ἀνεπιτήδειόν ἐστι πρός τι, ἀλλότριόν ἐστί τινος. — recht sein, gefallen ἀρέσκει μοί τι, ἀγαπῷ τινα od. τι: es steht einer etw. nicht an ἀπαρέσκει μοί (μέ) τι, δυσχεραίνω τι od. τινί u. ἐπί τινι. — dem nichts ansteht δύσκολος, δυσχερής 2. — 3) Aufschub erleiden: ἀναβάλλεσθαι

P.; etw. a. lassen ἀναβάλλειν u. M., ἀναβολὴν ποιεῖσθαί τινος: ich will es noch a. lassen ἐπισχήσω od. περιμενῶ ἔτι. — Bedenken tragen μέλλειν, διαμέλλειν, ὀκνεῖν, auch ἀπορεῖν.

ansteigen 1) tr. ἀναβαίνειν ἐπί τι, προσβαίνειν τινί. — 2) intr. a) angestiegen kommen: προσιέναι (-έρχεσθαι), προσχωρεῖν. b) v. Bergen: ἀνέχειν; ansteigend ἀνάντης, προσάντης 2. c) zunehmen: αὐξάνεσθαι, ἐπαυξεῖσθαι P.

anstellen 1) eig. παρα-, προσ-τιθέναι, παρ-, προσ-ιστάναι τινί τι. — 2) übtr. a) Jmd. e. Platz od. Posten anweisen: τάττειν, καθιστάναι τινὰ εἴς τι. — Jmd. als etw., z. B. als Lochagen, Arzt, a. λοχαγόν τινα ἀποδεικνύναι, τὸ ἰατρικὸν ἔργον διδόναι τινί; als Arzt angestellt werden τὸ ἰ. ἰ. λαμβάνειν.— Jmd. zu etw. Bösem a. τάττειν τινὰ ἐπί od. πρός τι, παρασκευάζειν τινὰ ἵνά τι od. m. inf. — sich a. (v. Jäger) εἰς ἐνέδραν ἰέναι. b) etw. veranstalten: κατα-, παρα-σκευάζειν, ποιεῖν u. M.; e. Fest, e. Untersuchung u. dgl. a. ἑορτήν, ἐξέτασιν ποιεῖσθαι. — e. Aufzug a. πέμπειν πομπήν. — e. Wettkampf a. τιθέναι od. προτιθέναι ἀγῶνα, auch ἀγωνοθετεῖν. — es wird e. Untersuchung angestellt ἐξέτασις γίγνεται. — Unheil a. s. anrichten. c) sich a. = sich zeigen, benehmen: φαίνεσθαι (ao. P.), γίγνεσθαι, εἶναι, auch παρέχειν ἑαυτόν, z. B. sich gut zu etw. a. παρέχειν ἑαυτὸν ἐπιτήδειον od. οὐκ ἀνάρμοστον πρός τι. — sich a. als ob man etw. thun wolle προσποιεῖσθαι ὡς ποιήσοντά τι od. ποιήσειν τι, ἐπίδοξον εἶναι ποιήσειν τι; er stellt sich an als ob er nichts verstünde σκήπτεται od. σχηματίζεται ἀμαθὴς εἶναι. — vgl. übr. Anschein.

anstellig sein, zu etw. οὐκ ἀνάρμοστον, ἐπιτήδειον, ἱκανὸν εἶναι πρός τι (d. beiden letzteren auch m. inf.).

Anstelligkeit ἡ ἐπιτηδειότης, ἱκανότης.

Anstellung a) Bestellung zu e. Amte: ἡ κατάστασις. b) Veranstaltung v. etw.: ἡ κατασκευή, παρασκευή, κατάστασις; v. Wettkämpfen ἡ ἀγωνοθεσία. c) d. angewiesene Posten: ἡ τάξις. vgl. Amt. — sonst Verba.

anstemmen, ἀντ-, ἐκ-, προσ-ερείδειν τινί τι. — sich a. ἀντερείδειν τινί od. πρός τι, ἀπερείδεσθαι (P.) τινι, ἐπερείδεσθαί τινι, προσερείδειν τινί. ([meist b. pp.). — gew. Verba.

Anstemmen, das, ἡ ἀντ-, ἀπ-, ἐκ-, προσ-έρεισις; anstieren ταυρηδὸν ἐμβλέπειν τινί.

anstiften ποιεῖν, ἐργάζεσθαι, ἀπεργάζεσθαι, αἴτιον εἶναί τινος; εἰσηγεῖσθαί τι (d. Plan zu etw. entwerfen) — Händel, Unruhen u. dgl. κινεῖν, ἐγείρειν, συνιστάναι: heimlich od. listig a. συγχανᾶσθαι, σκευωρεῖσθαι, συντάττειν. — Einen zu etw. a. παρασκευάζειν τινά, sp. ὑποβάλλειν τινά.

Anstifter ὁ αἴτιος, εἰσηγητής, ἀρχηγός (Hauptanstifter), od. part. d. entspr. Verba. — A. e. Krieges ὁ πολεμοποιός.

Anstiftung ἡ εἰσήγησις; ἡ ὑποβολή, ὑποθήκη.— gew. umschr. „auf Jmds. A." εἰσηγησαμένου τινός u. ä.

anstimmen ἀνακρούεσθαι, ἀναβάλλεσθαι, ἐνδιδόναι. — e. Gesang ἐξάρχειν m. u. ohne ᾠδῆς od. ᾠδήν. — e. Stück (v. Flötenbläser) ἀναφυσᾶν.

Anstimmen, das, ἡ ἀνάκρουσις. ἀναβολή; ἡ ἀνασύρησις (v. Flötenbläser). — gew. Verba.

anstinken δυσοδμίαν προσβάλλειν τινί; d. Käse stinkt mich an ἀηδὲς προσκνεῖ μοι τυροῦ. — es stinkt mich etw. an = mich ekelt davor ἀηδῶς ἔχω τινί, ἀηδὴς διάκειμαι πρός τι, βδελύττομαι (DP.) τι.

anstössig ἄτοπος 2.: δυσχερής, ἀηδής 2.; ἀπερι-

πὴς 2.; αἰσχρός, βδελυρός 8.; ἐπίφθορος 2. (gehässig). — es ist mir etw. a. ἀπαρέσκει μοί (μέ) τι, δυσχεραίνω τι (τινί u. ἐπί τινι), ἀγανακτῶ τι (τινι, ἐπί τινι, διά τι).

Anstössigkeit ἡ ἀτοπία, δυσχέρεια, ἀηδία, ἀπρέπεια, αἰσχρότης, βδελυρία. — e. A. sagen ἀηδές; od. αἰσχρόν τι λέγειν.

Anstoss 1) das Anstossen an etw. u. d. Gegenstand, an welchen man stösst: ἡ πρόσκρουσις, συμβολή; τὸ πρόσκρουσμα, πταῖσμα; übtr. τὸ πρόσκρουσμα, sp. ἡ προσκοπή, πρόσκρουσις. τὸ πρόσκομμα; auch τὸ ἐμπόδισμα, ὁ ἐμποδισμός. τὸ ἐμπόδιον, τὸ κώλυμα (Hinderniss); ἡ ἀπορία (Bedenklichkeit). — A. nehmen ἀπορεῖν, διαπορεῖν u. DP.; δυσχεραίνειν u. ἀγανακτεῖν τι (τινι u. ἐπί τινι), προσκρούειν τινί. — Jmd. A. geben = verführen διαφθείρειν. — ohne A. hersagen πάντα ἐφεξῆς καταλέγειν, οὐδὲν ἐπισχόντα (ἀπταίστως, ἀπταῶτι τῷ λόγῳ) διεξιέναι τι. — A. in d. Rede τὸ πταῖσμα, ἡ ἐπίσχεσις (opp. ἡ ἀπταισία). — 2) Antrieb: ἡ ὁρμή, ῥοπή. — e. kleinen A. bedürfen μικρᾶς ῥοπῆς δεῖσθαι.

anstossen 1) Einen a.: κινεῖν τινα; an etw. a. πταίειν πρός τι; προσκόπτειν (auch σὺν ποδά), προσπταίειν u. προσκρούειν τινί (letztere auch übtr. „bei Jmd. a."). — womit ich bei d. Unterredung anstiess ἃ προσέκρουσα ἐν τοῖς λόγοις. — m. d. Zunge a. πταίειν, διαπταίειν, ψελλίζειν. — 2) unmittelbar angrenzen: ἔχεσθαί od. ἐξῆς εἶναί τινος, προσκεῖσθαί od. ὅμορος εἶναί τινι. — anstossend ἐχόμενος 3., ὁ, ἡ, τὸ ἐξῆς, seltener προσεχής 2. — anstossendes Haus ὁμότοιχος οἰκία.

anstralen ἐπιλάμπειν τινί, καταλάμπειν τινός.

anstreben, etw., σπεύδειν u. ἐπισπεύδειν περί τι, διώκειν, θηρᾶν (u. M.) τι; ἐπείγειν ἐπί τι. — s. emporstreben.

anstreichen 1) tr. 1) m. Farbe: χρίειν, ἐπιχρίειν. ἀλείφειν, περιαλείφειν τί τινι: ἐν-, ἐπ-αλείφειν τινί τι; e. Haus κονιᾶν. — 2) m. e. Striche bezeichnen: παρασημαίνεσθαι; übtr. Einem etw., z. B. ich werde dir das Lügen anstreichen οὐ περιόψομαί σε ψευδόμενον od. δίκην δώσεις ψευδόμενος. — II) intr. = anstreifen, w. s. (sich a. = sich anschmiegen, w. s.).

Anstreichen, das, ἡ ἀλοιφή, ἐπίχρισις.

anstreifen παρακτίσθαι, sp. παραψαύειν u. παραθιγγάνειν τινός: übtr. ἐγγύτατα εἶναί τινος.

Anstreifen, das, ἡ παράψαυσις sp.

anstrengen δια-, ἐν-, ἐπι-, συν-τείνειν; Jmd. a κατακοπεῖν, ταλαιπωρεῖν — sich a. δια-, ἐν-τείνεσθαι; ἐν-, ἐπι-τείνεσθαι u. διατείνεσθαι P., συντείνειν; πονεῖν, πραγματεύεσθαι; κατασπουδάζεσθαι, ταλαιπωρεῖσθαι DP. — alle Kräfte a. s. anspannen. — sich noch mehr a. ἐντείνειν.

Anstrengung ἡ διά-. ἐν-, ἐπί-, σύν-τασις (als Handlung); ἡ συντονία, ἡ σπουδή, ὁ πόνος, ἡ πραγματεία, ταλαιπωρία (als Zustand); viele A. ἡ πολυπονία. — der viele A. macht πολύπονος 2. — ohne A. ἀπονεί. ἄνευ (πολλοῦ) πόνου, auch ἀταλαίπωρος, ἀπόνως 2. u. adv. — m. A., s. angestrengt.

Anstrich ἡ ἀλοιφή, τὸ περιάλειμμα (sp.); ἡ Schminke. — übtr. ἡ δόξα: sich d. A. v. etw. geben περιάπτειν od. περιποιεῖν ἑαυτῷ τὴν δόξαν τινός. — das hat e. A. v. Ungereimtheit τοῦτ' ἔστιν ἐγγὺς τὸ ἄτοπα.

anströmen ἐπιρρεῖν, ἐπιφέρεσθαι P.— a. an etw. προσκολύζειν τινί u. πρός τι.

anstürmen βίᾳ φέρεσθαι (P.) ἐπί τινα, προσφέρεσθαί τινι, ἐφορμᾶν τινι u. ἐπί τινα; an e. Mauer προσβάλλειν τινί u. πρός τι.

anstürzen — Antwort. 39

anstürzen, s. andringen.
anstützen, s. anstemmen.
Ansturm ἡ ἐφορμή, προσβολή.
Andrang, s. Andrang.
ansuchen, um etw., μετιέναι (-ἐρχεσθαι) τι, auch μηχστεύειν (u. M.) τι. — bei Jmd. um etw. λόγους προσφέρειν τινί περί τινος, ζητεῖν τι παρά τινος, ἐντυγχάνειν τινὶ περί τινος, ἀξιοῦν τυχεῖν τινος παρά τινος.
Ansuchen, das, ἡ δέησις, ἔντευξις, auch ἡ χρεία.
antasten a) eig. ψηλαφᾶν, ἐπιψηλαφᾶν, ἅπτεσθαί τινος. b) gewaltsam od. feindlich a.: ἀνθάπτεσθαί τινος, λυμαίνεσθαί τινα (τινι): Jmds. Ehre a. λυμαίνεσθαι τῇ δόξῃ τινός, auch διαβάλλειν τινά. [(selten): ἡ διαβολή.
Antasten, das, a) ἡ ψηλάφησις, ἁφή. b) ἡ λύμη.
Antheil τὸ μέρος, ἡ μερίς, ἴδος, ἡ μοῖρα. — d. auf Einen entfallende A. τὸ ἐπιβάλλον ἐπί τινα μέρος od. blos τὸ ἐπιβάλλον — gleicher A. ἡ ἰσομοιρία, auch ἀντιμοιρία: der gleichen A. hat ἰσόμοιρος 2.: Jmd. gleichen A. an etw. nehmen lassen ἰσόμοιρον ποιεῖν od. καθιστάναι τινά τινος; gleichen A. haben ἰσομοιρεῖν (an etw. m. Einem τινὸς πρός τινα od. τινός τινι), τῶν ἴσων μετέχειν τινί, sp. ἀντιμοιρεῖν. — ich habe A. an etw. μέτεστί μοί τινος, μετέχω, κοινωνῶ, ἐφάπτω τινός. — A. nehmen an etw. μεταλαμβάνειν τινός, Jmd. A. an etw. nehmen lassen μεταδιδόναι τινί τινος. — Sehr häufig werden Zusammensetzungen m. σύν gebraucht, z.B. an Jmds. Freude, Leid A. nehmen συνήδεσθαι (P.) τινι (συγχαίρειν τινί), συλλυπεῖσθαι od. συνάχθεσθαι(P.) τινι. — das A. nehmen an etw. ἡ μέθεξις, μετουσία, μετάληψις, κοινωνία.
Anthun 1) e. Kleid = anlegen; gew. nur im part. „angethan" ἐνδεδυκώς 3., ἠμφιεσμένος 3., περιβεβλημένος 3., m. etw. τι; übtr. d. Sache ist darnach angethan οὕτω παρασκευάται ὡς m. inf., τοιοῦτόν ἐστιν ὥστε m. inf. — 2) Einem etw.: ἐργάζεσθαι od. ποιεῖν τινά τι, z. B. Einem Gutes a. ἀγαθὰ (εὖ) ποιεῖν τινα, εὐεργετεῖν τινα, Einem Böses a. κακὰ (κακῶς) ποιεῖν τινα, κακουργεῖν τινα. — Einem Ehre, Schande a. περιάπτειν τινὶ τιμάς, τιμᾶν τινα, περιάπτειν τινὶ αἰσχύνην, περιβάλλειν τινὰ ὀνείδει. — Einem Unrecht a. ἀδικεῖν τινα. — Einem Gewalt a. βιάζεσθαί τινα, βίᾳ ζῆσθαι πρός τινα. — sich Gewalt a. (sich bezwingen) κρατεῖν ἑαυτοῦ, κρατεῖν τῶ (ἐγκρατῇ) γίγνεσθαι ἑαυτοῦ, sp. ἐγκρατεύεσθαι; (sich etw. a. = sich umbringen) διεργάζεσθαι od. διαχρῆσθαι ἑαυτόν. — es ist mir etw. angethan worden, z. B. Gutes, Böses ἀγαθά (εὖ), κακά (κακῶς) πέπονθα ὑπό τινος, — er hat es mir angethan = hat mich bezaubert od. gewonnen κατεγοήτευσέ με, κατεκήλησέ με, ἐπηγάγετό με.
Antlitz etwa ἡ θορκάς, ἄδος.
Antipoden οἱ ἀντίποδες.
Antiquitäten τὰ ἀρχαῖα. — vgl. Alterthum.
Antistrophe ἡ ἀντιστροφή, ἡ ἀντίστροφος (sc. ᾠδή).
Antlitz, s. Angesicht. [ᾠδή.
antönen προσβάλλειν; ἀντηχεῖν (entgegenhallen).
Antönen, das, ἡ προσβολή; ἡ ἀντήχησις. [P.
antraben δρόμῳ προσελαύνειν od. προσφέρεσθαι.
Antrag ὁ λόγος od. pl. (allg.): ἡ πρόκλησις (bes. vor Gericht): ἡ εἰσήγησις, τὸ εἰσήγημα (Vorschlag). — Einem e. A. machen λόγους προσφέρειν τινί περί τινος, προκαλεῖσθαί τινα: εἰσηγεῖσθαί τινί τι, περί τινος, auch m. f. inf. — e. A. in der Volksversammlung stellen (schriftlich) ψήφισμα γράφειν od. blos γράφειν, auf etw. γράφειν τι od. m. f. inf.; (mündlich) εἰπεῖν. —

etw. in A. bringen εἰσφέρειν τι (z. B. νόμον). — e. A. annehmen ἀποδέχεσθαι. ἐπικυροῦν, ψηφίζεσθαί τι. — auf Jmds. A. eingehen πείθεσθαί τινι συμβουλεύοντι.
antragen 1) auf etw.: λόγους ποιεῖσθαι od. προσφέρειν (τινί) περί τινος, εἰσηγεῖσθαί τι u. περί τινος, συμβουλεύειν od. ὑποτίθεσθαί τι, ἀξιοῦν m. f. inf.; in d. Volksversammlung (schriftlich) γράφειν τι (auf e. Beschluss γράφειν ψήφισμα), (mündlich) εἰπεῖν τι; auf e. Strafe vor Gericht τιμᾶσθαί τινί τινος, z. B. θανάτου. — 2) = anbieten, w. s. [εἰκών.
Antragsteller ὁ εἰσηγησάμενος, ὁ γράφας, ὁ
antreffen ἐν-, ἐπι-, περι-τυγχάνειν τινί, ἐπιγίγνεσθαί τινι, εὑρίσκειν, ἐφευρίσκειν τινὰ (zufällig a.); καταλαμβάνειν τινά (den man sucht, z.B. Jmd. zu Hause κ. τινὰ ἔνδον); φωρᾶν u. καταφωρᾶν τινα (Jmd. auf frischer That ertappen).—es ist etw. an e. Orte anzutreffen ἔστι τι κατὰ χωρίον τι.
antreiben 1) tr. κινεῖν, κεντρίζειν, μυωπίζειν (Pferde u. dgl.); ἐπιταχύνειν (auch τῆς ὁδοῦ), κατασπεύδειν; κατεπείγειν, ὁρμᾶν, ἐξ-, παρ-ορμᾶν ἐπί (πρός) τι (die letzteren auch übtr.). — προτρέπειν, auch παροξύνειν, παρακελεύειν (anrelzen) εἴς (ἐπί, πρός) τι u. m. f. inf., παρακαλεῖν ἐπί τι, δια-, παρα-κελεύεσθαί τινι m. inf. (ermuntern) (sämmtlich übtr.). — 2) intr. v. schwimmenden Körpern: φέρεσθαι τινι, προσ-φέρεσθαι P. πρός τι.
antreten 1) tr. a) Erde an e. Baum: περισάττειν τί τινι (dazu auch τῇ περισάξει); übh. = feststampfen κατανάσσειν τι. b) Einen a. προσιέναι (-ἐρχεσθαι), προσίστασθαί τινι; Einen um etw. a. προστυγχάνειν τινὶ περί τινος. c) etw. a., z. B. e. Marsch: ὁρμᾶν u.ὁρμᾶσθαι ἐπὶ τὴν πορείαν, πορεύεσθαι DP.; e. Unternehmung ἅπτεσθαί τινος, ἐγχειρεῖν τινι. e. Erbschaft od. e. Besitz ἐμβατεύειν εἰς κληρονομίαν od. οὐσίαν, e. Amt εἰσιέναι od. καθίστασθαι εἰς ἀρχήν, auch εἰσιέναι ἀρχήν, auch παριέναι ἐπὶ τὰ πράγματα, λαμβάνεσθαι od. ἅπτεσθαι τῶν πραγμάτων. e. Jahr od. e. gewisses A. ἐπιβαίνειν τινός, z. B. d. 40ste Jahr τεσσαράκοντα ἐτῶν, d. Mannesalter τελεῖν εἰς ἄνδρας, auch ἄνδρα γίγνεσθαι; der sein zehntes Jahr angetreten hat δέκα ἔτη γεγονώς. — 2) intr. v. Soldaten „in Reih u. Glied treten": ἰέναι ἐπὶ τὰ ὅπλα, παρα-, συν-τάττεσθαι (a. lassen παραγγέλλειν ἐπὶ τὰ ὅπλα, κελεύειν ἐπὶ τὰ ὅπλα); so auch „zum Tanze a." παρα-, συν-τάττεσθαι
Antreten, s. Antritt. [εἰς χορόν.
Antrieb ἡ ὁρμή, προθυμία (innerer A.); ἡ προτροπή, τὸ κέλευσμα, διακέλευσμα, παρακέλευσμα, ἡ παρακέλευσις. — auf A. e. Andern ἄλλου πείσαντος, προτρέψαντος, κελεύσαντος. — aus eigenem A. ἀφ' ἑαυτοῦ, ἑκών 3.
antrinken, sich, ὑποπίνειν. — angetrunken ὑποπεπωκώς 3., wenig a. ὑποβεβρεγμένος 3.
Antritt ἡ ἀρχή (übh. Anfang); ἡ ἐπί τι ὁρμή, ἡ ἐπιχείρησις (e. Unternehmens); ἡ κατάστασις εἰς ἀρχήν (e. Amtes); gew. durch Verba, z. B. nach d. A. meines Amtes καταστὰς εἰς τὴν ἀρχήν· vor d. A. d. Reise πρὶν πορεύεσθαι u. dgl. — Fest beim A. e. Amtes τὰ εἰσιτήρια.
Antrittsaudienz ἡ πρώτη ἔντευξις.
Antrittsrede ὁ εἰσιτήριος λόγος.
Antwort ἡ ἀπόκρισις (mündl.); ἀντιλογία (Gegenrede, Widerspruch); ἀπαγγελία (Berichterstattung, Bericht); τὸ ἀπόφθεγμα (kurze u. treffende A.). — schriftliche A. ἡ ἀντιγραφή, ἡ ἀντεπιστσλμένη ἐπιστολή. — e. A. Orakels ὁ χρησμός, τὸ μάντευμα, e. A. geben ἀποκρίνεσθαι, ἀπόκρισιν διδόναι, ἀποδιδόναι, ποιεῖσθαι; schriftl. ἀντιγράφειν, ἀντεπιστέλλειν; v. Orakel ἀναιρεῖν,

ϱϑῆν. — e. abschlägige A. ertheilen ἀποφάναι, οὐ φάναι, ἀρνεῖσθαι, ἀπ-, ἐξ-αρνεῖσθαι *DP*., ἄπρακτον ἀποπέμπειν τινά, e. abschlägige A. bekommen ἄπρακτεῖν od. ἀτυχεῖν παρά τινος, ἀποτυγχάνειν τινός, ἄπρακτον ἀπαλλάττεσθαι (*P*.) παρά τινος. — A. bringen v. Einem ἀπαγγέλλειν (v. Abgesandten), λέγειν παρά τινος. — ohne A. ἀναπόκριτος 2.

antworten ἀποκρίνεσθαι, ἀντειπεῖν (sich dagegen erklären), auf etw. πρός τι, auch umschr. ἀπόκρισιν διδόναι, ἀποδιδόναι, ποιεῖσθαι; wenn die Antwort selbst angeführt wird, einfach λέγειν (εἰπεῖν). — ἀμείβεσθαι (im Wechselgesange). — „schriftlich a." u. „vom Orakel", s. Antwort.

Antwortschreiben ἡ (ἀντεπεσταλμένη) ἐπιστολή. — e. A. an Jmd. erlassen ἀντιγράφειν u. ἀντεπιστέλλειν τινί. — Einem e. A. an Jmd. mitgeben ἀντεπιστεῖλαι τινί ἐπιστολήν.

anvertrauen a) zur Verwaltung od. Bewahrung übergeben: πιστεύειν, διαπιστεύειν, ἐπιτρέπειν, παρακατατίθεσθαι, παραδιδόναι, ἐγχειρίζειν τινί τι.— sich Einem a. ἐπιτρέπειν od. πιστεύειν τινὶ ἑαυτόν, auch προσανατίθεσθαι. — mir ist etw. anvertraut ἐπιτέτραμμαι, (δια)πεπίστευμαι, auch ἐγχειρίσομαί τι, — das Anvertraute ἡ παρακαταθήκη (m. gen. ἀργυρίου u. dgl.), seltener παραθήκη. b) mittheilen (im Geheimen): ἐν ἀπορρήτῳ od. δι' ἀπορρήτων λέγειν τινί, ἐν ἀπορρήτῳ ποιησάμενόν τι λέγειν τινί, auch blos φράζειν τινί.

anverwandt συγγενής 2., προσήκων 3. (γένει od. κατὰ γένος); ἀναγκαῖος 3. (blutsverwandt).

Anverwandtschaft a) d. Verwandtsein: ἡ συγγένεια, τὸ συγγενές; ἡ ἀναγκαιότης (Blutsverw. sp.). b) die Anverwandten: ἡ συγγένεια: gew. οἱ συγγενεῖς, οἱ προσήκοντες, οἱ ἀναγκαῖοι.

Anwachs, s. Zuwachs.

anwachsen 1) an etw.: ἐμ-, προσ-, συμ-φύεσθαί τινι. 2) zunehmen: αὐξάνεσθαι *P*., ἐπιδιδόναι, ἐπίδοσιν λαμβάνειν. — v. e. Flusse, s. anschwellen. — v. Zinsen etc., s. anwachsen, das, 1) ἡ προσ-, σύμ-φυσις: sp. ἡ ἔμφυσις. — 2) ἡ αὔξησις, ἐπίδοσις.

anwälzen etw., προσ- κυλινδεῖν.

Anwalt ὁ συνήγορος, σύνδικος. — Jmds. A. sein συναγορεύειν, συνηγορεῖν, συνδικεῖν τινι.

anwandeln es wandelt mich an εἰσέρχεταί μέ (seltener μοί) τι, ἐπέρχεταί μοί τι od. m. f. inf., ὑπέρχεταί μέ τι, παρίσταταί μοί τι, λαμβάνει μέ τι, περιπίπτει τινί; πάσχω τι, — was wandelt mich an dass du ...? τί παθών ...; **Anwandelung** τὸ πάθος, τὸ πάθημα, φορά; φορά: A. v. Schwäche ἡ καταβολὴ ἀσθενίας. — gew. umschr., z. B. in e. solchen A. ἐν τοιαύτῃ τῇ διαθέσει (τῆς ψυχῆς) od. ohne διαταθεὶς (τὴν ψυχήν), in e. A. v. Furcht περιπεσὼν φόβῳ u. ä. — ich habe e. A. v. etw. = es wandelt mich etw. an, w. s. [Anspruch.

Anwartschaft haben auf etw. προσδοκᾶν τι; vgl.

anweben προσυφαίνειν τί τινι od. πρός τι; παρυφαίνειν (e. Saum).

anwedeln (v. Hunden) περισαίνειν τινά: προσσαίνειν τινά (selten τινί).

anwehen, s. anhauchen. — etw. u., z. B. Düfte (v. Winde) προσφέρειν.

Anwehen, das, s. Anhauch.

anweisen s) zutheilen: ἀποκνέμειν τινί τι; διανέμειν (Mehreren = vertheilen). — e. Platz ἀποδεικνύναι τινί τι; e. Posten ἐπιτάττειν, καταστάτειν, e. abgesonderten P. ἀποτάττειν; Geld a. διαγράφειν τινὶ ἀργύριον. b) Jmd. zu etw. anleiten: ἐξ-, εἰσ-, ὑφ-ηγεῖσθαί τινί τι, auch διδάσκειν od. παι-

δεύειν τινά τι. c) Jmd. a. etw. zu thun, s. befehlen.

anweisen λευκοῦν, κονιᾶν.

Anweisung a) ἡ ἀπονομή; διανομή (an Mehrere): ἡ ἀπόδειξις; A. v. Geld ἡ διαγραφή, e. A. v. Geld geben διαγράφειν. b) Anleitung: ἡ εἰσ-, ὑφ-ήγησις; ἡ διδαχή, διδασκαλία, παιδεία. c) Befehl, w s. **anwendbar** χρήσιμος 3., ἐπιτήδειος 3. u. 2., auch εὐφυής 2. (dazu geschaffen). — a. sein auf etw. εἶναι πρός τι, καιρὸν ἔχειν πρός τι. **Anwendbarkeit** ἡ χρησιμότης, τὸ χρήσιμον, ἡ ἐπιτηδειότης.

anwenden 1) wozu gebrauchen: χρῆσθαί τινι: gut, schlecht a. εὖ (καλῶς), κακῶς διατίθεσθαι od. τίθεσθαί τι (im *P*. „es ist etw. gut angewendet" (z. B. φάρμακα, ἀνάγκας, φόβους), etw. gegen Einen ἀμηχανᾶσθαί τι ἐπί τινα. — Alles a. um ... πάντα μηχανᾶσθαι ὅπως ... — Güte ist bei ihm nicht angewandt οὐκ ἔσθ' ὅπως φιλικῶς προσενεχθείης ἄν αὐτῷ. -- 2) worauf beziehen: μεταφέρειν τι ἐπί τι, ἀναφέρειν τι ἐπί (πρός) τι, λέγειν τι πρός τι od. εἴς τι od. ἀποβλέποντα εἴς (πρός) τι (τινα). — es lässt sich darauf a. ἔστι πρὸς τοῦτο, ἁρμόττει τούτῳ od. πρὸς τοῦτο. **Anwendung** ἡ χρῆσις, τὸ χρῆσθαι, auch ἡ χρεία. — es kommt etw. bei etw. in A. χρεία τινός ἐστιν ἔν τινι. — etw. zur A. bringen, s. anwenden [hart sein.

anwohnen παρ-, προσ-οικεῖν τινι: vgl. benach **Anwohner** ὁ πάροικος, προσοικος, πρόσχωρος: ὁ παρ-, προσ-οικῶν. — die A. am Meere οἱ περὶ τὴν θάλατταν, οἱ παρα-, ἐπι-θαλάττιοι.

Anwohnen, s. Anwachsen, Zuwachs.

anwünschen εὔχεσθαι, προσεύχεσθαί τινί τι: Böses κατεύχεσθαί τι τινος u. κατά τινος, etw. Böses καρπεῖσθαι.

Anwünschung ἡ εὐχή; v. etw. Bösem ἡ ἀρά, κατάρα. — unter A. εὐχόμενος, ἐπαρώμενος u. s. w. **anwerfen** ὁ περισσάτος βάλλει.

Anwurf a) d. Anwerfen: ἡ ἐπι-, προσ-βολή: v. Kalk ἡ κονίασις. b) d. Angeworfene: τὸ κονίαμα (Kalkanstrich); τὸ πρόσχωμα (angeschwemmtes Land). c) d. erste Wurf im Spiele: ἡ πρώτη βολή.

anwurzeln κατάρριζοῦσθαι *P*.

Anzahl ἀριθμός (Zahl): τὸ πλῆθος (Menge): geringe A. ἡ ὀλιγότης. — in grosser A. πολλοί, παμπληθεῖς: ἐν γένει (τὸ πλῆθος) in geringer od. kleiner A. ὀλίγοι (τὸ πλῆθος) v. gleicher A. ἴσοι τὸν ἀριθμόν, ἰσάριθμοι. — e. A. v. 10, 100, 1000 ἡ δεκάς, άδος, ἡ ἑκατοντάς, ἡ χιλιάς u. s. w.

anzapfen (e. Fass) ἀνοίγειν; übtr. Einen a., s. anstechen.

anzaubern a) = bezaubern, w. s. b) Einem etw.: ἱκαΐοντά τινι ἐμποιεῖν τι od. ἐγγοητεύειν τινί τι sp.

anzeichen τὸ σημεῖον: τὸ τέρας (selten); ὁ οἰωνός (aus dem Vogelfluge; poet. u. sp. τὸ οἰώνισμα). — e. A. v. etw. sein σημαίνειν τι. — vgl. Merkmal. [σθαι.

anzeichnen ἐπισημαίνειν u. .M., παρασημαίνε-

Anzeige 1) das Anzeigen: ἡ δήλωσις; ἡ ἐπ-. ἀπαγγελία (Berichterstattung); öffentl. A., s. Bekanntmachung; gerichtl. A. ἡ μήνυσις, ἐνδειξις, ἱκανγγελία, ἐπαγγελία, φάσις (über d. Unterschied s. anklagen); ἡ ἀπόφασις (A. e. gefährlichen Menschen v. Seiten d. Areopages). — Lohn für e. A. τὰ μήνυτρα. — e. A. machen, s. anzeigen. — 2) Inhalt e. A.: τὸ μήνυμα, ἐνδειγμα, sp. τὸ ἐπάγγελμα; schriftl. A. ἡ ἀπογραφή.

anzeigen 1) bekannt machen: σημαίνειν (durch Zeichen); δηλοῦν, ἀνα-, ἀπο-φαίνειν, δῆλον od. φανερὸν ποιεῖν, ἐμφανίζειν (durch Worte); ἀναγορεύειν (ἀνειπεῖν) (verkündigen); ἐπ-, παρ-, ἐξ-αγγέλλειν (berichten). — gerichtl. a. μηνύειν, ἐνδεικνύναι, εἰσ-, ἐπ-αγγέλλειν, φαίνειν (über d. Unterschied s. anklagen); ἀπογράφεσθαί τινα (schriftl.). — 2) e. Merkmal od. Anzeichen v. etw. sein: δηλοῦν od. σημαίνειν τι, σημεῖον od. τεκμήριον εἶναί τινος. — σημαίνειν, ἐπι-, προ-σημαίνειν τι (v. zukünftigen Dingen).

Anzeiger ὁ μηνυτής od. part. der entspr. Verba.

anzetteln a)eig. στῆσαι τὸν στήμονα, στημονίζεσθαι. auch προφορεῖσθαι. b) übtr. πλέκειν, ῥάπτειν, συρράπτειν, ὑφαίνειν, καττύειν, μηχανᾶσθαι, παρασκευάζειν; σκευωρεῖσθαι. — e. Verschwörung a. ποιεῖσθαι (συγκροτεῖν) συνωμοσίαν· e. Prozess διαρραφεῖν, παρασκευάζειν δίκην κατά τινος, e. Krieg πόλεμον ταράττειν, συνιστάναι u. a.

anziehen I)tr. 1) heranziehen: ἕλκειν, ἐφ-, προσέλκειν, ἐπισπᾶν, ἐπάγειν· d. Bein συγκάμπτειν τὸ σκέλος. — d. Thüre a. ἐφέλκεσθαι od. προστίθεναι τὴν θύραν; v. Magnet: ἄγειν, ἕλκειν. — aufsteigende Dünste an sich ziehen ἀναθυμιᾶσθαι. — übtr. = anlocken, w. s.; anziehend ἐπισπαστικός 3. τινος(eig.,sp.); ἀγωγός 2.(eig.); ἐπ-, προσ-αγωγός 2., ἐφολκός 2., τινος(übtr.). — e. St. a., s. anführen. — 2) anspannen, w. s. — 3) ankleiden: ἐνδύειν od. ἀμφιεννύναι τινά τι, περιβάλλειν τινί τι; Schuhe a. ὑποδεῖν· sich etw. a. durch d. .M., z. B. ἐνδύεσθαί τι u. s.w. — II) intr. a) anrücken: ἐπ-, προσ-ελαύνειν, ἐπ-, προσιέναι (-ἔρχεσθαι), προσχωρεῖν. b) d. Preise ziehen an = steigen, w. s.

Anziehen, das, 1) Herbeiziehen: ἡ ἕλξις, ὁλκή; ἡ ἐπίσπασις (der Nahrung, v.Pflanzen). — 2) der Kleider: τὸ ἐνδύεσθαι; der Schuhe ἡ ὑπόδεσις;

Anziehung τὸ ἄγειν od. ἀγωγόν. ἡ τοῦ ἄγειν od. τοῦ ἕλκειν δύναμις. — e. A. für etw. haben ἄγωγόν εἶναί τινος. — übtr. τὸ ἀγωγόν, ἐπ-, προσαγωγόν. ἐφολκόν.

Anziehungskraft τὸ ἀγωγόν. ἡ τοῦ ἄγειν od. τοῦ ἕλκειν δύναμις. — e. A. für etw. haben ἄγωγόν εἶναί τινος. — übtr. τὸ ἀγωγόν, ἐπ-, προσαγωγόν. ἐφολκόν.

anzüglich σκωπτικός, ὑβριστικός, πικρός 3. — a. Reden führen gegen Jmd. καθάπτεσθαί τινος, (ἀπο)σκώπτειν τινά u. εἰς τινα.

Anzüglichkeiten τὰ σκώμματα.

anzünden ἅπτειν, ἀν-, ἐφ-, ὑφ-άπτειν, ἐμπυρεύειν τι; ἐναύειν (πῦρ), auch πυρπολεῖν; φλέγειν. ἀναφλέγειν, αἴθειν (in Flammen bringen); καίειν, ἀνακαίειν, ἐμπιπράναι τι, πῦρ ἐμβάλλειν τινί (in Brand stecken, bes. um etw. zu zerstören).

Anzündung ἡ ἄναψις, ἔναυσις; ἡ ἔμπρησις, ὁ ἐμπρησμός. ἡ ἀνάκαυσις.

Anzug 1) Kleidung, Tracht, w. s. — 2)Anmarsch, anzwängen προσαναγκάζειν τί τινι. [w. s.

apanage ἡ σύνταξις. — e. A. beziehen καρπούσθαι σύνταξιν.

apanagieren δαπάνην καὶ σύνταξιν διδόναι τινί.

Apartement, s. Gemach.

Apfel τὸ μῆλον. — v. Aepfeln μήλινος 3.

Apfelbaum ἡ μηλέα.

apfelfarbig μήλινος 3., μηλινοειδής 2.

Apfelkern ὁ μήλου κόκκος.

Apfelwein ὁ μηλίτης οἶνος.

Aphorismen οἱ ἀφορισμοί.

aphoristisch ἀφοριστικός 3.

Apollotempel τὸ τοῦ Ἀπόλλωνος ἱερόν, τὸ Ἀπολλώνειον u. -γιον.

Apologie ἡ ἀπολογία. — s. Vertheidigung.

apoplektisch ἀποπληκτικός 3.

Apoplexie, s. Schlagfluss.

Apostat ὁ ἀποστάτης. -

Apostel ὁ ἀπόστολος.

apostolisch ἀποστολικός 3.

Apostroph ἡ ἀπόστροφος (sc. γραμμή).

Apotheke etwa τὸ φαρμακοπώλιον.

Apotheker ὁ φαρμακεύς (insofern er die Arzeneimittel bereitet); φαρμακοπώλης, sp. μιγματοπώλης (insofern er damit handelt). — e. A. sein φαρμακεύειν.

Apothekerbüchse ἡ φαρμακευτικὴ πυξίς, ἴδος.

Apothekerkunst ἡ φαρμακευτικὴ (τέχνη).

Apparat ἡ παρασκευή· τὰ σκεύη. [μαίνειν.

Appell schlagen od. blasen τὸ παρακλητικὸν σημαίνειν.

Appellation ἡ ἔφεσις (an Jmd.εἰς [ἐπί, πρός] τινα); sp. ἡ ἔκκλησις (als Uebers. d. lat. adpellatio); ἡ ἀναφορὰ (Regress). — e. Process, bei welchem A. stattfinden kann ἐφέσιμος δίκη, e. Urtheil, bei welchem A. st. k. ἐφέσιμος κρίσις od. γνῶσις.

Appellationsgericht etwa τὸ κύριον δικαστήριον od. τὸ δικαστήριον εἰς ὁ ἄν ἕτέρου δικαστηρίου ἔξεστιν ἐφιέναι τὴν δίκην. [ηγορία.

Appellativum τὸ προσηγορικὸν ὄνομα, sp. προσαγορία.

appellieren ἐφιέναι τὴν δίκην εἰς τινα, sp. blos ἐφιέναι εἰς τινα, v. Einem an Einen εἰς τινα ἀπό τινος; ἐπικαλεῖσθαί τινα, v. d. Richtern an d. Volk a. ἐπ. τὸν δῆμον ἀπὸ τῶν δικαστῶν. — e. Process, bei dem man a. kann, s. Appellation.

Appendix, s. Anhang.

Appetit ἡ ὄρεξις. — A. machen (v. Speisen) ἀναπείθειν; A. machend εὔορεκτος 2. sp.; d. A. anreizen ἐπιθήγειν τὴν ὄρεξιν.—m. A. essen ἀδέως ἐσθίειν od. προσφέρεσθαι, εὐωτεῖν· m. A. essend εὔορεκτος 2., das Essen m. gutem A. ἡ εὐωτία. — keinen A. habend κακόσιτος 2., sp. ἀνόρεκτος 2., Mangel an A. ἡ κακοσιτία, ἀποσιτία. sp. ἀνορεξία.— keinen A. haben οὐ προσίεσθαί τι· ἀνόρεκτος εἶναι; ich habe keinen A. zu etw. οὐ ψυχή οὐ προσίεταί τι. — A. zu etw. bekommen ἐπιθυμεῖν τινος. — d. A. vollkommen stillen ἐσθίειν ὅσον ἡ ψυχὴ δέχεται. — d. A. ist gestillt ἡ ψυχὴ ἀναπαύεται. — d. krankhafte A. schwangerer Frauen ἡ κίττα, e. solchen haben κιτταῖν.

appetitlich ὀρεκτός 3., ἐπ-, προσ-αγωγός 3.

appetitlos = keinen Appetit (w. s.) habend

Appetitlosigkeit = Mangel an Appetit. — A. erregend ἀποσιτικός 3.

applaudieren, Applaus, e. Beifall.

Applicator ἡ χειροθεσία.

appretieren ἐξ-, κατ- ἀρτύειν.

Appretur ἡ ἔξ-, κατ-άρτυσις.

Aprikose τὸ Ἀρμενιακὸν μῆλον.

April ὁ τέταρτος μήν; ὁ Ἀπρίλιος.

apropos! ἀλλά. — a. kommen ἐν καιρῷ (εἰς, πρός, κατὰ καιρόν) ἐλθεῖν, παραγίγνεσθαι, (v. Sachen) γίγνεσθαι od. συμβαίνειν.

Apulien ἡ Ἀπουλία od. Ἰαπυγία. — Eww. οἱ Ἀπουλοι, οἱ Ἰάπυγες.

Aquae Sextiae τὰ Σέξτια ὕδατα.

Aquileia ἡ Ἀκυληΐα.

Aquinum τὸ Ἀκούϊνον.

Aquitanien ἡ Ἀκυτανία, Ἀκουϊτανία, Ἀκουϊτανή. — Eww. οἱ Ἀκυτανοί u. Ἀκουϊτανοί.

Araber ὁ Ἄραψ, βος (Ἀράβιος), fem. Ἀράβισσα.

Arabeske, etwa τὰ ζωόφυτα.

Arabien ἡ Ἀραβία, u. z. d. glückliche, steinige, wüste A. Ἀ. εὐδαίμων, πετραία, ἔρημος.

arabisch Ἀράβιος u. Ἀραβικός 3. — a. Meerbusen ὁ Ἀραβικὸς κόλπος, auch ἡ ἐρυθρὰ θάλαττα. — in a. Sprache ἀραβιστί.

Arbeit 1) Thätigkeit, Anstrengung: ἡ ἐργασία, ὁ πόνος; ὁ μόχθος (schwere. mühselige A.); viele A. ἡ πολυπονία. — viele A. kosten πολλοῦ πόνου εἶναι; es ist e. A. (πολὺ) ἔργον ἐστί. — etw. unter d. A. haben εἶναι πρός τινι, περί od. ἀμφί τι, ἐργάζεσθαί τι, ἀσχολεῖσθαι (P.) περί τι. — d. A. lieben φιλοπονεῖν; d. A. liebend od. willig zur A. φιλόπονος, ἐθελόπονος, φίλεργος, ἐθελουργός 2., ἐργαστικός u. ἐργατικός 3., σπουδαῖος 3. (opp. ἀργός 2. u. sp. 3.). — viele A. habend πολύπονος 2.; ohne A. ἄπονος, ἄμοχθος 2. — 2) d. Gegenstand der Thätigkeit od. Anstrengung: τὸ ἔργον, πρᾶγμα; ἡ ἐργασία (Tagewerk); τὸ ἐπιτήδευμα (was man gew. betreibt); τὸ ταχθέν od. τὸ τεταγμένον (d. aufgetragene A.). — A. haben ἄσχολον εἶναι, ἀσχολίαν ἔχειν (ἄγειν), ἀσχολεῖν u. ἀσχολεῖσθαι P. — A. geben ἀσχολοτεῖν (der A. gibt ὁ ἐργοδότης); A. für Lohn übernehmen ἐργολαβεῖν (der e. A. für Lohn übernimmt ὁ ἐργολάβος, d. Uebernahme e. A. für Lohn ἡ ἐργολαβία). — 3) das Verfertigte: τὸ ἔργον, τὸ ποίημα; im Bes. v. d. A. e. Bildhauers τὸ πλάσμα, e. Malers ἡ γραφή u. dgl. — 4) d. Art u. Weise der A., d. Bearbeitung: ἡ τέχνη, κατασκευή, ἐργασία.

arbeiten 1) thätig sein, sich anstrengen: ἐργάζεσθαι, πονεῖν; μοχθεῖν (v. mühseliger Arbeit), ebenso κάμνειν (m. d. Nebenbegriffe d. Ermüdens); πράττειν τι (etw. betreiben). — an etw. a. εἶναι περὶ (ἀμφί) τι, πρός τινι, ἀσχολίαν ἔχειν ἀμφί τι, ἀσχολεῖσθαι (P.) περί τι, einsig a. σπουδάζειν περί τι. — für Jmd. a. ὑπηρετεῖν τινος, πράττειν τά τινος. — gerne a. φιλοπονεῖν, sp. ἐθελουργεῖν. — entgegen a. ἐναντιοῦσθαι (DP.), ἀντιπράττειν. — dahin a. dass ... πράττειν, μηχανᾶσθαι, παρασκευάζειν ὅπως m. ind. fut. — Jmd. in d. Hände a. ὑπηρετεῖν τινι, συμπράττειν τινί τι, συγκατασκευάζειν τινί τι. — es arbeitet in mir ἀγωνιᾶ. — 2) fertigen: ἐργάζεσθαι, ἀπεργάζεσθαι: ποιεῖν; κατασκευάζειν. — etw. sorgfältig a. ἐπιπονεῖν τι, auch σπουδάζειν τι.

Arbeiten, das, ἡ ἐργασία. — zum A. gehörig od. geschickt ἐργαστικός od. ἐργατικός 3.

Arbeiter ὁ ἐργάτης; ἐργολάβος (für Lohn; vgl. Lohnarbeiter); δημιουργός (Handwerker); τεχνίτης (Künstler). — e. tüchtiger A. ὁ ἐργαστικός, ἐργατικός. — Vgl. Feld-, Handarbeiter, Handwerker.

Arbeitgeber ὁ ἐργοδότης. — A. sein ἐργοδοτεῖν.

arbeitmüde ἀπειρηκὼς 3. ὑπὸ πόνων.

Arbeitnehmer ὁ ἐργολάβος.

arbeitsam = die Arbeit (w. s.) liebend. — a. sein φιλοπονεῖν, sp. ἐθελουργεῖν.

Arbeitsamkeit ἡ φιλοπονία, ἐθελοπονία, φιλεργία, auch ἡ σπουδή.

Arbeitsanstalt, s. Arbeitshaus.

arbeitscheu φυγόπονος, μισόπονος 2. sp.; ἄπονος 2., ἀργός 2. u. sp. 3.

Arbeitscheu, die, ἡ φυγοπονία, μισοπονία sp.

arbeitselig, s. mühselig.   [ἡ ἀπονία, ἀργία

Arbeitseligkeit, s. Mühseligkeit.

arbeitsfähig ἐργαστικός od. ἐργατικός 3., ἐργάζεσθαι δυνάμενος 3.; vgl. rüstig.

Arbeitsgehülfe, s. Mitarbeiter.

Arbeitshaus τὸ ἐργαστήριον; (als Strafanstalt) etwa τὸ ζητρεῖον od. ζήτρειον.

Arbeitskörbchen ὁ καλαθίσκος.

Arbeitsleute = Arbeiter; sp. τὸ ἐργάσιμον.

Arbeitslohn ὁ μισθός.

arbeitslos σχολάζων 3.; ἄπονος 2., ἀργός 2. u. sp. 3. (träge).   [heit).

Arbeitslosigkeit ἡ σχολή; ἀπονία, ἀργία (Träg-

Arbeitslust ἡ φιλοπονία, φίλεργος 2.

arbeitslustig φιλόπονος, φίλεργος 2.

Arbeitsstätte τὸ ἐργαστήριον.

Arbeitstag, s. Werkeltag.

arbeitsunfähig ἀδύνατος 2. (ἐργάζεσθαι).

arbeitswillig ἐθελόπονος, ἐθελουργός 2.

Arbeitszeug τὰ ἐργαλεῖα.

Archäolog ὁ ἀρχαιολόγος.

Archäologie ἡ ἀρχαιολογία.

Archaismus ἡ ἀρχαϊσμός.

Architekt, s. Baumeister.

Architektur ἡ οἰκοδομικὴ, ἀρχιτεκτονία.

Archiv τὸ γραμματοφυλάκιον, -λακεῖον, χαρτοφυλάκιον; das königliche A. ἡ βασίλειος μνήμη sp.

Archivar ὁ γραμματοφύλαξ, χαρτοφύλαξ, κος.

Archont ὁ ἄρχων, οντος. — e. A. sein ἄρχειν.

Ardennen ἡ Ἀρδούεννα ὕλη.

Areopag ὁ Ἄρειος πάγος (als Gerichtshof auch ἡ ἐν Ἀρείῳ πάγῳ od. ἐξ Ἀρείου πάγου βουλή); e. Mitglied desselben ὁ Ἀρεοπαγίτης. — **areopagitisch** Ἀρεοπαγιτικός 3.

arg κακός, πονηρός 3. (schlimm, böse); δεινός 3. (eig. über d. gew. Mass hinausgehend). — e. a. Furcht δεινὸν δέος. — das wäre arg δεινὸν ἂν εἴη. — er macht alles ärger als es ist δεινότερα πάντα λέγει ἢ κατὰ τὸ ὄν (od. τοῦ δέοντος); δεινοῖ πάντα ἐπὶ τὰ μείζω. — er macht es zu arg ὑπερβάλλει τὸ μέτριον od. ὑπὲρ τὰ δέκαμ- μένα κηδᾷ od. ἀλλίται. — mach' es nicht zu arg (mit deinen Reden) εὐφήμει. — er hat nichts Arges im Sinne οὐδὲν κακὸν ἐπινοεῖ. — das Uebel ärger machen τὰ κακὰ μείζω τιθέναι, πλέον θάτερον ἀπεργάζεσθαι od. ποιεῖν.

Arg: er ist ohne A. οὐδὲν κακὸν ἐπινοεῖ.

Arglist ἡ ἐπιβουλία, κακουργία, πανουργία, σκευωρία, sp. κακεντρέχεια. — etw. m. A. betreiben κακοτεχνεῖν περί τι, σκευωρεῖσθαι u. παρασκευάζεσθαί τι.

arglistig κακότροπος, κακοσύνετος 2., πονηρός 3., πανοῦργος 2., sp. κακεντρεχής 2. — a. handeln κακοτεχνεῖν, πανουργεῖν, σκευωρεῖσθαι, παρασκευάζεσθαι.

arglos ἀκέραιος, ἄκακος, ἄκανος, ἄδολος 2., ἁπλοῦς 3., εὐήθης, χρηστοήθης 2.

Arglosigkeit τὸ ἀκέραιον· ἡ ἀκακία, ἡ ἁπλότης, ἡ εὐήθεια, χρηστοήθεια.

argwöhnen ὑπονοεῖν, ὑποπτεύειν, ὑποτοπεῖν, ὑποτοπεῖν (u. DP.) τι od. inf. — man argwöhnt von mir dass καταδοκοῦμαι od. ὑποπτεύομαι (P.) m. inf.

argwöhnisch ὁ ὑπόπτης (εἴς τινα), ὕποπτος 2. (πρός τινα), καχύποπτος (καχυπότοκος?) 2.; sp. ὑπονοητικός 3. — a. sein gegen Jmd. (καχυπόπτως) ἔχειν πρός τινα. — Jmd. m. a. Blicken ansehen ὕποπτον βλέπειν πρός τινα. ὑπο-

βλέπειν, ὑφοράν (u. gew. M.) τινα. — Jmd. a. machen ὑποψίαν ἐμπιπλάναι τινά.
Argwohn ἡ ὑπόνοια, ὑποψία, τὸ ὑποπτον (τῆς γνώμης), τὸ καχύποπτον. — A. gegen Jmd. fassen ὑποψίαν λαμβάνειν κατά τινος. — A. gegen Jmd. hegen ὑποψίαν ἔχειν πρός τινα, δι' ὑπονίας ἔχειν τινά; grossen A. gegen Jmd. h. ἐν πλείστη ὑποψίᾳ ποιεῖσθαί τινα. — man hegt A. gegen Jmd. ὑποπτεύεταί τις. — bei Jmd. A. erregen δι' ὑποψίας γίγνεσθαί τινι, εἰς ὑποψίαν ἐμβάλλειν τινά. — nicht d. geringsten A. zulassen οὐδαμῇ ὑποψίαν ἐνδιδόναι. — ohne A. ἀνύποπτος 2.
Arie ὁ τόνος, τὸ μέλος. — **Arlette** τὸ μελύδριον.
Aristokraten οἱ ὀλίγοι, οἱ δυνατοί.
Aristokratie ἡ ἀριστοκρατία, auch ἡ ὀλιγαρχία, δυναστεία.
aristokratisch ἀριστοκρατικός, δυναστευτικός, ὀλιγαρχικός 3. — e. a. Verfassung haben ἀριστοκρατεῖσθαι, ὀλιγαρχεῖσθαι P.
Arithmetik ἡ ἀριθμητική.
arithmetisch ἀριθμητικός 3.
Arkade ἡ στοά.
Arkanum τὸ ἀπόρρητον, μυστήριον.
Arlesbeere τὸ ὄον, οὐον.
arm 1) nicht reich: ὁ πένης, ητος, πενιχρός 3.; ἐνδεής u. ἄπορος 2. (unbemittelt): ἄκληρος 2. (ohne Besitz), ἀχρήματος 2. (ohne Geld), auch ὁ οὐκ ἔχων; πτωχός 3. (bettelarm). — a. sein πένεσθαι, πένητα εἶναι, πενίᾳ ἐνέχεσθαι P.; πτωχεύειν (bettelarm sein). — a. sein an etw. σκαρίζειν τινός, ἄπορος, ἐνδεῶς ἔχειν od. ἀπορεῖν τινος. — 2) elend: δείλαιος, ἄθλιος 3., selten τλήμων 2.
Arm 1) d. Menschen: ὁ βραχίων, ονος; ἡ ὠλένη (poet. u. sp.): ἡ ἀγκάλη, ὁ ἀγκών, ῶνος (gekrümmter A.); auch ἡ χείρ, χειρός (übh. Hand). — in od. auf d. Arme nehmen ἐν ἀγκάλαις (εἰς ἀγκάλας) λαμβάνειν, sp. ἐναγκαλίζεσθαι. — auf den A. tragen ἐν (ἐκ) ἀγκάλαις φέρειν od. περιφέρειν. — unter dem A. haben od. tragen ὑπὸ μάλης (unter d. Achsel) ἔχειν od. φέρειν. — Einen unter dem A. fassen ὑπολαμβάνειν τινά; Einem unter die A. greifen (übtr.) ἐπικουρεῖν, βοηθεῖν, ὑποσργεῖν τινι. — m. blossen A. ἀχειρίδωτος 2.(?). — m. e. kurzen A. ὁ, ἡ γαλιάγκων, ωνος (oil. ἀγκών, ῶνος). — 2) d. Polypen: ἡ πλεκτάνη (dem. τὸ πλεκτάνιον). — 3) e. Flusses: ὁ ἀγκών, ῶνος, τὸ κέρας.
Armatur ἡ ὅπλισις, seltener ὁ ὁπλισμός, gew. τὰ ὅπλα; auch ἡ σκευή, παρασκευή.
Armband τὸ ψέλιον; sp. ὁ βραχιονιστήρ, ῆρος, τὸ ἀμφιμάσχιον, τὸ περιχάρπιον. — A. tragend ψελιοφόρος 2.
Armbrust τὸ τόξον. — m. d. A. schlessen τοξεύειν.
Armee s. Heer. [ξένειν.
Armenanstalt, -haus, etwa τὸ πτωχοδοχεῖον, -τροφεῖον.
Armenpflege ἡ τῶν πτωχῶν ἐπιμέλεια.
Armenpfleger ὁ τῶν πτωχῶν ἐπιμελητής.
Armenwesen, etwa ὁ ἔρανος.
armieren ὁπλίζειν, ἐξοπλίζειν; παρασκευάζειν.
Armierung ἡ ὅπλισις, ὁ ὁπλισμός, ἡ παρασκευή. — vgl. Armatur.
Armschiene τὸ περιβραχιόνιον.
armselig φαῦλος, μοχθηρός, οὐδενὸς ἄξιος 3.
Armseligkeit ἡ φαυλότης, μοχθηρία.
Armsessel, -stuhl, s. Lehnstuhl.
Armuth ἡ πενία; ἔνδεια, ἀπορία, σπάνις; ἀχρηματία; πτωχεία. — in d. grösste A. gerathen εἰς τὴν ἐσχάτην ἀπορίαν καταστῆναι.
Armvoll ἡ ἀγκαλίς, ίδος, sp. ἡ ὠλένη.

aromatisch ἀρωματικός 3. — a. riechen od. schmecken ἀρωματίζειν.
Arrest 1) Haft (w. s.): ἡ φυλακή. — Gefängniss τὸ δεσμωτήριον. — 2) Beschlag, w. s.
Arrestant ὁ ἐν φυλακῇ ὤν.
arretieren, s. verhaften.
Arriergarde, s. Nachtrab.
arrogant s. anmassend.
Arroganz, s. Anmassung.
Arsch ἡ πυγή (Steiss), ὁ πρωκτός (After); dem. τὸ πυγίδιον. — zum A. gehörig πυγαῖος 3. — Schmerzen am A. habend ὁ πυγαλγίας. — m. zugekehrtem A. πυγηδόν.
Arschbacken αἱ πυγαί, οἱ γλουτοί.
Arsenal ἡ σκευοθήκη, ὁπλοθήκη; Aufseher ὁ ἐπὶ τῶν ὅπλων. — See- od. Schiffsarsenal τὸ νεώριον; d. Aufseher ὁ νεωρός.
Arsenik τὸ ἀρσενικόν (gelbes Operment), ἡ σανδαράκη (-χη sp.) (rothes O.).
Arsis ἡ ἄρσις.
Art 1) Gattung, Geschlecht: τὸ γένος, τὸ φῦλον; τὸ εἶδος (einzelne Klasse od. Gattung). — zu e. Art gehören εἶναί τινων. — aus d. A. schlagen ἐξίστασθαι, ἐξαλλάττεσθαι (P.), aus d. A. geschlagen ἐξεστώς, ἐξηλλαγμένος 3. — sprichw. A. lässt nicht v. A. ὅμοιον ὁμοίῳ ἀεὶ πελάζει. — unser „eine Art (von)" gibt d. Grieche durch τις, οἷον, ὥσπερ, z. B. e. Art v. Sehnsucht πόθος τις, οἷον (ὥσπερ) πόθος; „alle od. jede A. von" durch πᾶς, z. B. jede A. v. Lust πᾶσα ἡδονή. — 2) Wesen, natürl. Beschaffenheit: ἡ φύσις; ἡ ἰδέα; ὁ τρόπος. — v. guter, schlechter A. εὐφυής, κακοφυής 2.; gute, schlechte A. ἡ εὐφυΐα, κακοφυΐα. — nach A. δίκην τινός, τρόπον τινός, κατά τι. — es ist etw. nicht Jmds. A. οὐκ ἔστι τοιοῦτος φῦσαί τις, οὐκ ἔστι πρός τινος, οὐκ ἔστι πρὸς τοῦ τρόπου τινός. — die Umstände sind nicht v. d. A. τὰ πράγματα οὐχ οὕτω πέφυκεν. — 3) zufällige Beschaffenheit, Art u. Weise: ὁ τρόπος, ἡ ἰδέα, ἡ ὁδός. — auf diese A. ταύτῃ, τοῦτον τὸν τρόπον, ἡ ἰδέα; auf gleiche A. τῷ αὐτῷ τρόπῳ, auf jede (alle) A. πάντα τρόπον, κατὰ τρόπον, ἐκ παντὸς τρόπου, auf jede mögliche A. πάσῃ μηχανῇ. — auf welche A.? πῇ; τίνα τρόπον od. πῶς; τίνι τρόπῳ; — auf e. gute, schlechte A. εὖ (καλῶς), κακῶς. — v. solcher Art τοιοῦτος 3., τοιουτότροπος 2.; von solcher A. wie (τοιοῦτος) οἷος 3.; Leute v. eurer A. ἄνθρωποι οἷοι ὑμεῖς. — von anderer, vielfältiger, gleicher A. ἀλλοῖος 3., πολύτροπος, ὁμοιότροπος 2. od. ὅμοιος 3. (opp. ἀνόμοιος 2.).
arten, nach Einem, ὅμοιον γίγνεσθαί τινι, γίγνεσθαι κατά τινα, ὁμοιοῦσθαί (P.) τινι, — geartet sein φύσιν ἔχειν, auch πεφυκέναι.
Arterie ἡ ἀρτηρία. — aus A. bestehend ἀρτηριώδης 3. — c. A. öffnen ἀρτηριοτομεῖν (dazu subst. ἡ ἀρτηριοτομία.)
artig 1) v. feinem Betragen: κόσμιος, κομψός 3., εὐπρεπής, εὐσχήμων 2.; a. sein εὐσχημονεῖν. — a. im Umgange: εὔκολος, ἐπιδέξιος 2., ὁ, ἡ φιλόφρων, ονος, φιλάνθρωπος 2.; a. in d. Rede ἀστεῖος 3., εὐτράπελος 2., μουσικός 3., χαρίεις 3., ἐπίχαρις, ι, εὔχαρις, ι, gen. ιτος (die übr. auch v. d. Reden selbst gebr. werden). — a. sein im Reden κομψεύεσθαι, εὐτραπελεύεσθαι, sp. ἀστεΐζεσθαι. — 2) hübsch: εὐειδής, εὐπρεπής 2., καλός 3.; niedlich κομψός 3., χαρίεις, ι, γλαφυρός 3. — 3) angenehm. v. Dingen: ἡδύς 3., ἐπίχαρις, ι, εὐάρεστος 2., μουσικός 3.; ironisch θαυμάσιος, καλός 3. — ad. artlich d. ὀλίγος 3., οὐχ ὁ τυχών 3., ἀξιόλογος 2.
Artigkeit ἡ κοσμιότης, κομψότης, κομψεία, εὐπρέπεια, εὐσχημοσύνη. — ἡ εὐκολία, ἐπιδεξιό-

της, φιλοφροσύνη, φιλανθρωπία. — ἡ ἀστειό-
της, εὐτραπελία.
Artikel 1) in d. Grammatik: τὸ ἄρθρον; ohne A.
ἄναρθρος 2. — 2) Theil: τὸ μέρος: in e. Vertra-
ge u. dgl., s. Punkt. — 3) Art, v. Waaren: τὸ γέ-
Artikulation ἡ διάρθρωσις. [νος, τὸ εἶδος.
artikulieren ἀρθροῦν, διαρθροῦν u. M. — **ar-
tikuliert** ἔναρθρος 2.
Artillerie, etwa αἱ μηχαναί. [σκολυμώδης 2.
Artischocke ὁ (ἡ) σκόλυμος. — v. d. Art d. A.
Arznei τὸ φάρμακον (allg.), τὸ κατάποτον (bes.
in trockener Form). — A. gegen etw. φάρμακόν
τινος, τὸ ἀντίδοτον (m. u. ohne φάρμακον) u.
ἀντιφάρμακόν τινος. — A. nehmen φαρμάκοις
χρῆσθαι, φαρμακοποτεῖν (v. Tränken), φαρμα-
κεύεσθαι; d. Nehmen v. A. ἡ φαρμακοποσία (v.
Tränken). — A. anwenden φαρμάττειν, bei Ei-
nem τινά, d. Anwendung v. A. ἡ φάρμαξις, φαρ-
μακεία. — A. bereiten φαρμακοποιεῖν, φάρμακα
τέμνειν; d. Bereiten v. A. ἡ φαρμακοποιία. —
der A. bereitet ὁ φαρμακοποιός, φαρμακοτρίβης.
— m. A. handeln φαρμακοπωλεῖν.
arzneiähnlich, -artig φαρμακώδης 2.
Arzneibereitung ἡ φαρμακοποιία.
Arzneibüchse ἡ φαρμακευτικὴ πυξίς, ίδος; ὁ
νάρθηξ, ηκος, τὸ ναρθήκιον.
Arzneikunde ἡ ἰατρική (m. u. ohne τέχνη, ἐπι-
στήμη) (übh.); ἡ φαρμακευτικὴ (Kenntniss der
Arzneimittel). — in der A. erfahren ἰατρικός 3.
— d. A. lehren ἰατρολογεῖν, das Lehren d. A. ἡ
Arzneimittel, s. Arznei. [ἰατρολογία.
Arzneimittellehre ἡ φαρμακευτική.
Arzneitrank τὸ κοτὸν φάρμακον, im Zsshnge
auch τὸ πότημα. — A. nehmen φαρμακοποτεῖν.
— d. Nehmen e. A. ἡ φαρμακοποσία.
Arzneiwissenschaft, s. Arzneikunde.
Arzt ὁ ἰατρός; ὁ θεραπεύων, οντος; sp. ὁ φαρ-
μακεύς, φαρμακευτής; ὁ φαρμαλείπτης (der durch
äussere Mittel heilt). — e. kundiger A. ἰατρικὸς
ἀνήρ. — den A. betreffend ἰατρικός 3. — Woh-
nung des A. τὸ ἰατρεῖον. — Beschäftigung od.
Anstellung als A. τὸ ἰατρικὸν ἔργον. — Jmd. als
A. anstellen τὸ ἰατρικὸν ἔργον διδόναι τινί, als
A. angestellt werden τὸ ἰατρικὸν ἔργον λαμβά-
νειν. — A. sein bei Jmd. ἰατρεύειν od. θερα-
πεύειν τινά. — den A. rufen lassen ἰατρὸν εἰσκα-
λεῖν, zu Jmd. l. εἰσάγειν τινί.
Arztlohn τὰ ἰατρεῖα.
Asbest ἡ ἄσβεστος; ὁ ἀμίαντος.
Ascet ὁ ἀσκητής; fem. ἀσκήτρια K, S.
ascetisch ἀσκητικός 3 K. S.
Asche ἡ τέφρα: ἡ σποδός (Glutasche), selten ἡ
σποδιά; ἡ κόνις (Aschenstaub). — heisse A. ἡ
θερμοσποδιά sp. — zu A. brennen, in A. verwan-
deln τεφροῦν, σποδοῦν, σποδίζειν, καταιθαλοῦν
(mehr p.); ganz zu A. brennen ἀποτεφροῦν (u.
dazu ἡ ἀποτέφρωσις): zu A. werden τεφροῦσθαι,
übltr. σποδοῦσθαι P. — in A. rösten od. ba-
cken σποδίζειν. — m. A. bedecken κατατεφροῦν.
— sanft ruhe deine A.! εἴη σοι κατὰ γῆς κούφη
κόνις. [δης, σποδώδης 2.
aschenartig τεφρώδης τεφρώδης 2., σποδοει-
Aschenhaufen ἡ σποδιά. — in e. A. verwandeln,
Aschenkrug ἡ ὑδρία. [s. niederbrennen.
aschenfarbig τεφρός, τεφρινος, τεφροαλός 3.;
τεφρώδης, τεφροειδής 2.; σποδοειδής 2.; σπό-
διος 3.; λευκόφαιος 2. — a. aussehen τεφρίζειν.
Aschenkuchen, s. Aschenbrot.
aschgrau s, aschenfarbig. — das geht in's Aschg.
παντελῶς ἄπιστά ἐστι ταῦτα od. δεινότατά ἐστι
Asculum τὸ Ἄσκλον. [ταῦτα.

Asphalt ἡ ἄσφαλτος, τὸ ἄσφαλτον. — m. A. be
streichen ἀσφαλτοῦν. — gleich od. voll A. ἀσφαλ
τώδης 2. [ἀσφαλτώδης 2
asphaltartig ὁ ἀσφαλτίτης (fem. -τῖτις, ιδος)
Asphaltsee ἡ ἀσφαλτῖτις (-ιδος) λίμνη.
Asphodill ὁ ἀσφόδελος. — v. A. ἀσφοδέλινος 3
Ass, (auf d. Würfeln) ἡ οἰνή, ὁ οἰνός. — d. rö
mische Ass τὸ ἀσσάριον.
Assel, s. Kellerassel.
Assignation, s. Anweisung.
assigniren, s. anweisen.
Assistent, s. Gehülfe, Beistand.
assistiren, s. Beistand.
Ast ὁ ἀκρεμών, όνος, ὁ ὄζος; s. Zweig. — volle
Aeste ὀζώδης 2., πολύοζος 2. — Aeste haber
ὠζῶσθαι (pf. P. v. ὀζοῦν). — m. ausgebreiteter
Aesten ἀμφιλαφής 2
Asthma τὸ ἄσθμα, ἡ δύσπνοια; auch τὸ πνεῦμα
— m. d. A. behaftet ἀσθματικός 3., δύσπνος;
δυσπνόητος 2., sp. δυσπνοϊκός 3. — am A. leider
ἀσθμαίνειν, δυσπνοεῖν, πνευστιᾶν.
astig, s. ästig.
Astrolabium τὸ ἀστρολάβον ὄργανον.
Astrolog ὁ ἀστρολόγος. — e. A. sein ἀστρολογεῖ
Astrologie ἡ ἀστρολογία.
Astronom ὁ ἀστρονόμος; ὁ ἀστρολόγος (ohne
schlimme Nebenbdtg.). — e. A. sein ἀστρονομεῖ
Astronomie ἡ ἀστρονομία, ἀστρολογία. [-λογικὴ
astronomisch ἀστρονομικός, ἀστρολογικός 3.
Asyl ὁ ἄσυλον; s. Freistätte.
Athemzug ἡ ἀθρότης.
Atheist ὁ ἄθεος.
atheistisch ἄθεος 2.
Athem τὸ πνεῦμα, ἡ ἀναπνοή. — ein Bischen A
τὸ πνευμάτιον. — A. holen πνεῖν, ἀναπνεῖν. —
wieder zu A. kommen ἀναπνεῖν, ἐξ-, ἐπ-ανα
πνεῖν. — kurzer, schwerer A., s. Asthma. — kurz
schwer A. holen ἀσθμαίνειν, δυσπνοεῖν, πνιγ
στιᾶν. — leichter, freier A. ἡ εὔπνοια. — d. A
anhalten ἀπνευστιάζειν, ἀπνευστὶ ἔχειν, συνέχειν
τὸ πνεῦμα. — das Anhalten des A. ἡ ἀπνευστία
— in einem A. ἀπνευστί, ὑπὸ τὴν ἀναπνοήν. —
Jmd. nicht zu A. kommen lassen οὐ διδόναι τινὶ
ἀναπνοὴν. — ausser A. sein τὸ πνεῦμα ἄνω ἔχειν
auch τὸ πνεῦμα γίγνεται ἄνω. — d. A. betref
fend, dazu gehörig πνευματικός 3., sp. πνευστι
κός 3. [ἀναπνευχή
Athemholen ἡ ἀναπνοή, ἀνάπνοια, ἀνάπνευσις.
athemlos ἄπνευστος 2. (adv. ἀπνευστί); vgl. Asth
ma. — s. sein = ausser A. sein.
Athemlosigkeit ἡ ἀπνευστία; vgl. Asthma.
Athemzug ἡ ἀναπνοή (pl. τὰ πνεύματα), sp. εἰσ
πνοή. — in einem A. fort, s. Athem. — bis zum
letzten A. εἰς τὴν ἐσχάτην ἀναπνοήν.
Athlet ὁ ἀθλητής, ἀγωνιστής, ἀσκητής. — Auf
seher od. Lehrer der A. ὁ ἀλείπτης. — Kampf der
A. τὸ ἄθλημα, ἡ ἄθλησις, ἡ ἀγωνία, ἀγώνισις, τὸ
athletisch ἀθλητικός, ἀγωνιστικός 3. [ἀγώνισμα
athmen πνεῖν, ἀναπνεῖν: = leben: ἀναπνεῖν,
ἐμπνεῖν, (ἔτι) ἔμπνουν εἶναι. — leicht od. frei
a. εὔκνουν εἶναι, kurz od. schwer a., s. Athem
— ohne zu a. ἀπνευστί.
Athem, Athem, s. Athemholen u. Athem. — nicht
zum A. dienend ἄπνους 2.
atlantisches Meer ἡ Ἀτλαντικὴ θάλαττα, τὸ
Ἀτλαντικὸν πέλαγος, ἡ ἐκτὸς od. ἔξω θάλαττα.
Atmosphäre ἡ σφαῖρα τοῦ ἀέρος (u. ohne ἀήρ).
atmosphärisch ὁ, ἡ, τὸ κατὰ τὸν ἀέρα.
Atom ἡ ἄτομος 2.
Atramentstein ἡ χαλκῖτις (-ιδος) στυπτηρία.
Attake, attakieren, s. Angriff, angreifen.
Attentat τὸ ἐπιβούλευμα, ἡ ἐπιβουλή, ἐπιχείρησις.